/인/터/넷/신/앙/상/담/1/집/

당신이 행복하면 모두가 행복합니다

/인/터/넷/신/앙/상/담/1/집/

당신이 행복하면 모두가 행복합니다

서문수 지음

KSI 한국학술정보㈜

당신이 행복하면 모두가 행복합니다.

신앙의 길에 항상 밝은 양지만 있는 것은 아닙니다. 저의 경험에 의하면 오히려 어둠의 터널이 더 많고 길었던 것 같습니다. 그럼에도 불구하고 하나님 안에서 살아가는 여정은 결코 불행이 아니라 행복 그 자체라고 감히 고백합니다.

우리를 얽어매어 부자유케 하고 부자연스럽게 하는 것들이 세상에는 많습니다. 아니, 신앙의 울타리 안에서도 많습니다. 저는 인생의 모든 문제의 해답은 하나님의 말씀인 성경임을 믿습니다. 또한 예수 그리스도가 우리를 모든 속박에서부터 자유롭게 하는 행복의 비밀임을 믿습니다.

이 행복의 울타리 안에서 힘들어하는 이들이 있습니다. 그들이 익명으로 저의 인터넷 게시판에 크고 작은 문제들의 해법을 물어 왔을 때 율법의 짐을 내려놓고 하나님의 사랑 안에서 자유하며 행복하라고 답변을 드려 왔습니다.

상담이라고 하지만 인터넷상담은 한계가 있습니다. 마음의 모든 것을 말할 수도 들어줄 수도 없습니다. 답변 또한 거의가 한 번의 즉답으로 만족되어야 합니다. 저 또한 신앙의 깊은 경지에서 도움을 줄 만한 자리에 있지도 않습니다. 그러나 몇 마디 주고받는 짧은 글 속에서 한 사람에게라도 작은 도움을 드릴 수 있다면 그것으로 족하다고 생각하며 이것이 또한 책으로 펴내는 이유이기도 합니다.

2002년도에 출판했던 『목사님 정말 궁금합니다』를 전반적으로 수정

을 하여 '당신이 행복하면 모두가 행복합니다'라는 새 이름으로 출판
하게 되었습니다. 개정판을 출판할 수 있도록 도움을 주신 한국학술정
보(주)에 감사를 드립니다.

또한 교정을 세밀히 보아 준 아내에게 감사하고 강원도 화천에서
정훈장교로 수고하는 우리 아들에게도 출판의 기쁨을 함께 나눕니다.

모쪼록 모두가 행복하기를 기원합니다. 당신이 행복하면 모두가 행
복합니다.

주후 2007년 7월 31일

天浦　서문수 목사 올림

|차 례|

🍀 교회생활에 관하여 ♡ 75

신앙·구원에 관하여 ♥ 159

성경·교리에 관하여

❓ 천국엔 동물들이 있을까요?

영혼은 사람에게만 있다고 설교하실 때 들었는데 짐승, 즉 동물들엔 영혼이 없다고……. 그러면 천국엔 동물들이 없나요? 천국엔 영혼만이 들어가는 것 아닌가요? 하지만 성경말씀에 정확히 어느 장인지 모르겠는데 어린이가 사자들과 뒹군다고 한 말씀을 본 것 같은데…….

찬송가에서 불렀던 것 같기도 하고……. 목사님 제가 질문하는 것 무슨 뜻인지 아시지요?

알아듣기 쉽게 잘 설명해 주시면 감사…….

✉ 알아듣겠는데요, 나 우스워 혼났네요.

동물들이 천국에 있나, 없나? 그게 뭐 중요한가요?

천국에 간 마당에 동물이 있고 없고가 무슨 상관이 있을까요? 동물이든 식물이든 그 외, 세상의 어떤 것이라도 결국은 사람을 위해 있는 것이 아닙니까? 예컨대 우리 집 까뮈(강아지 이름) 말입니다. 내가 좋아하니까 ddong 치워 가면서 키웁니다. 하지만 천국에 갔을 때 강아지가 무슨 소용이 있겠습니까? 다 이 세상에서의 일입니다.

그러나 답을 한번 해보자면, 다음 성구들의 의미를 밝혀 보면 되겠군요.

> "거기는 사자가 없고 사나운 짐승이 그리로 올라가지 아니하므로 그것을 만나지 못하겠고 오직 구속함을 얻은 자만 그리로 행할 것이며"(사

> 35: 9)
>
> "암소와 곰이 함께 먹으며 그것들의 새끼가 함께 엎드리며 사자가 소처럼 풀을 먹을 것이며"(사 11: 7)
>
> "젖 먹는 아이가 독사의 구멍에서 장난하며 젖 뗀 어린 아이가 독사의 굴에 손을 넣을 것이라"(사 11: 8)
>
> "이리와 어린 양이 함께 먹을 것이며 사자가 소처럼 짚을 먹을 것이며 뱀은 흙으로 식물을 삼을 것이니 나의 성산에서는 해함도 없겠고 상함도 없으리라 여호와의 말이니라"(사 65: 25)

이 말씀들은요, 일단 그리스도께서 재림하신 이후에 이루어질 하나님의 나라에 아무 해하는 것이 없을 것을 비유한 말씀입니다. 비유, 비유라는 말씀을 명심하시구요.

그리고 답을 위한 구절이 있습니다.

> "인생의 혼은 위로 올라가고 짐승의 혼은 아래 곧 땅으로 내려가는 줄을 누가 알랴"(전 3: 21)

사람이나 짐승이나 다 생명을 가졌으나 짐승의 혼은 땅으로 내려간다고 하였는데, 이 말은 곧 없어진다는 말이 되겠고요,

그러나 사람의 혼은 하나님의 형상대로 지음받았으니 하나님께 돌아간다는 말씀이리라 생각합니다.

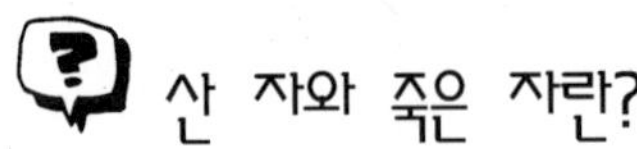

산 자와 죽은 자란?

성경에 '하나님 앞과 산 자와 죽은 자를 심판하실 그리스도 예수', 그리고 '죽은 자는 죽은 자들로 장사하게 하고 너는 나를 따르라……', 그리고 '사도신경에서는 산 자와 죽은 자를 심판하러 오시리라' 하였습니다. 여기에서 산 자와 죽은 자란 어떤 자들을 말씀합니까?

누군지 모르지만 반갑고요. 도움이 되기를 바라며 다음과 같이 답을 드립니다.

말씀하신 세 구절을 다시 적어 보면

(1) 하나님 앞과 산 자와 죽은 자를 심판하실 그리스도……

(2) 죽은 자는 죽은 자들로 장사하게 하고 너는 나를 따르라

(3) 사도신경에 산 자와 죽은 자를 심판하러 오시리라……

위의 (1)의 말씀은 딤후 4:1의 말씀으로서,

"하나님 앞과 산 자와 죽은 자를 심판하실 그리스도 예수 앞에서 그의 나타나실 것과 그의 나라를 두고 엄히 명하노니 너는 말씀을 전파하라"는 내용이 되겠습니다.

그러므로 (1)과 사도신경의 내용인 (3)은 완전히 같은 내용입니다.

딤후 4:1의 "하나님 앞과 산 자와 죽은 자를 심판하실 그리스도 예수 앞에서……"란 성부와 성자, 그리고 성자의 재림과 그때 이루어질 심판과 하나님 나라를 배경하는 장엄한 말씀입니다.

그리스도는 심판의 주님이십니다.

재림의 주님은 그때 어떤 자들을 심판하실까요?

산 자는 재림 시에 살아서 주님의 심판을 맞이할 자들입니다. 죽은 자는 죽었다가 부활하여 심판을 받을 사람들입니다. 심판에서 제외될 자는 아무도 없습니다.(Lenski)

(2)의 말씀은, "가라사대 죽은 자들로 자기의 죽은 자들을 장사하게 하고 너는 가서 하나님의 나라를 전파하라"고 하신 눅 9: 60의 말씀입니다.

여기서 죽은 자는 영적으로 죽은 자입니다.

> "너희의 허물과 죄로 죽었던 너희를 살리셨도다"(엡 2: 1)

여기서의 죽은 자는 육적으로 죽은 자입니다. 즉 죽어 장례를 치를 그 사람을 말합니다.

이 말씀은 주님을 따르는 자는 인륜과 세속 일에 초연해야 함을 교훈하신 것입니다. 예컨대 구약시대의 나실인은 부모가 죽었을 때에 그 시신에 손을 대어서는 안 되었습니다(민 6: 6~8).

예수 그리스도를 따르는 일은 이보다 더 귀하고 중대하여 당연히 부모보다 더 사랑해야 하겠지요. 그렇다고 하여 이 말씀은 문자적으로, 아무 데나 적용할 수는 없습니다. 그 의미를 잘 새겨야 할 것입니다.

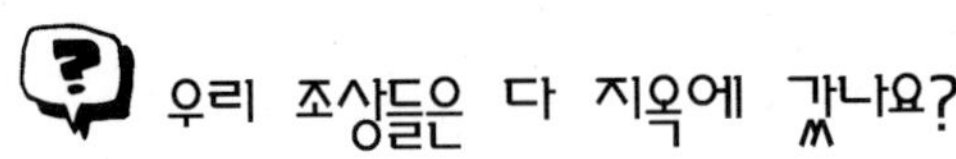

우리 조상들은 다 지옥에 갔나요?

예수님을 몰랐던 우리 조상들은 다 지옥에 갔나요?
원죄가 있으니 모두?
아님 그들도 하나님을 알았을까요?

글쎄올시다.

하지만 성경에, 구원의 길은 오직 예수밖에 없다고 하셨네요.

> "다른 이에게서는 구원을 얻을 수 없습니다. 하늘 아래에 우리가 구원받을 수 있는 다른 이름이 인간에게 주어진 일이 없기 때문입니다"(행 4: 12).

누가 전해 주지 않았다면, 어떻게 알 수가 없었겠죠?
그러니까 우리가 복음을 듣고, 알아, 믿게 된 것은 은혜이며, 그러므로 우리는 복음을 듣지 못한 이들에게 열심히 복음을 전해야 하겠습니다.

주일(일요일)이 성경적인가요?

질문이 있습니다.

안식일과 주일에 관한 문제인데요. 십계명 제4계명에 안식일을 지키라고 하셨잖아요. 예수님께서 이 땅에 오셔서 율법을 믿음으로 바꾸셨구요.

그런데 예수님께서는 율법을 완성하러 왔다고 하셨잖아요. 폐하러 오신 게 아니고, 그러므로 십계명도 마땅히 지켜야 되는 걸로 알고 있는데여…….

제가 알기로, 주일 · 일요일 · 주의 첫째 날 · 예수님이 부활하신 날과 안식일 · 토요일 · 주의 마지막 날 · 하나님이 창조사역을 마치신 날은 다른 걸로 알고 있거든요.

그리고 또 알기로는 초대교회에서는 안식일과 주일을 혼용하여 지키다가 주의 날 위주로 지켰고, 그 후 로마법에 의해 지금의 일요일(주일)이 확실하게 정착된 것으로 알고 있는데요.

근데, 문제는 그럼 과연 주일이 성경적이냐는 의문이 생기거든요?

안식일은 확실하게 성경 십계명에 나타나 있는데요.

만약에 예수님께서 "앞으로는, 내가 부활한 날을 안식일로 삼아 지키라"고 언급하셨다면 문제가 없겠지만, 그게 아니라면 장로의 유전 같은 관습의 영역일 수도 있잖아요?

그러나 만약 '지금의 주일을 꼭 지켜야만 한다(십계명의 안식일처럼)'가 아니라 '예수님이 부활하신 날, 그 날을 기념하여, 율법시대의 안식일 대신에 지키는 것이지, 반드시 그날이어야만 할 필요는 없다.'

라고 한다면 문제를 조금은 가볍게 볼 수가 있겠지만, 그러나 실상 교회에서 강조하는 건 그렇지 않은 것 같거든요(전자인 것 같거든요).

저는 장로교회에 나가구요. 안식일교회가 이단이라고는 생각이 드는데요. 그러나 이 문제만은 좀 명확히 할 필요가 있을 것 같아서요.

모두가 주님 안에서 평강 있기를 바라며, 좀더 신실한 믿음을 갖고자 하는 한 어린 양이……

24시간 내 답을 원칙으로 하고 있으므로 답은 해야겠는데, 좀 전에 집에 들어왔기 때문에 할 일도 많고, 그리고 좀 피곤하기도 하거든요.

그래서 간단하게 답을 해볼까 합니다.(물론, 항상 간단하게 하지만서도…….)

안식일이냐, 주일이냐? 중요한 것은 날이 아닙니다. 그날이 무슨 날이냐? 핵심, 즉 내용이 뭐냐 하는 겁니다. 좀 극단적으로 말씀을 드린다면 일요일에 예배하든 토요일에 하든 상관이 없다는 말씀입니다.

그럼 그 핵심·알맹이·내용이 뭐고 하면, 다음을 생각해 보도록 하져.

(1) 창조의 기념일인 안식일은 창조하신 하나님이 핵심인데, 예수님은 바로 창조주 하나님이신 거 아시죠?

하~, 이거 또 어렵겠네. 요한복음 1: 1~3에 보면,

만물이 그로 말미암아 지은 바 되었으니 지은 것이 하나도 그가 없이는 된 것이 없다……고 하셨죠?

(2) 출애굽 이후의 안식일의 핵심은 출애굽 사건, 즉 구원입니다.

구원에 대한 감사로 안식일을 지켜 예배한 것인데(신 5: 15), 그럼 구원받은 백성인 우리 구원의 알맹이는 무엇일까요? 역시 예수님께서

예배의 핵심입니다.

(3) 예수님께서는 친히 당신께서 안식일의 주인이라고 선포하셨습니다. 하도 당시 바리새인들이 안식일의 핵심도 모르고 죽은 문자나 율법에 매여 많은 사람들을 고되게 하였기 때문입니다. 그러니까 핵심은 예수 그리스도이니까요. 당연히 창조보다, 출애굽보다, 더 예배의 이유로 확실한 우리 구원의 완성인 부활의 날로 예배가 옮겨지는 것입니다.

질문자께서 기억할 것은 이것입니다.

"토요일이든 일요일이든 아무 상관없다."

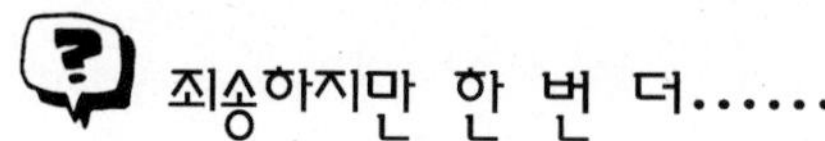 죄송하지만 한 번 더……

거룩하시고 전능하신 주님께 영광 돌리며, 감히 이런 질문이 주님 영광에 누가 되지 않기를 바랍니다.

많이 피곤하셨던 모양인데, 그래도 성심껏 답변해 주셔서 고맙습니다.

말씀이 육신을 입고 오신 예수님, 안식일의 주인이신 예수님, 우리를 잘못된 율법의 사슬에서 해방시키신 예수님, 예배의 참내용이 중요하단 말씀에 전적으로 동감합니다.

그러나, 그러므로, 그렇다면……, 기존 교회에서 마치 주일이 율법시대의 안식일인 양 여기는 것은 잘못된 것이 아닌지요?

성도들을 또 하나의 틀로 옭아맬 수도 있지 않을까요? 바리새장로들처럼 말입니다.

저희 교회 어떤 분은 주일날 장사를 접으시는데요. 그건 어떤지요? 물론 주일이 거룩한 날이고, 거룩한 날이어야만 하고, 당연히 거룩한 날일 수밖에 없지만서도 말이죠.

말씀을 좇아 살아가야 할 우리들이기에……, 주님 안에서 평안하시기를 바라며 죄송하지만 한 번 더 답변 바랍니다.

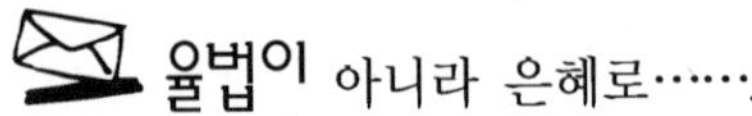 율법이 아니라 은혜로…….

우리 신앙생활에 좀 중요한 질문이기도 하므로 질문자의 신앙정도는 잘 알 수는 없지만, 조금 차원(?)을 높여 비교적 상세하게 답을 해 보겠습니다.

 기존 교회에서 마치 주일이 율법시대의 안식일인 양 여기는 것은 잘못된 것이 아닌지요? 성도들을 또 하나의 틀로 옭아맬 수도 있다 하셨는데,

다른 목사님이나 교회의 신앙생활을 알 수는 없는 일이겠으나, 정상적인 과정을 거친 목사님께서 그러실 리가 없으리라 저는 생각합니다.

단지, 하나님께서 인간을 너무나 잘 아시는 고로, 안식일 계명을 주실 때 주로 일을 하지 말라고 하심과 같이, 일하지 않는 것이 핵심은 아니나 일을 하지 않아야 집중할 때 집중이 되니까 말입니다. 목사님들도 양들을 지도할 때, 이런 거 저런 거 다 말할 수 없고, 주일을 잘 지켜 예배하도록 지도하다 보니 마치 율법적인 듯 오해가 되는 거져.

글고, 우리 인간이란 것이, 계율적으로 옭아맴으로써 좋은 결과를 얻을 수 있는 그런 속성을 갖고 있져.

그러니까 율법이나 혹은 다른 누가, 우리의 자유를 구속할 수 없는 것이고, 단지 나 스스로가 나를 위해 귀한 사랑을 주신 주님을 위하여, 그리고 내 자신의 보다 나은 신앙생활을 위하여, 스스로 계율을 지켜

갈 때, 그것은 자원하는 구속이니 오히려 기쁨으로 하게 되는 것이져. 그래서 모든 신앙의 중심은 자원함과 기쁨과 감사에 있는 것입니다.

 저희 교회 어떤 분은 주일날 장사를 접으시는데요. 그건 어떤지요? 물론 주일이 거룩한 날이고, 거룩한 날이어야만 하고, 당연히 거룩한 날일 수밖에 없지만서도 말이죠.

주일날 장사를 하든 무엇을 하든 말한 대로 자유이고, 아무도, 어느 것도 구속하는 것이 아니며 일한다고 해서 죄짓는 것도 아닙니다. 이 것은 십일조도 마찬가지입니다.

하지만 누가 시켜서가 아니라, 구원을 알고, 주님을 알고, 은혜를 받고 보면, 주님을 위하여 희생과 헌신을 하지 않으면 안 되게 됩니다.

그런 마음이 된 뒤에 다시 성경을 보면, 성경은 어떻게 믿을 것과 어떻게 행할 것의 표준이거든요. 자연적으로 일주일 중 하루를 구별하여 주님의 날로 구별하여 드리는 헌신을 작정하지 않을 수 없고, 하나님이 주신 수입에서, 주신 하나님께, 그리고 주님의 몸인 교회를 위해 얼마를 드릴까……, 그 표준은 성경을 통해 자연히 십일조로 귀착이 되는 것이져.

그러니까 십일조 드리지 않아도 죄짓는 것이 아니고 드린다고 해서 자랑할 것도 없음은 십일조가 아니라 십의 구조, 아니 전부를 드린다 해도 주의 은혜는 갚을 길이 없는 무한한 것임을 알기 때문이져.

그러니까 율법으로 지키는 것이 아니라 은혜로 지켜 가는 겁니다. 그래도 율법이 필요한 이유는 율법은 주님을 기쁘시게 하는 규범이 되고, 하나님의 뜻을 보여 주고, 주님께로 인도하는 역할을 하기 때문입니다.

다시 물으신 질문으로 돌아가서 주일날 장사하지 않고 일체 문을 닫는다……, 이건 정말, 아주 잘하는 것이겠죠?

이렇게 함으로써 하나님의 자녀가 세상에서 구별된 모습을 세상에 보임으로 빛이 되는 것이고, 모든 것을 접고 그날은 예배의 날로 지켜 예배에 집중하고 즐거워하니 하나님께 아름다운 일이고, 그 의미가 무한히 큽니다.

결론으로 가면, 예수를 믿어 구원받은 하나님의 자녀가 주일과 십분의 일도 아직 구별하여 드리지 못한다면, 아직 믿음이 부족한 것이고 아직 은혜의 성숙에서 모자라는 것이라 하겠죠?

맹목적으로, 혹은 율법적으로 지키는 것보다, 질문자와 같이 의문을 가지고, 원리에 대한 바른 깨달음을 가진 뒤에, 하나님의 큰 은혜를 받아서 철저히 지킬 수 있을 때 아주 좋은 신앙인이 되리라 믿습니다.

우리는 단지 종일 뿐이라는데요?

한 책을 읽었는데 주님이 우리를 위해 죽으심으로 우리는 그의 종이 되었다 하였습니다. 지금까지 나는 하나님의 아들로 자유롭게 행복하게 지내 왔는데 단지 종일 뿐이라 하니 마음이 무겁고 또 자존심도 무척 상합니다. 우리는 종입니까, 아들입니까?

신앙도서를 보셨군요! 좋은 책을 읽는 것은 참으로 유익한 일입니다. 하나님의 말씀과 함께 늘 좋은 책들을 더욱 가까이하기를 바랍니다. 또한 지금까지 하나님의 자녀로 행복하게 지내 오셨다니 더욱 고맙고 감사한 일입니다. 질문에 대한 답을 드리자면 우리는 예수 그리스도를 믿음으로 그의 자녀가 되었습니다. 우리는 하나님의 자녀이지 종이 아니라는 결론부터 내려 드리고요.

> "영접하는 자 곧 그 이름을 믿는 자들에게는 하나님의 자녀가 되는 권세를 주셨으니……"(요 1: 12).

그러나 주님과 우리와의 관계는 어떤 면에서는 목자와 양, 신랑과 신부 등으로 표현되었습니다. 우리가 다 하나님의 자녀이면서 또한 종으로 표현되기도 함은 주님의 사명을 수행하는 사역적인 면에서의 표현으로 생각하면 좋겠습니다.

그래서 사도 바울은 늘 자신을 주님의 종으로 자처했음은 물론 이를 무한히 기뻐하였습니다. 바울은 늘 기뻐하고 성령으로 충만했지만 그의 육신적 삶은 종보다 더 못한 고난의 연속이었습니다. 그랬던 것은 주님의 은혜가 너무나 고맙고 놀라워 그 자신이 주님의 종으로도 과분하다 여겼기 때문이겠지요.

탕자의 비유에 이런 내용의 구절이 있군요.

> "스스로 돌이켜 가로되 내 아버지에게는 양식이 풍족한 품군이 얼마나 많은고 나는 여기서 주려 죽는구나 내가 일어나 아버지께 가서 이르기를 아버지여 내가 하늘과 아버지께 죄를 얻었사오니 지금부터는 아버지의 아들이라 일컬음을 감당치 못하겠나이다. 나를 품군의 하나로 보소서 하리라"(눅 15: 17~19).

이 구절을 잘 묵상해 보세요. 분명히 아들이며 아버지입니다. 그러나 그는 자신의 '죄와 허물과 부족 때문에 아들을 감당치 못하겠다. 나를 품꾼(종)의 하나로 보아 주십시오.' 그렇게 말하고 있군요. 대답이 되었는지 모르겠습니다.

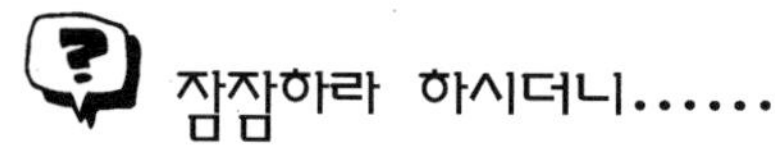

잠잠하라 하시더니……

예수님께서 병자를 고쳐 주셨을 때 대개의 경우에 아무에게도 이르지 말라고 하셨습니다. 그러나 어떤 경우에 보면, "집으로 돌아가 하나님이 네게 어떻게 큰일 행하신 것을 일일이 고하라……"(눅 8: 39) 하셨는데 왜 다른가요?

예수님께서 병을 고치신 후에 이를 전하지 못하게 하신 이유는 아마도 너무나 많은 사람들이 몰려와 참으로 중요한 말씀사역, 하나님 나라의 전파사역에 차질이 있게 되기 때문이었겠습니다.

그러나 누가복음 8장에서 "하나님이 행하신 큰일을 일일이 고하라"고 하셨던 것은 하나님의 은혜를 입은 사람으로서 마땅히 하나님을 전함으로 영광을 돌리고 주님을 증명해야 함을 말씀하신 것이겠지요.

또 누가복음 8장에서의 예수님의 사역 장소는 이방인 지대인고로 병 고침을 받은 사람 이외에는 별로 전하는 사람이 없었고, 그래서 아주 많이 전할 필요가 있는 상황으로 이해됩니다.

기적으로 병 고침을 받은 사실은 동일하나, 지역이나 상황이 다른 이유로 이해하면 되겠습니다.

제사를 지낸다는 것은······

  목사님, 저는 지금 애인이랑 전화 통화를 하다가, 제사문제 때문에 고민을 하다 이렇게 메일을 보냅니다.

  목사님 제 애인은 교회는 다니지만 하나님의 존재를 잘 알지 못하는 사람입니다. 그러다 보니 제사를 지내지 말아야 한다는 것에 큰 의문점과 반발심을 가지고 있구요, 이유는 형제들과의 사이에 종교문제로 다툼이 있는 걸 원치 않는다는군요.

  사실 저도 지식이 없는지라, 제 애인이 천주교 얘기를 운운하며, 어떤 신부님이 제사를 없앤 것은 기독교가 서양문화이기에 우리의 풍습을 이해 못 해 저지른 실수라고 하는데 딱히 해줄 말이 없어 그냥 무조건 안 된다고만 했거든요.

  목사님, 이런 경우에 어떻게 그 사람에게 이해를 시켜야 하는지, 조상은 우상이 아니라고 우기는 그가 성경에 제사지내지 말라는 말이 어디에 나와 있는지 알려달라고 하는데 이럴 땐 제가 지혜롭게 대처할 수 있는 방법이 무엇인지 가르쳐 주세요.

  목사님, 제 무지함을 달래 줄 좋은 말씀과 어드바이스를 부탁드립니다. 기다릴게요.

✉ **제사는** 단순한 효도 차원이 아닙니다. 음식을 차리고 절을 하는데 정말 조상의 영혼이라도 온다는 것입니까? 그러면 누구에게 절을 하는 것입니까?

조상이 물론 우상이 아닙니다.

그러나 죽은 조상에게 제사하는 것이 우상숭배가 될 수 있는 것은, 제사하는 이들은 조상을 잘 섬겨야 복을 받는다고, 조상이 지켜 주셔야 한다고 생각하며 제사하지 않습니까? 또 죽은 조상에게 감사하지 않습니까? 죽은 조상이 어떻게 지켜 주며 복을 가져다줍니까?

우상이란? 하나님의 자리에 다른 무엇이 올라가는 것, 그래서 신약에는 탐심을 우상숭배라 하였습니다(골 3:5).

하나님께 드려야 할 예배와 기원을 죽은 조상에게 하니 그리스도인으로서는 할 수 없는 일이요 우상숭배가 되겠습니다.

더군다나 성경에서 제사에 대하여,

> "대저 이방인의 제사하는 것은 귀신에게 하는 것이요 하나님께 제사하는 것이 아니니 나는 너희가 귀신과 교제하는 자 되기를 원치 아니하노라 너희가 주의 잔과 귀신의 잔을 겸하여 마시지 못하고 주의 상과 귀신의 상에 겸하여 참예치 못하리라"(고전 10:20~21).

이렇게 말씀하신 것으로 볼 때, 제사는 귀신에게 하는 것입니다. 하나님께서 보이지 않지만 존재하심과 같이 귀신이 있습니다. 이방인들의 모든 제사 행위 배후에는 귀신이 존재하고 있습니다.

죽은 조상은 제사를 받는 것도 아니고 아무 상관없는 일입니다. 그러나 귀신의 존재를 무시할 수 없습니다. 이방인들이 신전에서 숭배하는 것이나 우리 한국인들이 제사하는 것은 다 그 배후의 귀신에게 하는 것입니다.

하나님께 제사하고 교제하는 성도가 귀신에게 제사하고 귀신(마귀)과 교제할 수는 없는 일입니다. 하나님은 시기하시는 하나님으로 표현되었습니다(신 5: 9, 32: 21). 이스라엘 백성이 우상숭배에 빠질 때 하나님은 시기심을 일으키시고 그들을 징벌하셨습니다. 지금도 마찬가지입니다. 성도가 마귀의 상에 참예하면 하나님은 시기하시고 징벌하실 것입니다.

종교문제로 다툼을 원치 않는다 하셨는데요.

누구나 마찬가지입니다. 그러나 참신앙을 가진다면 얼마든지 슬기롭게 대처하여 신앙을 지키면서도 불화하지 않고 화목할 수 있습니다.

모든 신앙인들이 불신 가족들과 불화한 것은 아니며 또한 하나님께서는 어려운 가운데서 화평을 추구하는 이들을 도와주실 것입니다. 그리스도 안에서 좋은 교제를 이루어갈 수 있기만을 바랍니다.

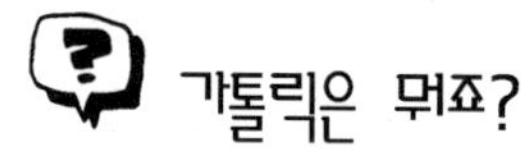 가톨릭은 뭐죠?

샬롬~. 오늘 우연히 가톨릭에 대해 보았는데 다르더군요!

저는 기독교인데 우리는 예수 그리스도를 구주로 믿을 때, 하나님께서 영생을 허락하신다고 하셨는데……. 가톨릭은 신덕과 선행만으로 구원을 얻는다 등 많이 다른데 그렇다면 가톨릭은 이단·사이비로 보면 됩니까?

가톨릭에 대해서 막연히 물으셨는데, 책을 한 권 사서 읽어 보면 좀 자세히 알 수 있겠지만, 더 중요한 것은 우선 내가 믿는 종교에 대해서 더 많이 알고, 믿는 진리를 확실하게 붙드는 일이라 생각됩니다. 종교도 수없이 많은데 그 많은 종교를 다 공부할 수는 없는 일 아닙니까?

질문대로만 답을 해본다면, 가톨릭은 이단이다, 혹은 사이비다 그렇게 말할 수는 없습니다. 종교개혁을 통해 가톨릭으로부터 개신교가 나왔으니 분명히 다른 교리가 있고, 또 우리로서는 절대로 받아들일 수 없는 교리가 있는 것은 사실입니다.

하지만 그렇다 할지라도 가톨릭의 하나님·예수 그리스도·성령님은 같은 분입니다. 그냥 가톨릭은 그들대로 잘 믿으면 될 것이고, 우리는 우리대로 잘 믿으면 되리라 생각합니다. 우리가 옳다 한다고 해서 그들이 다 올 것도 아니고, 우리가 다 갈 것도 아니니 말입니다. 그들도 예수님을 통해 구원받을 수 있고, 우리도 예수님을 통해 구원받습니다.

어느 골동품 가게에 점원이 새로 들어왔습니다.

골동품 가게는 가짜를 가려내야 하는 것이 생명이기 때문에, 주인은 가게를 맡길 수 있도록 점원에게 부지런히 가짜를 가려내는 수업을 시켰답니다.

점원은 주인이 진품과 가짜를 함께 가져와서 비교하며 설명할 줄 알았는데, 골동품의 거장(巨匠)은 그렇게 하지 않았습니다. 점원에게 가짜는 한 번도 보여 주지 않고 진품만 꺼내 와 보여 주는 것이었습니다.

점원은 매일 진품만 보았습니다.

그렇게 6개월이 지난 어느 날, 주인이 가짜를 들고 나왔는데, 점원은 금세 그것이 가짜인 것을 알아냈습니다.

⍰ 개신교의 뿌리가 가톨릭이라는데……

기독교는 그리스도교를 한자로 표현한 것이고, 그 안에 개신교와 천주교로 나뉘며 개신교의 뿌리가 바로 가톨릭이라는데……

설명 부탁해여……. 샬롬!

✉ **개신교의** 뿌리가 천주교라고 말하기는 좀 옳지 않은 듯합니다.

예수님께서 교회를 세우셨습니다(마 16: 18).

예수님이 부활 승천하신 뒤, 제자들에 의하여 기독교가 확산 전파되어 갔고, 그 교회가 중세시대까지 내려가게 되는데, 교회의 힘이 커지고, 그 힘이 정치보다 더 우위에 있게 될 때, 교회는 하나님의 말씀의 원리에서 벗어나 엄청난 타락을 하게 됩니다.

이때 마르틴 루터, 혹은 칼빈 등 여러 개혁자들에 의하여, 교회가 성경으로 돌아가야 한다는 개혁운동이 있게 되고, 이들의 개혁기치는 '오직 말씀으로, 오직 믿음으로' 등이었습니다.

이렇게 새로이, 개혁하여 생겨난 것이 개신교입니다.

그러니까 정확히 말하몬, 우리 신앙과 오늘 교회의 출발점은 천주교는 아니고, 예수님과 그의 제자들이겠고, 그 모습은 우리의 가진 성경에서 찾을 수 있을 것인데, 오늘 우리 교회의 처음 출발은 사도행전 2장의 다락방모임이 되겠습니다.

그럼~. ⛪

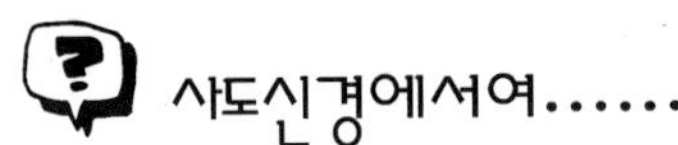

사도신경에서여……

사도신경에서여, 빌라도에게 고난을 받으사 십자가에 못 박혀 죽으셨다는 부분이 틀린 거 맞나여?

우리의 죄를 위해 십자가에 못 박혀 죽으신 거 아닌가여?

글구여, 주기도문에서여 '대개'가 무슨 뜻이에여?

첫째, 빌라도에게 재판을 받아 십자가에 못 박도록 넘겨졌으므로, 빌라도에게 고난을 받으셨다는 말이구요.

둘째, "대개 나라와 권세와 영광이 아버지께 영원히 있사옵나이다"에서 '대개'란?

으음, 확실히 자신할 수는 없는데, 아마도, 부사로서 대개(大蓋), 즉 '일의 큰 원칙으로 말하건대'라는 뜻이 아닐까 생각을 하구요……. 확실하게 말할 수 있는 것은, '왜냐하면'의 뜻으로 생각하면 될 듯합니다.

그러니까 주기도문의 '대개' 앞에까지, "이름이 거룩히 여김을 받으시오며, 나라이 임하옵시며, 뜻이…… 다만 악에서 구하옵소서"라는 기도를 들어 주셔야 할 이유를 밝히는 말입니다.

'……구하옵소서', '왜냐하면 나라와 권세와 영광이 아버지께 영원히 있기 때문입니다'라고요. 또 좀 다르게 말하면, '하나님! 나라와 권세와 영광이 아버지께 영원히 있사옵니다. 그러므로 우리의 이러한 기도를 들어 주셔야 하옵니다.' 하는 뜻으로 생각하면 되겠습니다.

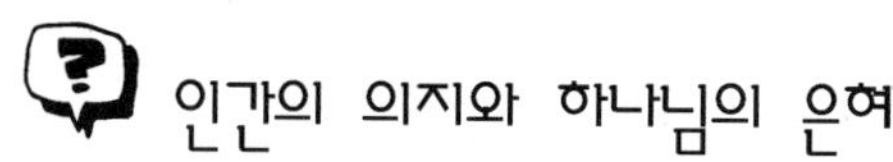 인간의 의지와 하나님의 은혜

안녕하세요? 저는 초신자로서 많은 궁금증이 있습니다. 목사님의 조언을 부탁드립니다.

몇 가지 질문하고 싶은 것이 있는데,

첫째는 제가 알기로 하나님은 모든 일을 계획대로 행하신다고 들었습니다. 그럼 우리 인간이 어떤 일을 가지고 진심으로 기도해도 그것이 하나님의 뜻에 맞지 않는다면 절대로 이루어지지 않는 것인지요? 만일 그렇다면 우리 인간은 오직 하나님의 의와 나라를 위해서만 기도를 해야 하는 것인가요?

둘째는 우리 인간이 살아도 하나님을 위해서 살고 죽어도 하나님을 위해서 살아야 한다고 들었습니다. 그럼 이 세상에서의 삶은 어느 정도 가치가 있는 것입니까?

저는 오직 하나님을 위한 삶을 살아가기에는 너무도 힘이 든다고 생각합니다. 다른 많은 일들도 해보고 싶고요. 답변을 듣고 싶습니다.

셋째는 우리가 어떤 일을 성공했을 때 예를 들면, 사업에 성공했다든가 할 때, 우선 하나님께 감사해야 한다고 들었습니다. 이 말은 하나님의 능력으로 성공할 수 있었다는 말인가요? 그럼 우리들의 수고와 노력은 하나도 없다는 말입니까? 아무리 생각해도 모르겠습니다.

또 왜 우리는 항상 하나님께 오직 감사만을 드려야 하나요? 하나님의 뜻대로 세상은 돌아가는데 거기에는 우리가 느끼기에 감당할 수 없는 고통도 있습니다. 목사님! 답변 부탁드립니다.

하나님은 우주만물과 인간세상을 통치하실 때 계획을 가지고 하십니다. 계획 없이 하신다면 이 세상은 뒤죽박죽이 되겠죠. 하나님에게 우연은 없습니다. 이것이 하나님의 전지전능하심입니다.

 둘째는 우리 인간이 살아도 하나님을 위해서 살고 죽어도 하나님을 위해서 살아야 한다고 들었습니다. 그럼 이 세상에서의 삶은 어느 정도 가치가 있는 것입니까? 저는 오직 하나님을 위한 삶을 살아가기에는 너무도 힘이 든다고 생각합니다. 다른 많은 일들도 해보고 싶고요.

하고 싶은 일들을 못하고 자유에 제한을 받을까 염려가 되시는 모양이네요. 하고 싶은 일을 마음껏 하십시오. 그래서 행복하십시오. 그러면 아버지 되시는 하나님도 기뻐하실 것입니다.

이 세상은 살 가치가 있습니다. 제한된 생명입니다. 죄로 인해 낙원을 잃었지만 예수 그리스도 안에서 어느 정도는 회복이 되었습니다. 나는 살 만한 세상으로 봅니다. 주님 안에서 있으면 행복하죠.

 우리가 어떤 일을 성공했을 때, 예를 들면 사업에 성공했다든가 할 때 우선 하나님께 감사해야 한다고 들었습니다. 이 말은 하나님의 능력으로 성공할 수 있었다는 말인가요? 그럼 우리들의 수고와 노력은 하나도 없다는 말입니까? 아무리 생각해도 모르겠습니다.

복잡하게 생각할 거 없고요. 수고와 노력 없이 성공하거나 행복한 사람은 없습니다. 그러나 인간의 노력만으로 성공이나 행복이 보장되

는 것은 아닙니다. 위에 계신 분의 사랑과 축복을 받아야 합니다. 생각해 보세요. 그렇지 않나요?

 또 왜 우리는 항상 하나님께 오직 감사만을 드려야 하나요? 하나님의 뜻대로 세상은 돌아가는데 거기에는 우리가 느끼기에 감당할 수 없는 고통도 있습니다.

항상 감사드려야 할 이유는요, 하나님의 계획은 항상 선하시기 때문입니다. 나와 질문자를 향한 하나님의 계획은 항상 선하시고 좋으시며 또 사랑이십니다.

문제는 이겁니다. 질문자가 제목에 적은 대로 인간의 의지와 하나님 은혜와의 관계 문제입니다. 저의 이 상담게시판 앞부분에 유사한 내용들이 있습니다만, 하나님은 모든 것을 작정(흔히 말하는 예정)해 놓으시고 계획대로 이루어 가시며, 이 계획안에 포함되지 않은 것은 아무것도 없습니다. 그러나 절대로, 절대로, 그 하나님의 계획이 인간의 자유의지를 가로막거나 제한하거나 하지 않습니다. 인간은 완전히 자유입니다. 그렇기 때문에 인간은 훗날에 자기의 행위에 대한 심판을 받을 것입니다. 그러면서도 하나님은 그의 계획을 이루어 가십니다. 이것이 전능하심이며 이것을 우리 인간의 머리로 이해할 수는 없습니다. 각각 하나씩 받아들일 뿐입니다. 성경에 의해서 말입니다.

그러니까 열심히 살아야 합니다. 죄를 짓지도 않아야 합니다. 그러면서도 하나님의 은혜와 축복이 없으면 인간은 안 됩니다. 그렇기 때문에 성공했을 때 우리가 당연히, 열심히 한 결과이지만 하나님의 은혜가 아니라면 있을 수 없는 일이므로 하나님께 감사를 드리는 것이 우리 크리스천입니다. 이해가 좀 되셨나요? 차차 될 겁니다.

물질을 달라고 기도하는 것은 잘못인가요?

어느 기독신문에 실린 어떤 목사님의 글을 읽고 궁금해서 문의 드립니다.

우리가 기도할 때 아들을 달라, 물질을 달라고 기도하는 것은 잘못하고 있는 기도라고 하던데, 보통 우리가 기도할 때 우리의 필요한 것을 구하지 않나요?

하나님께서도 우리의 필요한 것을 구하라고 하지 않았나요? 아들을 원하는 것도, 물질을 원하는 것도 필요하니까 구하는 것인데, 잘못하는 기도라면 어떤 기도를 하여야 하나요?

우리의 정욕을 위해 하는 기도는 응답받지 못한다고 성경말씀에 있는 것은 알고 있어요.

그렇다면 필요와 정욕의 기준은 무엇인지 궁금합니다. 제가 아는 분들 중에도 아들 낳기 위해 기도하고 그렇게 해서 아들 낳은 것을 보았는데…….

그렇습니다. 기도는 우리의 필요를 따라 구하는 것입니다. 그러니까 무엇이든 구해도 되는 것입니다. 하나님의 뜻이야 우리가 어떻게 다 분별할 수 있겠습니까? 어떤 것은 기도하다가 깨닫기도 하는 것이지요.

그러나 기독신문의 그 목사님께서 말씀하신 의도는 그런 뜻은 아니었을 것입니다. 아마도 목사님은 더 높은 차원의 기도를 말씀하시는 중에, 그런 관점에서 본다면 아들을 달라, 물질을 달라 하는 기도는 잘못이다, 아마 이런 의도의 말씀이었을 것으로 사료됩니다.

기도로 구하는 내용에도 차원이 있는 것이니까요.

그다음, 필요와 정욕의 기준이 무엇인가?

글쎄요, 필요를 넘어서면 정욕이 아닐까 전 생각하구요. 실제 기도해 보면 하나님은 꼭 필요한 이상은 잘 주시지 않더만요.

글고, 정욕의 원뜻은 쾌락이란 말이네요. 그리고 자기 자신만을 좋게 하기 위한 것 등으로 생각하면 좋을 것 같습니다.

사실 우리의 삶은 그 나라와 의를 먼저 구하는 삶이어야 하고 먹든지 마시든지 하나님의 영광을 위한 삶이어야 한다는 것, 질문자도 알고 계시겠죠?

 예수님을 영접한 정확한 시점을 알고 싶어요

샬롬! 매일 이곳을 방문합니다. 다른 분들의 상담에 의한 목사님의 명쾌한 답변으로 많은 도움을 받고 있습니다. 항상 감사하는 마음입니다.

제가 궁금한 것은 제가 신앙생활을 몇 년 하고 있는데, 여러분들의 이야기를 들어 보면 예수님 영접한 시기를 정확히 알고 있다는 것이고 저는 확실히 그 시기를 모르거든요.

그렇다면 저는 예수님을 제대로 영접하지 않은 것인가요? 어떤 분들은 성령의 체험을 이야기하지만 저는 그런 체험도 없어요. 사모하면 주신다고 많이들 이야기해서 저도 간절히 사모하며 기도해 보지만, 아직 하나님 앞에 내려놓지 않은 죄가 있는지 받지를 못한 것 같아서, 기도할 때 내가 미처 알지 못해서 고백하지 못하는 죄가 있는지 깨닫게 해달라고도 하거든요.

어떤 때는 그쪽으로 의식하다 보니 제대로 기도하지 못할 때도 있어요. 특히 철야기도 때는 목사님께서도 성령 받아야 된다고 강조를 하시거든요. 주셨는데도 제가 깨닫지를 못하는 것인지 모르겠어요.

이러다 보니 어떤 때는 구원의 확신에도 의심이 가는 거예요. 내가 입술로만 '주여! 주여!' 부르짖는 자는 아닌지……

하지만 예수님 안 믿는 사람들을 보면 어떻게 전해야 할까 하고 늘 생각하며, 기회를 보다가 자연스럽게 예수님에 대해서 전하고 교회에서 정하여 놓은 전도 시간에 나가서 몇 시간이라도 하고 합니다.

문제는 제가 어떤 확실한 체험이 없다 보니 왠지 소외된 느낌, 선택받지 못한 듯한 생각이 자꾸 든다는 것입니다. 그래서 전도할 때 전하면서도 그냥 내가 배운 지식만을 전하고 있는 것은 아닌가 하는 생각도 들구요.

어떨 때는 내가 성격이 이래서 못 받는 것은 아닌가 하는 생각이 들어요.

저는 기도할 때 누가 내 기도 내용을 들으면 어떡하나 하고 남을 의식할 때가 많아요. 같이 크게 통성으로 기도할 때는 큰 소리 때문에 서로 잘 들리지 않으니까 그냥 하지만, 사람들이 별로 없을 때 기도할 때는 속으로 기도하는데 그럴 때는 간절한 마음으로 해지지가 않아요.

그래서 방언기도 할 수 있게 해달라고 기도하는데 잘못 구하는 것인지 저에게는 그것을 감당할 능력이 없다고 안 주시는 것인지, 때가 안 되었는지 잘 모르겠어요. 이런 제가 참 답답하답니다. 목사님께서 명쾌한 답변을 주시면 감사하겠습니다. 건강하시기 바랍니다.

 반갑습니다. 어서 오시구요.

 여러분들의 이야기를 들어 보면 예수님 영접한 시기를 정확히 알고 있다는 것이고 저는 확실히 그 시기를 모르거든요. 그렇다면 저는 예수님을 제대로 영접하지 않은 것인가요?

아마도 거듭남의 시기를 물으시는 것 같네요.

질문자가 말한 대로 예수님 영접한 시기라고 말할 때는 그 시점을 알 수 있다고 하겠습니다. 왜냐하면 예수님을 영접한다는 것은 내 편에서의 영접이니까요. 의식세계에서 내가 언제 주님을 믿기로 했다, 언제, 어떤 계기로 믿기 시작했다 하면 그게 예수님을 영접한 시기가 될 수 있겠죠.

그러나 거듭난 시기는 알 수 없다고 말하는 것이 정확하겠습니다. 물론 영접과 거듭남이 같은 시기에 일어나는 경우라면 별개이겠습니다만 그렇다 할지라도 거듭남이란 것은 성령 하나님의 주권적인 역사이므로 알 수 없다고 해야 하겠습니다.

거듭남은 요한복음 3장의 예수님의 말씀, "바람이 임의로 불매 네가 그 소리를 들어도 어디서 오며 어디로 가는지 알지 못하나니 성령으로 난 사람은 이러하니라"와 같이, 그 시기는 정확하게 알 수 없으나 여러 가지 나타나는 결과를 보아 알 수 있는 일입니다.

 성령의 체험, 확실한 체험을 원하셨습니다.

으음, 그러나 더 중요한 건 믿음입니다. 성경은 우리에게 믿으라 하십니다. 믿으면 구원을 받고, 믿으면 놀라운 일이 일어납니다.

요구하는 것은 믿음입니다. 만약에 질문자가 분명한 믿음을 가졌다면 그것은 곧 성령을 받은 증거입니다. 성령을 받아 거듭나지 않으면 믿음을 가질 수는 없겠죠.

> "성령으로 아니하고는 누구든지 예수를 주시라 할 수 없느니라"(고전 12: 13).

우리 신앙의 표준은 하나님의 말씀이지 체험이 아닙니다. 그러니까, 체험을 가지려 하지 말고, 하나님의 말씀을 읽고 말씀을 통해 믿음을 돈독히 하며 말씀을 붙들기를 바랍니다.

성령의 은사나 체험, 혹은 방언 등은 그 성격상 내 편에서 요구하여 일어나는 것이 아니라 성령의 나타남(고전 12: 7)이며 성령께서 그

뜻대로 나눠 주시는 은혜의 선물입니다(고전 12: 11). 그러니까 주님 안에서 열심히 믿음 생활하며 열심히 기도하며 충성 봉사하다 보면 이런 은혜체험이 자연히 생기게 됩니다.

그러니까 열심히 믿음생활을 하는 것이 중요하지, 은혜체험을 하려고 하는 것이 신앙의 목표가 될 수 없습니다. 즉 그런 체험을 위해서는(방언 포함) 기도하지 말라는 말입니다.

성령을 받으라고 하는 말씀은,

육신의 소욕대로 살지 말고, 성령 하나님의 온전한 지배하에 들어가라는 말로 이해하길 바랍니다. 그래서 하나님의 뜻대로 온전히 살라는 것이지요. 무엇을 받는다 생각하지 말고요.

 하지만 예수님 안 믿는 사람들 보면 어떻게 전해야 할까 하고 늘 생각하며 기회를 보다가 자연스럽게 예수님에 대해서 전하고 교회에서 정하여 놓은 전도 시간에 나가서 몇 시간이라도 하고 합니다.

거듭남과 믿음의 증거가 되겠네요. 그렇지 않고야 어떻게 예수님을 전하겠습니까? 문제는 꾸준히 믿음생활에 정진하는 것입니다.

개인적인 경건생활 · 은혜생활에 중요한 요소는 말씀과 기도입니다. 병행해야 합니다. 말씀과 기도 안에 온갖 은혜와 은사와 축복이 있습니다.

꾸준히 말씀보시고 기도하시고, 그리고 교회 안에서 열심히 충성 · 봉사하시면, 모든 것을 후히 주시는 하나님께서 때를 따라 모든 것을 풍족하게 주십니다.

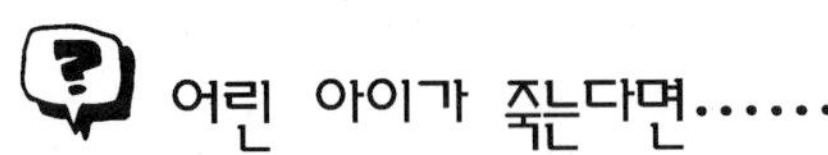

어린 아이가 죽는다면……

이 땅에 살아 있을 때 예수님을 믿어야 천국 간다고 알고 있어요. 믿음은 자기의 신앙고백이 있어야 한다고 알고 있구요. 그러면 말할 줄 모르는 어린 아이가 죽는다면 어떻게 되는지요?

말할 줄 알아도 무슨 말인지 제대로 알아듣지 못하는 어린이는요? 그것은 하나님께서 알아서 하실 일인가요? 전도할 때 이런 질문이 나오면 답변하기가 좀 어려워서 질문드립니다.

음…… 이 질문은 신학적 문제인데요.

엄밀하게 따지고 말해서, 우리가 예수님을 믿어야 천국 가는데 그 예수 믿는 믿음은 중생의 결과입니다.

하나님이 우릴 거듭나게 하셨으므로 말씀도 들어오고 믿음도 갖게 되고 하는 겁니다.

이 거듭남은 우리의 의식세계에 일어나는 것이 아니며, 또 시간이 걸리는 것도 아닙니다. 그리고 순전히 하나님이 성령으로 하시는 일이죠. 그러므로 신학적으로 엄밀히 말한다면, 예수 믿어서 구원받지만 그전에 하나님의 거듭나게 하심이 있었습니다.

그러니까 어린 아이 경우에도 무의식 세계에서 하나님의 거듭남이 있습니다. 어떤 경우, 죽어 하늘로 올라가는 그 순간에도 가능한 일이겠죠? 머리로는 이해하기 어려운 부분이니 대충 이해하시기 바라구요. 전도할 때 요런 질문을 받았다? 그럼 모르는 건 모른다 하시고, 아는 것만 얘기하는 게 어떨까요?

 우릴 왜 만드셨나요?

전 이 세상의 인간의 존재에 대해서 정말 궁금합니다.

주께서 우릴 왜 만드셨나요? 도대체 인간의 존재란 무엇인가요? 오로지 주님만을 섬기는 게 우리의 목적입니까? 그리고 우리의 모든 것은 예비되어 있습니까?

입는 것, 먹는 것, 자는 것, 만나는 것 등 모든 일상생활이 이미 주께서 만들어 놓은 바퀴 안에서의 삶입니까?

우리의 존재에 대해서 알고 싶습니다. 이 세상에서 우리의 위치는 무엇이고, 주께서 우릴 만드신 목적은 무엇인가요?

답글 기다리겠습니다. 그리고 성경에서 어디어디를 찾아봐야만 제 질문에 대한 답이 조금이라도 있을지 궁금합니다. 어디에 나와 있습니까?

무어라 답을 드려야 맘이 시원하실지……?

좋으신 주님을 만나셔야 될 텐데 말입니다.

주께서 우리를 만드신 목적이라? 목적보다 중요한 것은 내가 그의 피조물이란 사실을 깨닫는 것일 텐데, 이미 질문자는 어느 정도의 믿음을 가지고 있습니다.

주님을 알 때 나를 알게 되거든요. 궁금해하시는 모든 것을 말입니다.

성경은 주님에 대하여 기록된 책이죠?(요 5: 39)

천천히, 여유를 가지고, 좀 긴 시간 동안 성경을 읽으며 묵상을 해보시지 않겠습니까?

제가 말씀드릴 수 있는 것은, 인생이란 것이 전능자가 정해 놓은 어떤 틀과 바퀴 안에서 살아가야만 하는 따분하고 재미없는 삶이 아니구요.

또 창조주 하나님께서, 폭군과 같은 그런 존재가 아닙니다. 나의 아버지가 되시며, 힘과 방패, 보호자 되시며, 내 소원의 기도를 들으시며 목자가 되시는 좋으신 분입니다.

근데 문제는 자기체험이 되어야 하는 거죠. 주님께서는 나의 인생을 힘들게 하시는 분이 아니십니다.

성경 어디어디를 찾아보면 좋겠느냐고 하셨는데요, 제 생각에는 어느 한 곳을 찾지 마시고 그냥 처음부터 천천히 읽어 가셔야 합니다. 그러면 어느 시점에서 분명한 해답을 얻게 될 것입니다.

성경은 살아 계신 하나님의 말씀입니다. 우리가 하나님 앞에서 말씀을 읽으면 어떤 특정한 말씀이 특수하게 자신에게 부딪히고 다가와 문제의 해결함을 받게 됩니다.

나의 목자·빛·삶의 이유 등등. 좋으신 주님을 만날 수 있기를 바랍니다. 그래서 하나님이 주신 생을 즐겁게, 기쁘고 행복하게 사시기를 바랍니다.

성경해석이 다른 것에 대해

목사님, 안녕하십니까? 저는 교리에 대해 잘 모르지만 대한예수교장로회 통합 측에서 25년간을 신앙생활을 해왔습니다. 큰 교회만 다니다가 지금은 개척교회에 다니는데 지금까지 제가 성경 공부해 왔던 내용과 다른 점이 너무 많습니다. 예컨대 우리가 신앙생활을 하다가 주님이 부르시면 이 세상을 떠나게 되는데 천국으로 바로 가지 않고 낙원에 있다가 예수님 재림 시 천국에 가게 된다고요. 그런데 그게 아니고 바로 천국에 간다고 합니다.

또 천국엔 각자의 처소가 있어서 헌금 많이 내고 봉사 많이 하면 금으로 된 집에서 살게 되고, 겨우 구원만 받으면 초가집 같은 데서 살게 된다고 말입니다. 예전에 제가 배울 때는 요한계시록에 나오는 성전에서 함께 지낸다고 배웠거든요.

지금 목사님께서는 전에 알던 게 잘못되었다고 다 지우라고 하시는데 어떻게 해야 할까요? 그래서 고민이 많습니다. 전에 것을 버리고 따라가야 하는 것인지 아니면 교회를 옮겨야 하는 것인지 상담 부탁드립니다.

교리의 차이는 교회가 크고 작음에서 오는 것은 아니겠고요. 교단이 다르다든지, 교파가 다르다든지 하면 당연히 그 특색에 따라 다른 점이 있을 것입니다. 그게 이상한 게 아닙니다. 다 같으면 여러 교단 · 교파가 있을 이유가 없겠죠. 그러나 서로가 다르다 해서 어느 편은 옳고 다른 한편은 틀렸다는 성격이 아닙니다. 해석상의 차이고 주장하는 차이일 뿐이죠. 다양성으로 이해하면 좋을 것 같습니다.

 예를 든다면 우리가 신앙생활을 하다가 주님이 부르시면 이 세상을 떠나게 되는데 천국으로 바로 가지 않고 낙원에 있다가 예수님 재림 시 천국에 가게 된다고요. 그런데 그것이 아니고 바로 천국에 간다고 합니다.

제가 생각할 땐 낙원이나 천국이나 무슨 차이가 있을까요? 그곳이 그곳입니다. 하지만 꼭 구분을 해본다면, 같은 장소라 하더라도 재림 전, 그러니까 이때는 육체는 땅에 있고 영혼만 가 있을, 그때 그곳을 낙원이라 하고, 주께서 재림하시어 심판하신 다음에는 영혼과 육체가 하나 되어 천국에 있을 텐데, 그때 그곳을 천국이라 할 수 있지 않겠나 생각하는데 낙원과 천국을 구태여 구분할 필요는 없다고 봅니다. 그러니까 다 맞는 말입니다.

 또 천국엔 각자의 처소가 있어서 헌금 많이 내고 봉사 많이 하면 금으로 된 집에서 살게 되고, 겨우 구원만 받으면 초가집 같은 데서 살게 된다고 말입니다. 그런데 예전에 제가 배울 때는 요한계시록에 나오는 성전에서 함께 지낸다고 배웠거든요.

모두가 다 어떤 한 면에서 볼 때 그렇다는 것이겠죠. 그럼 천국에 정말 금이 있고 초가가 있겠습니까? 그리고 성전도 이 세상에서 성전이지 하늘에 무슨 성전이 또 있겠습니까?(계 21: 22) 이 세상 표현으로 그렇다는 것이죠. 그러니까 너무 그렇게 좁게 생각하면 머리가 복잡해질 뿐입니다.

 지금의 목사님께서는 전에 알고 있던 것이 잘못되었다고 다 지워 버리라고 하시는데 어떻게 해야 할까요? 그래서 고민이 많습니다. 전에 것을 버리고 따라가야 하는 것인지 아니면 교회를 옮겨야 하는 것인지 상담 부탁드립니다.

교회는 가능하면 쉽게 옮기지 않는 것이 믿음생활에 좋다고 생각합니다. 25년 다니던 교회를 다른 교단으로 옮기다 보니 약간의 차이로 인해 혼선이 생길 수 있지 않겠습니까?

옮길 때는 같은 건전 교파, 교단이면 좋고요.

부득이하여 내용을 달리하는 교회로 옮겼을 경우에는 현재의 교회에서의 가르침을 잘 수용하는 게 좋지 않겠나 생각합니다.

정말로 궁금한 여러 가지……

저는 이태리에서 유학생활을 하고 있는 성도입니다.

다름이 아니라 성경적인 질문이 몇 가지 있는데, 답을 구할 수가 없어서 이곳을 빌려 질문할까 합니다.

1. 가톨릭이 이단인가? 그렇다면 그 근거는?

2. 구약의 제사장과 현재의 목회자는 동일한가요?

3. 예배드릴 때에 성가대의 찬양과 목회자의 말씀 중 어느 것이 비중이 더 큰가요?

4. 성가대는 꼭 가운을 입어야 하나요?

5. 구약의 제사는 지금의 예배인가요?

6. 선교의 시대 이전에 사신 조상들은 다 구원받지 못하나요?

정말로 궁금해서 올린 글입니다. 꼭 답해 주세요. 감사합니다.

정말로 궁금해서 올린 질문이니 답을 잘해야겠다는 생각이지만서도, 이렇게 어려운 질문을 한꺼번에 여섯 개나 하시다니, 이 더운 날에 어쩌면 좋을까요? 으음, 어쨌거나 하나씩, 간단히 해보도록 하겠습니다.

1. 가톨릭이 이단인가? 그렇다면 그 근거는?

우선 이단이란 무엇인가를 간단하게나마 말해야겠는데요, 전 이단이란 말을 썩 좋아하지는 않습니다.

물론 교회 안에 이단적 요소가 있다면 단호히 배격해야 하겠지만, 세상에는 온갖 잡동사니가 다 있고, 어쨌건 천주교도 교회 밖에 종교 단체이니 큰 상관이 없다 생각합니다.

이단이란,
1. 기독교의 보편적 진리를 거부하거나 왜곡시킬 때
2. 성경의 명백 · 자명한 가르침을 부정할 때
3. 성경의 기본적인 교리를 부정하거나 잘못 해석할 때
4. 성경의 내용 이상을 추가하거나 감할 때

그 특성은,
1. 처음의 주장과 끝이 다르고
2. 성경의 절대권을 부정하고
3. 교조를 절대화 혹은 신격화하고
4. 사죄의 유일한 길인 예수 그리스도의 은혜의 길을 부정하고
5. 삼위일체론을 부정하고
6. 간음이 교리화되기도 하고
7. 그들에게만 구원이 있다고 하며
8. 시한부 종말론 등을 주장하는 것을 볼 수 있습니다.

이렇게 이단에 대하여 일단 정의를 내리고 나면, 천주교는 이단인가 아닌가 하는 그런 문제로 평가할 수는 없다고 봅니다.

물론, 천주교에 대하여 어떠한 견해들이 있는지 제가 모르는 바는 아닙니다. 하지만 제가 생각하는 바를 말씀드리면, 단지 천주교는 제가 볼 때 잘못된 것이 많다는 것이며, 신앙이 매우 인본주의적이다 하

는 것이고, 그 이상은 전 말하지 않습니다. 내가 가진 진리를 확실하게 붙드는 것을 중요하게 생각합니다.

단지, 천주교에 구원이 있는가 하는 질문은 해볼 수 있다고 여겨지는데 이에 대한 저의 답은, 천주교에 구원이 있다 없다가 아니라 '구원의 길은 오직 예수 그리스도밖에 없다'라고 답을 합니다. 그러니까 천주교든 어디든 예수 그리스도를 통해 구원은 받는 것입니다. 저의 대답이 이것입니다.

그럼, 이것으로 천주교에 대한 저의 입장을 이해하시리라 생각하구요. 모쪼록 가진 진리를 확실히 붙들어 믿음생활 잘하시기 바랍니다. 우선 첫째 질문에 답을 드렸습니다.

 2. 구약의 제사장과 현재의 목회자는 동일한가요?
5. 구약의 제사는 지금의 예배인가요?

이제 상기 두 물음에 답을 해보겠습니다. 5번을 먼저 답하는 게 좋을 듯하군요.

그렇죠. 구약의 제사가 지금의 예배입니다.

근데, 중요한 차이점은, 예수님이 죽으실 때 성전 휘장이 위로부터 아래로 찢어진 데서 암시되었듯이 더 이상 짐승의 피를 제사장이 들고 들어가 제사를 드리는 것이 아니라, 이제는 우리 각자가 제사장이 되어 예수님의 피를 들고(믿음으로) 은혜의 보좌 앞에 바로 나아가는 것이죠.

결국 구약의 제사에 핵심이었던 짐승의 피가 곧 예수님의 피를 예표한 것이었고, 지금은 이미 그 예수님께서 오셔서 죽으시고 피를 흘리셨으니, 그 피를 믿는 믿음으로 하나님께 나아가는 것입니다. 이에 따라 당연히 예배의 내용이, 감사와 찬양으로 바뀌게 되겠지요. 그러니까 나타나는 모습은 달리하지만 구약의 제사가 곧 오늘의 예배라고 답할 수 있겠습니다.

중요한 것은 항상 예수 그리스도입니다.

> "이에 성소 휘장이 위로부터 아래까지 찢어져 둘이 되니라"(막 15: 38)
> "그 길은 우리를 위하여 휘장 가운데로 열어 놓으신 새롭고 산 길이요 휘장은 곧 저의 육체니라"(히 10: 20)

이와 같은 맥락에서 예배의 날도, 안식일(토)이 아니라 자연히 안식일의 주인이신 예수님께서 부활하신 주일로 바뀌게 되지만 결국은 하나님께 구별되고 예배하는 정신은 같은 것입니다.

마찬가지로, 구약의 제사에 필요한 제사장을 하나님이 세웠듯이, 신약의 교회에는 교회를 세우신 주님께서 목사와 교사, 그리고 집사 등을 세우셨습니다. 또한 이들이 그 직분을 감당하도록 성령께서는 그들에게 적절한 은사를 주십니다.

구약의 제사장이 지금의 목회자와 동일한가에 대한 답이 나오리라 생각하구요.

어떤 점을 묻는 것인지 잘 알 순 없지만, 만약에 어떤 권위적인 면에서 의아심이 생겨서 질문하는 것이라면,

성경은 직분자들을 하나님께서 세우셨다고(엡 4: 11, 고전 12: 8), 그리고 은사를 주셨다고(고전 12: 8), 가르치고 인도하는 자들에게 순종하고 기쁨으로 하게 하라고(히 13: 17), 가르침을 받는 자는 말씀을 가르치는 자와 모든 좋은 것을 함께하라고(갈 6: 6), 주님이 보내신 자이니 영접하라고(마 10: 40~41, 마 18: 5), 위해서 기도해야 한다

고(고후 1: 11, 갈 4: 3) 교훈하셨습니다.

그러므로 제사장 이상으로 권위를 부여하고, 순종하고 협력하면 무한한 복이 됩니다.

 3. 예배드릴 때에 성가대의 찬양과 목회자의 말씀 중 어느 것이 비중이 더 큰가요?
   4. 성가대는 꼭 가운을 입어야 하나요?

찬양과 말씀의 비중이 어느 것이 더 큰가…… 물론 당연히, 말씀이겠죠. 그렇다고 비중이 적다 하여, 아무렇게나 할 수 있는 것도 아니거니와, 구태여 어느 것이 비중이 크냐고 물을 성질의 것도 아닙니다.

하지만 꼭 말하자면 그렇습니다. 그 이유로서는 예배란 것이 위로부터 내려오는 것이 있고, 우리가 올려 드리는 것이 있습니다. 그렇게 볼 때, 목회자의 말씀은 하나님의 기쁘신 뜻을 선포하는 것입니다.

찬양은 우리 편에서 올라가는 것입니다. 그저 그런 정도에서 대답을 할 수 있는 정도입니다.

구태여 예배가 아니라 세상에 속한 일이라 할지라도, 존재하는 무엇이나 귀중하지 않은 것은 없습니다.

그리고 성가대가 꼭 가운을 입어야 하는가? 꼭 입을 이유가 무엇이 있겠습니까? 하나님은 중심을 보시는 것이고, 하나님 앞에서는 우리가 옷을 잘 입는다고 해서 무슨 죄가 가리어지는 것도 아니겠고요.

그러나 가운을 입는 것은 찬양이 궁극적으로 하나님 앞에 드리는 것이겠지만, 또한 성도들이 듣는 것이고 성도들이 들어 은혜가 될 때 하나님도 기뻐하시리라 생각이 됩니다.

하나님을 섬기는 방법이 사람을 섬기는 데 있습니다.

사람을 기쁘게 하여 하나님이 기뻐하시는 것은 아니겠지만, 사람을 기쁘게 하지 않고 또 어떻게 하나님을 기쁘시게 하겠습니까?

그러니까 가운이란 것은 그냥 전체의 통일성을 기하고, 모두가 똑같이 입으면 보기에 좋죠. 그리고 깔끔하고 단정하고…… 그런 겁니다. 그러니까 중요한 것은 가운이 아니라 할지라도 깨끗하고 단정하게 잘 입는 것이 잘못된 것이 아니라 잘하는 것이라 할 수 있겠습니다.

 6. 선교의 시대 이전에 사신 조상들은 다 구원받지 못하나요?

구원에 대해서 성경을 통해 우리가 알 수 있는 것은,
첫째는 예수님입니다.
둘째는 거듭남입니다.
셋째는 하나님의 선택입니다.

결국, 하나님의 택함을 받은 자가, 성령으로 거듭나서, 예수님을 믿음으로써 구원받는 것입니다. 구원을 위해 요구되는 중요한 한 가지는 그의 아들 예수 그리스도를 구세주로 믿는 것입니다.

"내가 곧 길이요 진리요 생명이니 나로 말미암지 않고는 아버지께로 올 자가 없다"고 하였고, "천하 인간에 구원을 얻을 만한 다른 이름을 주신 일이 없다"고 했습니다.(각각 요 14: 6, 행 4: 12)

하지만 더 중요한 것은 하나님의 선택입니다.

하나님은 예수 그리스도의 피를 통해서 인류 중에 얼마를 선택하셔서 구원하시기로 작정하셨고, 예수님은 하나님이 내게 주신 자를 하나도 잃지 아니하였다고 하셨습니다.

그러므로 택함을 입은 자가 구원받는 것입니다.

예컨대 신실한 성도 가정에 유아가 죽을 경우, 아직 예수님을 의식적으로 영접할 수 없는 경우에라도 그들이 구원받았다고 믿을 수 있는 것은 예수님은 영접 못했지만 하나님의 선택에 근거한 것이며, 아마도 그때 유아는 예수님을 의식세계에서 영접할 기회는 없었으나, 죽어 하늘에 도착하기 전에 성령으로 거듭날 수 있으리라 생각합니다. 성령의 거듭남이 무슨 오랜 시간을 요하는 것은 아니겠지요.

그렇게 볼 때 구원이란 결국, 하나님 절대주권에 속하는 일이 되겠습니다. 그러면 질문하신 대로, 선교 이전에 조상들은 모두가 다 구원을 받지 못했는가? 예수 이름, 구원의 길이 전해지지 않았는데 그들이 어떻게 구원을 받을 수 있을까요?

예수 이름 외에는 구원이 없다! 이것만이 우리가 확신할 수 있는 것이고, 그 이상의 것은 알 수 없는 일입니다. 하나님만이 아시겠지요. 중요한 것은 지금도 복음이 전해지지 않은 곳에, 복음을 전해야 한다는 것입니다.

자살하면 지옥에 가나요?

사람들이 그러더군요.
자살하면 지옥에 간다고.
성경에도 그렇게 나와 있나요?
나와 있다면 어디에 나와 있나요?

자살하면 지옥에 간다는 직접적인 구절은 성경에 없습니다. 그러나 그것이 자살했을 때 천국 갈 수도 있다는 여지가 있는 것은 아닙니다.

왜냐하면 지옥은 예수 믿지 않는 죄 때문에 가기 때문이고,

성경이란 것이 지옥에 갈 죄를 일일이 나열해 놓은 책이 아니기 때문입니다.

하지만 성경에 보면, 천국에 갈 구원받은 사람들이 자살한 예는 찾을 수 없는 것이고, 대신에 예수님을 팔아먹은 가룟 유다나, 혹은 구약에 하나님을 불순종하고 버림받은 사울왕 같은 이들이 자살했고, 예수님을 재판하여 십자가에 못 박게 한 빌라도도 스스로 목숨을 끊었다는 기록이 있습니다.

이 정도로 하면 답이 되었겠죠?

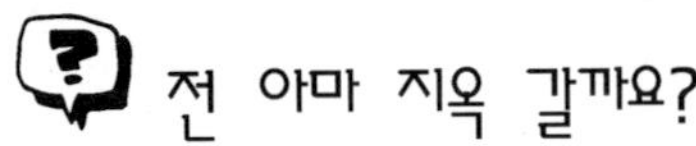 전 아마 지옥 갈까요?

자살을 여러 번 시도했습니다. 하지만 아직도 살아 있습니다.

지금도 살고 싶은 마음이 없습니다. 죽고 싶은 게 아니라 살고 싶지가 않습니다.

매일매일 아침에 눈을 뜨지 않게 해달라고 기도합니다. 하나님께서 데려가 주시길 기도합니다. 하지만 주님은 절 이 세상에 묶어 두시네요. 그냥 데리고 가 주셨으면 싶어요.

하나님께서 제 곁에 계시다는 것을 느낄 수가 없네요.

 행복한 삶이란 것은 절로 오는 것이 아닙니다.

행복한 열매를 거두기 위해 심어서 내가 거두고 누리게 됩니다. 날마다 살고 싶지 않다는 생각을 가지고 자신을 방치하고, 그리고 죽어 보겠다고 자살을 하는 사람에게 행복한 인생이 주어지지 않는 법입니다. 마음 밭이란 것이 잘 가꾸어야 하는 것이지, 그냥 버려두면 머지않아 잡초만 무성하게 될 것입니다. 당연히 살고 싶은 마음이 생길 리가 없겠죠?

하나님께 감사하고, 그리고 부모님과 주위의 여러분에게 받은 은혜를 알며, 무언가 남을 유익하게 하는 삶을 살려고 하면 나도 즐거워지게 됩니다.

무척 힘이 드신 모양인데 우리가 살아가면서 그런 생각이 들 수도 있습니다. 하지만 빨리 생각을 전환하여 밝은 마음으로 즐겁게 살아가기 바랍니다.

 **창조론과 진화론을 어떻게 이해해야 하나요?**

샬로~ㅁ!

목사님, 지난번 질문의 답변은 잘 읽어 보았고요.

저의 믿음을 실천하는 데 있어 기도의 형식에 주관과 소신을 가질 수 있게 되었습니다. 정말 큰 은혜 받았습니다.

그런데 또 다른 의문점이 있거든요.

노아의 방주 이야기지요. 어쩌면 목사님은 이런 질문을 여러 번 받으셨는지 모르겠지만요.

하나님께서 만드신 세상과 세상에서 살고 있는 많은 동물들이 있잖아요? 그런데 그 동물들도 생태학적 분류로 나누면 수없이 여러 종으로 분류되잖아요?

노아의 방주엔 모든 동물이 한 쌍씩 타도록 되어 있는데, 그러면 그 많은 동물들이 어떻게 다 방주 안에 들어갈 수 있을까요? 개만 하더라도 진돗개·푸들·셰퍼드·삽살개 등등이고, 코끼리만 하더라도 인도코끼리와 아프리카코끼리, 뱀을 살펴봐도 그렇고요. 정말 엄청난 분류작업이 필요하고 그 많은 동물들이 어떻게 방주 안에 들어갈 수 있었는지?

예전에 믿지 않는 누군가가 저에게 이런 식으로 설득시키려 한 적이 있습니다. 하나님의 창조론과 진화론 둘 다 맞다고요.

노아의 방주에서 나온 동물들이 그 후에 진화의 과정을 거쳐 오늘에 이른다나요?

목사님, 궁금하군요. 그럼 답변 기다립니다.

재미있는 질문이군요.

하지만 유감스럽게도 시원한 답변을 좀 드리기 어렵습니다.

좀더 세밀하고 시원한 답을 원하신다면 창조과학회 같은 쪽으로 인터넷을 검색해 보는 게 어떨까 생각합니다.

제가 그렇게 하려니 시간이 좀 없어서요.

그냥 제가 할 수 있는 답을 드린다면…….

어느 글에 본 것을 참고로 옮겨 드립니다.

"성경에는 방주의 넓이와 길이와 폭이 씌어져 있습니다. 그 단위는 우리나라에서 사용하고 있는 단위하고 다른데 우리나라 단위로 바꾼다면, 3층 배에 길이가 135m, 폭 23m, 높이 14m 정도로 농구 코트 20개 정도 크기의 배였습니다.

그 정도 크기의 배라면 이 세상에 살고 있는 약 17,600가지 종류의 동물을 한 쌍씩 실으라는 하나님 명령대로 하고도 남는 크기입니다.

미국에서는 USS. 오레곤 호를 설계할 때 노아의 방주와 똑같은 설계 비율을 사용했습니다. 그 결과 미국 해군에서는 그 배야말로 지금까지 만들어진 것 중에 가장 튼튼한 군함이라고 합니다. 우리나라에서도 이와 똑같이 배를 만들었는데 시험해 본 결과 노아의 방주만큼 안전한 배가 없다는 사실이 드러났습니다. 지금까지 바다에서 발생한 가장 심한 파도의 높이가 30m이었는데, 노아의 방주야말로 그런 파도에 최고로 잘 견딜 수 있도록 설계된 배였다는 게 증명이 되었습니다.

그리고 그 방주에는 지구에 있는 모든 짐승의 암수 둘씩 들어갔다고 성경말씀은 말하고 있는데, 그러면 그 수만 마리의 동물들로 방주 안은 난장판이었겠다고 생각하는 사람들이 많은데, 사실 그렇지가 않았습니다.

동물들은 사람과 달라서 공기가 나빠지거나 기온이 떨어지고 빛이 사라지면 여기에 적응하기 위해 잠을 자기 시작합니다. 새 같은 동물들은 동면을 하지 않는다고 생각하는데 최근 연구에 의하면 푸월새 같은 새는 다른 동물처럼 동면을 한다고 합니다.

이처럼 하나님께서는 특별한 계획을 진행시키기 위해 모든 동물 몸 안에 있는 동면의 가능성을 최대한 이용하셨을 것이라는 생각이 듭니다."

참고하시기 바랍니다.

그리고 중요한 것은 하나님의 가능성에 대한 믿음이라 여겨지고요.

하나님은 아담 한 사람을 만드셨고 인류 모두가 한 사람으로 퍼져 나갔지만 인류의 종족도 많지 않습니까? 그렇다고 해서 원숭이가 사람이 되는 그런 진화론은 아니죠. 저는 그런 정도로 생각하고 있습니다.

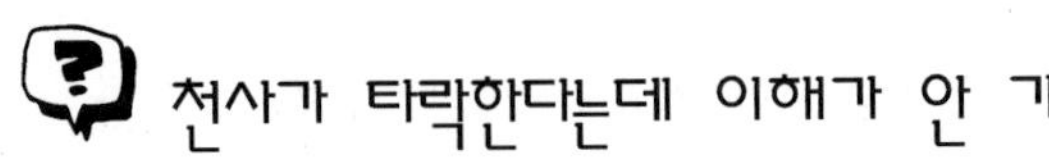 천사가 타락한다는데 이해가 안 가요

사탄은 천사 루시퍼가 타락한 것으로 알고 있는데여.

천사가 타락한다는 게 이해가 안 가여.

천사가 어떻게 교만한 마음을 품을 수 있져?

샬롬!!

 교만한 맘을 품을 수가 있죠.

천사 역시 로봇이 아니고 영적인 존재이니까 얼마든지 가능한 일이구요.

중요한 건, 하나님께서 그러한 존재로 만드셨다는 것이며, 하나님의 피조물인 사람도 마찬가지이지만, 그래서 그들의 순종과 봉사가 의미가 있는 것입니다.

안식일을 범하는 건 성경을 범하는 것이라는데……

　목사님, 안녕하세요. 제가 궁금한 것은 '하나님의 교회'라고 아시나요? 제 친구를 통해 그 교회의 전도사를 만난 적이 있는데요. 어떤 게 맞는지 혼동이 와서요. 거기서는 말하길 자기들만이 성경적이고 다른 모든 일반 교회는 틀린 것이라고 말하더군요. 특히 안식일에 대하여 말입니다. 안식일에 예배를 봐야 하는데 안식일은 토요일이다, 안식일을 범하는 건 성경을 범하는 거라고 하는 겁니다.

　그래서 제 친구는 거기에 나가고 있고 굳게 믿고 있습니다.

　만약 거기가 이단이라면 친구를 설득시켜야 되는데, 뚜렷하게 거기가 이단이라고 말할 확신이 없습니다. 도와주세요.(^^)

　답이 좀 늦었네요. 설날 연휴인지라…….

　하나님의 교회라고는 잘 모르겠고, 하지만 안식일 예배에 대하여 답을 하몬 될 듯하네요. 안식일은 토요일이고, 주일은 일요일입니다. 근데 안식교에서는 토요일 안식일 예배를 주장하고 있으며, 그들에게 이 교리는 아주 중요해서 안식일을 지키지 않고 죽은 자들은 구원을 받을 수 없다고 하지요. 신학적으로 다 적을 수도 없는 일이고, 간단하게 적어 보면, 구약의 안식일 성수가 예수님 부활 이후에 주일 성수로 바뀌어져 지켜지고 있습니다. 그 이유를 말씀드리면

　1) 천지창조의 기념이든, 부활 즉 새 창조의 기념이든 중심은 예수 그리스도입니다. 인자는 안식일의 주인이라고 하셨거든요. 그러니까 같은 안식일 성수라도 출애굽 전과 후의 그 지키는 의미가 다르듯이

(출 20: 11, 신 5: 15 비교), 부활 이후에는 당연히 더 큰 의미로 옮겨집니다.

2) 이미 신약 초기에 주일, 즉 예수님이 부활하신 날에 모여왔습니다. 그래서 주일에 성령이 오셨고(행 2: 1~4), 주일에 전도하며 세례를 베풀었고(행 2: 41), 주일에 모여 성찬식을 행하였고(행 20: 7), 성도들은 주일에 모여 예배하며 연보하도록 권장되었습니다(고전 16: 2).

주일에 모여 예배하는 것이 새삼스러운 것이 아닙니다. 주님께서 인정하셨고, 주님께서 주일에 나타나 주셨습니다. 사도 요한은 밧모 섬에서 주일(계 1: 10)에 성령의 감동을 받았습니다. 주일에 모여 예배하는 일은 사람이 세워 낸 제도가 아니라 주님의 부활 후에 사도들과 당시 성도들의 집회로부터 내려온 것입니다.

3) 중요한 것은 날이 아닙니다.

성경기록시의 안식일 계산은 금요일 해질 때부터 다음 해질 때까지이며, 서양과 동양은 시간적으로 하루 차이가 있기도 하며, 칼빈은 일요일 대신 목요일을 지키자고 제의하기도 했었습니다. 어린 양 되시는 예수님이 십자가에 죽으신 이후에 더 이상 어린 양으로 제사하지 않는 것처럼, 결국은 4계명도 의식법이니 문자적으로 매이는 것은 아닙니다.

예수 그리스도를 이 땅에 보내셔서 죽게 하시고 부활케 하심으로 우리의 구원을 완성하신 하나님께 예배하는 것이 중요한 일입니다. 그렇다면 현재 일요일, 즉 주일 말고 다른 어떤 날이 예배하기에 더 좋은 날일 수 있을까요? 이미 우리가 주님의 부활하신 그날 모여 예배하는데, 구태여 다시 옛날로 돌아가 이스라엘 백성들에게 주셨던 율법에 구속될 이유는 없겠지요.

 하나님이 계신 것을 어떻게 알죠?

하나님이 계신 걸 어떻게 알 수 있죠?

전 모태신앙이고 중고등부 회장도 했었습니다.

미션 스쿨인 고등학교를 나왔습니다.

제 신앙은 탄탄하다고 생각해 왔는데 그게 아니었습니다. 고등학교 때부터 하나님이 있다는 것을 내가 어떤 근거로 믿고 있는지 의심이 들었습니다.

하나님이 있다는 것을 어떻게 알 수 있습니까?

기도의 방법을 쓰고 싶지만 그렇게 되면 내 스스로가 자기암시를 하면서 결국엔 하나님이 있다고 말해 버릴 거 같습니다. 교회 목사님이나 우리 부모님(집사님)들은 젊었을 때 있을 수 있는 일이니 방황해 보라고 합니다. 만약 하나님이 정말로 살아 계시다면 방황도 죄 된 것이 아닌가요? 그것이 두렵기도 합니다.

설령 하나님이 맞는다고 해도 지금 교회에서 가르치는 것이 100% 하나님의 뜻이라고 어떻게 확신하죠?

교회에서 말하는 이단이 진짜 진리일 수도 내가 접해 보지 못한 천주교나 천도교, 그리고 세부적으로는 내게 장로교 · 침례교 등등 많은 중에 어느 것이 나에게 적합한지를 고르는 문제까지도요. 전 이 고민을 2년 정도 하고 있고 아직 답은 없습니다.

제 생각에 진리라면 아주 쉬워서 상식으로 이해될 것이라 생각됩니다. 시장에 장사하는 아주머니나 막노동하시는 아저씨들의 상식으로도 납득이 될 수 있는, 그러나 교회서는 너무 어렵게들 말하네요.

강대상마다 하는 말들이 다르고 분별할 수가 없습니다.

빠른 답을 부탁드립니다. 급합니다.

 부분부분 답변해 보겠습니다.

 하나님이 있는 걸 어떻게 알 수 있죠? 고등학교 때부터 하나님이 있다는 것을 내가 어떤 근거로 믿고 있는지 의심이 들었습니다. 하나님이 있다는 것을 어떻게 알 수 있습니까?

인간에게 하나님을 알 수 있는 능력이 있는 것은 아닙니다. 죄로 인해 타락했기 때문입니다.

오직 하나님께서 자신을 보여 주실 때 우리는 알 수 있으며 믿을 수 있는데, 이것은 신학적으로 계시라고 합니다.

계시에는 자연계시와 특별계시가 있는데, 쉽게 자연계시는 자연을 통해 보여 주시는 계시이고, 특별계시는 간단하게 성경을 통해 보여 주시는 계시라 말합니다. 그러니까 하나님의 계심에 대한 근거가 무엇이냐고 물을 때 가장 뚜렷한 답은, '하나님의 특별계시인 성경이다' 이렇게 말할 수 있겠네요.

하지만 이러한 답변은 질문자를 시원하게 할 것 같지 않습니다. 그럼 성경은 어떤 근거로 진리이냐, 진실이냐, 할 수 있는 것이겠죠? 일단 그에 대한 답은 조금 뒤에 하기로 하고요.

문제는 하나님의 살아 계심에 대한 자기체험이며 확신입니다.

그게 없다는 것이겠구요.

 설령 하나님이 맞는다고 해도 지금 교회에서 가르치는 것이 100% 하나님의 뜻이라고 어떻게 확신하죠?

교회에서 가르치는 것 내지는 목사님의 설교까지, 선포되는 단어 하나하나가 모두, 그것이 100% 하나님의 뜻이라고 할 수는 없습니다.

그럼 왜 필요한가요? 우리는 학교에서 선생님을 통해 학문을 배우듯이 교회를 통해, 목사님을 통해, 일반적인 원리(넓게 하나님의 뜻)들을 배우고 인도를 받는 것입니다.

각 개인을 향한 구체적인 하나님의 뜻은 자기가 깨닫고, 받아들이고, 판단해야 할 자기 몫입니다. 하나님은 교회를 통해, 사역자들을 통해 그의 자녀들을 인도해 주십니다.

 ……그러나 교회서는 너무 어렵게들 말하네요.
강대상마다 하는 말들이 다르고 분별할 수가 없네요.

일단 믿음을 갖게 되면 아주 쉽습니다. 믿음을 확실히 갖지 못한 채 분별하려고 하니 어려울 수밖에요.

다시 처음으로 돌아가서, 세상에는 믿을 수 없는 것 투성이지만, 그럼에도 불구하고 변치 않고 여러 세대를 걸쳐 내려오는 믿을 만한 것들이 있으며, 그 중의 하나가 성경말씀입니다.

무엇이든 믿지 못하겠다고 하면 할 말은 없는 것입니다.

2년 간 나름대로 갈등을 품고 있었으니, 언제까지나 그럴 수도 없는 것이고 내 생각에 그런 의문점을 마음 한구석에 두고, 성경을 꾸준히 한 번만 정독해 보기를 바랍니다. 매일 3장 내지 4장 읽으면 1년에 신구약 성경을 1독하게 되는 거 아시죠?

그러면 해답이 나옵니다.

성경이 참인가 아닌가는 성경자체에서 답이 나옵니다. 그리고 무엇을 믿고 어떤 것이 진리인지, 또 하나님이 계시는가 하는 것도 혼돈됨이 없이 분명하게, 스스로 해답을 얻게 될 겁니다. 그것이 자기 확신입니다. 하나님의 말씀을 근거로 하여 그 위에 자기 확신과 체험을 가져야 좋은 신앙이 됩니다.

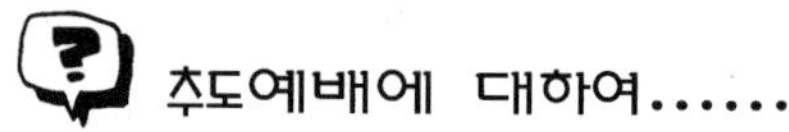

추도예배에 대하여……

목사님, 안녕하세요?

저는 작은 시골 마을에서 헌신하고 있는 주의 청년입니다.

다름이 아니라, 요번 주 토요일은 저의 아버지의 기일입니다. 한 10여 년을 제사를 지냈는데, 이번부터는 추도예배로 드리려고 합니다. 예수님을 믿지 않고 돌아가셨기에 저는 항상 죄책감으로 아버지의 기일을 맞이합니다.

그러나 우리 아버지는 돌아가시기 전 속회예배를 드렸습니다. 예수님을 믿지 않고 돌아가셨기에 추도예배를 드린다는 것이 상당히 힘이 듭니다.

그래도 상 차리고 절하고 그런 것보단 얼마나 감사한지 모릅니다. 상을 차리고 예수 믿지 않은 형제들은 절을 했고, 전 항상 기도를 드렸습니다.

이럴 땐 어떻게 해야 하는지, 그리고 저의 식구들끼리 드려야 하는지도 궁금하고 그래서, 목사님께 여쭈어 보고 싶어서 몇 자 적어 봅니다. 목사님, 답변 주시면 감사하겠습니다.

우선 말씀드리고 싶은 것은, 질문자께서도 유교적 제사 관념에서 벗어나지 못한 듯하군요.

선친께서 예수 믿어 구원받으셨다 할지라도, 10년이나 지났으면 추도예배란 것도 드리지 않습니다. 원래는 추도예배란 것도 없는 거지만,

그것도 제사의식에서 약간은 맘이 편해지려고 나온, 우리 한국의 타협책으로 저는 봅니다.

질문자의 경우에 어떻게 해야 하는가? 한마디로 딱 말하기는 어렵습니다. 중요한 건, 우선 형제들이 아니고 예수 믿고 있는 본인입니다. 신앙에 바로, 힘 있게 서서, 그리고 진리 안에서 자유 했으면 합니다. 가장 좋은 효도는 예수 잘 믿는 것이겠지요. 추도예배인들 무슨 소용이 있겠습니까?(눅 16: 19~31) 

그럼 추도예배를 드리지 말라는 건가여?

뭔가 이상한 것이여, 예수 잘 믿는 가정도 10년이고 20년이고 추도예배는 드리던데……. 제가 아는 목사님 또한 추도예배를 드리는데…… 이상하네염. 제가 잘못 이해하는 건가여? 궁금합니다.

으음', 저는요, 질문자의 상황이나, 신앙연륜 내지는 깊이를, 적어 주신 내용만으로는 가늠하기 어렵습니다. 하여 원리를 말씀드렸습니다. 추도예배를 드리는 것이 잘못은 아나나, 원리는 아닙니다.

저도 추도예배를 드려 주기도 합니다. 그러나 그것은 당사자의 신앙 형편에 따라 적절하게 목회하는 중에 하는 일일 뿐, 원리는 그렇지 않다는 것을 말씀드렸습니다.

예배가 무엇입니까? 그럼 추도예배는 무엇일까요? 추도란 말 자체가 죽은 사람을 슬퍼하며 애도하는 것입니다. 그리스도인은 소망 없는 자와 같이 죽음 자체를 슬퍼하지 않습니다(살전 4: 13). 그렇다면 무엇 때문에 10년, 20년 추도예배를 드리나요? 성경의 원리를 잘 알고, 그다음에 자신의 신앙이나 상황에 따라 판단하여 처신할 일입니다. 그러므로 뭐라 딱 한마디로 할 수 없다 하겠습니다.

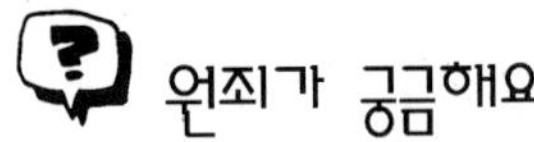

원죄가 궁금해요

저는 원죄에 대하여 궁금증이 너무 많아요.

원죄는 내가 왜 이 땅에 태어나서 갈 곳은 어디인지가 밝혀 주는 꼭 알고 넘어가야 할 첫 진리라고 생각이 되거든요.

하나님의 섭리를 완전히 알 수만 있다면 그야말로 맹목적이고 실족하는 그런 신앙인은 되지 않으리란 생각이 듭니다.

근본적인 신앙의 지식, 하나님을 아는 것이 영생이라고 한 것처럼 그것은 곧, 하나님에 대해서 제대로 알면 하나님을 붙잡고 매달릴 수밖에 없다는 얘기겠지요? 확신이 있는 믿음처럼 중요한 게 또 있을까요? 불완전하게 만들어진 육의 사람. 의심도 많고 변함도 많은 육의 사람. 현실적으로 설득력 있는 설교가 필요한 것 같군요. 세상이 삭막해질수록 말입니다. 모든 사람들이 쉽게 받아들이고 쉽게 떠날 수 없는 힘 있는 진리 말입니다.

하늘로부터 우리가 왔다고 하는데 그럼 여긴 하나님이 보시기에 유배지 같은 곳인가요? 그럼 어떤 죄를 짓고 떨어졌나요?(아침의 아들 계명성이 땅에 떨어진 것처럼 혹시 우리도?)

아담이 지은 죄를 지금까지 받게 한다는 건 사랑이 많으신 하나님을 말하기엔 모순이 너무 많은 것 같아요. 죄목이 아담의 죄 한 가지라면 왜 각각 죗값을 치르는 모습들이 달라야 하죠?

분명 각각의 죄가 있기 때문에 이 세상에서 각각의 다른 모습(가난함과 부유함의 차이를 가지는 것, 건강한 몸과 불편한 몸을 가지는 것, 또 좋은 부모 좋은 형제를 가지는 것 등)으로 존재하는 건 아닌지요(시편: 내가 죄악 중에 출생하였음이여 모친이 죄 중에 나를 잉태하였나이다).

그리고 영생이라는 것은 무조건 믿기만 한다고 되는 건가요? 먼저 된 자가 나중 된다는 구절을 읽은 적이 있어요. 그야말로 그 믿음이 예수님처럼 목숨을 걸 정도가 되어야 하는 건 아닌지요? 설득력 있는 말씀들을 듣고 싶습니다.

영생은 예수님처럼 죽었다가 썩지 않을 몸으로 다시 태어나는 것, 그야말로 낙타가 바늘구멍 통과하는 일은 아닐까요? 신앙(영생·천국)의 길은 멀고도 험하다? 천국은 물론 이 지구가 아닌 다른 곳(하늘 쪽 어디쯤?)이겠죠. 제 생각이 엉뚱한가요?

베드로전서 3:20에 보면, 예수님이 노아의 방주 때 순종치 않은 자들을 옥에서 전파하셨다는 구절이 있는데 그 옥은 뭐예요? 마지막 심판을 기다리는 사람들이 머무르는 곳인가요?

궁금한 것은 너무 많은데, 생각나는 대로 한 가지씩 또 물어보겠습니다. 그럼 수고하세요.

✉ 형제(자매)님, 우선 제가 님의 글을 읽고 정리되는 저의 맘을 몇 자로 적어 보면요……

미안한 말씀이나 님의 성경지식이 너무나 단편적이고 뒤죽박죽이라서 도무지 답을 할 수 없을 지경이며, 또 답을 해드린다 하더라도 의문은 꼬리에 꼬리를 물게 되리란 판단입니다.

알지 못해 질문할 것이 어찌 한두 가지이며 이 일은 아마도 일평생 계속해도 끝이 나지 않을 것이고, 알면 알수록 더욱 의문은 많아지리라 생각됩니다. 그렇지 않겠습니까?

교회생활을 기본적으로 잘하시는 것이 제일 중요합니다. 모른 것을 알려고 하기보다는 아는 진리를 확실하게 붙들고 매달리는 것이 더 좋으리라고 생각이 됩니다. ⌂

? 노아의 세 아들의 후손은 어느 나라들인가요?

안녕하세요?

노아의 홍수로 온 인류가 다 사망하고 노아의 아들인 셈·함·야벳만이 살아남았으므로, 현재의 지상의 모든 인류는 위의 3명의 후손으로 생각됩니다.

그렇다면 현재의 국가들 중 셈의 후손인 국가, 함의 후손인 국가, 야벳의 후손인 국가는 각각 어떤 나라들에 해당되는지 알려 주시기 바랍니다.

모두 흩어져 정확한 지역은 알 수 없는 경우라면, 대개 중심 되는 지역이라도 알기 원합니다. 기다리겠습니다.

야벳의 자손은 팔레스타인 서방과 북방에 거주하여 아리아인의 조상이 된 것 같으며 현재 유럽인의 조상으로 생각됩니다. 그리스·러시아·지중해 연안 및 섬들이 그 지역입니다.

셈은 히브리 민족의 조상이 되었습니다.

그의 자손들은 주로 아시아 근동에 퍼져 아라비아·페르시아·바빌로니아·아시리아 등의 민족을 형성했고, 함의 자손은 주로 아프리카 쪽에서 생활한 것 같습니다. 에티오피아·아라비아 등의 지역입니다. (관주 톰슨성경, 박윤선 주석 참고)

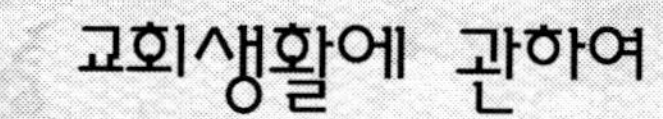

교회생활에 관하여

? 우리 목사님은 너무 고지식합니다

안녕하십니까? 저는 저희 목사님에 대해 말씀드리고 싶습니다. 하나님의 종은 우리가 감히 판단할 수 없음을 말씀을 통해서 배웠습니다. 하지만 저는 목사님과 함께 이야기를 나누다 보면 오히려 많은 부분에서 의문이 생깁니다.

과연 하나님 앞에서 올바른 신앙은 무엇입니까? 저희 목사님은 굉장히 고지식합니다. 다른 타협이나 자신의 상식 밖의 행동에 대해서는 어떤 설명이나 차근차근한 이해도 없으십니다.

예를 들면 귀도 못 뚫게 하십니다. 성경에 귀를 뚫은 자는 종의 표시라 했다구요. 어린 아이들도 손톱에 봉숭아물도 못 들이게 합니다.

무슨 이야기를 하면 성경에 그런 거 하라는 얘기가 있느냐, 성경에는 이렇게 하라 했는데, 너는 왜 이렇게 행동하느냐, 어찌 보면 구약 시대의 율법주의 신앙관을 가지고 계신 게 아닌지 의문이 들 정도입니다.

옛날에는 이런 방법이 사람들에게는 통했는지 모르겠지만, 지금은 그런 것이 통하는 시대는 지났다고 봅니다. 목사님들도 사람들을 잘 인도하기 위해서는, 시대의 흐름에 맞추어 충분히 납득하고 이해할 수 있게 말씀해 주셔야 하는 거 아닙니까? 물론 세상이 바뀌어도 믿음의 본질은 바뀌면 안 되겠지만요.

저는 교회란 많은 일을 하는 곳이기도 하지만 세상에 시달린 사람들이 하나님 앞에서 마음에 평안을 얻을 수 있고 사랑을 느낄 수 있는 곳이어야 한다고 생각합니다. 하지만 우리 교회는 목사님 앞에서 항상 채찍질을 받는 곳입니다. 그러니 믿음이 없는 사람은 쉽게 좌절할 수밖에 없는 것 같아요.

그리고 설교 준비도 잘 안 하시는지 사람을 보고 말씀하시지 않고 설교 책만 보고 줄줄 읽으십니다. 다른 책을 보고 그대로 베껴 쓰셔서 읽으십니다. 그래도 되는 것입니까?

더듬더듬 읽으시는 설교를 들을 때면 자주 시험에 빠집니다. 설교란 설명문이나 연설문이 아니지 않습니까? 사람의 마음을 움직여서 믿음의 실천을 옮길 수 있도록 하는 것이 설교 아닙니까? 책을 보고 그대로 읽는 설교가, 도대체 사람의 마음을 얼마나 말씀을 통해 변화시킬 수 있을지! 기도와 충분한 시간으로 말씀을 준비했다면 그런 설교는 하지 않으시리라 믿습니다.

저는 오래전부터 목사님을 위하여 기도해 왔습니다. 이제는 자꾸 인간적인 생각이 앞서 믿음으로 기도하기가 힘듭니다. 어찌하면 좋을까요?

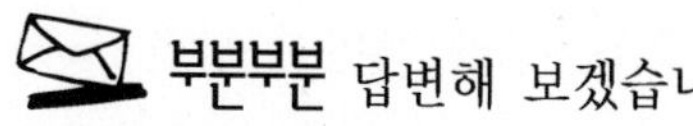 부분부분 답변해 보겠습니다.

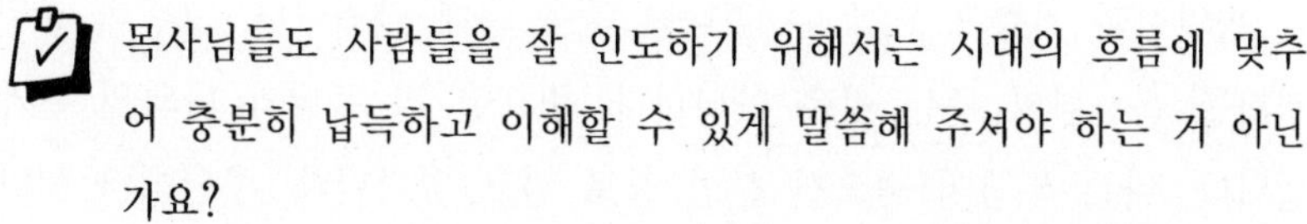 목사님들도 사람들을 잘 인도하기 위해서는 시대의 흐름에 맞추어 충분히 납득하고 이해할 수 있게 말씀해 주셔야 하는 거 아닌가요?

사람마다 성품이 다르듯이, 목사님도 성격이나 받은 은혜·체험·목회의 컬러 등등 모두가 다 같지 않습니다. 또 어떤 이는 진보적인가 하면 또 어떤 이는 너무 보수적이기도 합니다. 그러나 이것은 무엇이 옳다, 어느 것이 진리다 하는 그런 차원이 아닙니다. 다양성이고 개성입니다.

저 같은 경우는 귀 교회의 목사님과 정반대에 있는 편이라 생각되는데 그렇다고 제가 옳다고 생각하고 있지는 않습니다. 각자 좋은 대로 살고 은혜 받은 대로 목회할 따름입니다.

살다 보면 마음에 드는 이도 있고 그렇지 않은 이도 있으며 나 자신의 취향이 바뀌기도 합니다. 중요한 건 마음이고 중심입니다. 내 생각에 목사님의 방식이 어쩌하든지 간에 아마도 목사님이 교우들을 사랑하는 마음은 진실일 것입니다. 귀한 것을 볼 수 있는 마음, 포용성 있는 마음을 젊은이가 키워 나가면 좋으리라 생각됩니다.

 저는 교회란 많은 일을 하는 곳이기도 하지만 세상에 시달린 사람들이 하나님 앞에서 마음에 평안을 얻을 수 있고, 사랑을 느낄 수 있는 곳이어야 한다고 생각합니다. 하지만 우리 교회는 목사님 앞에서 항상 채찍질을 받는 곳입니다. 그러니 믿음이 없는 사람은 쉽게 좌절할 수밖에 없는 것 같아요.

안타까운 일입니다. 교회나 목사님이 교우들에게 평안한 맘을 드릴 수 있다면 좋을 것이고 또 더 정확히 말하자면 교우님께서 교회생활을 평안함과 기쁨으로 할 수 있다면 좋을 텐데 말입니다. 그런데 참된 평화를 목사님이 주는 것은 아닙니다. 중요한 건 주님과 나와의 관계입니다. 나는 주님이 좋으신 분인 줄로 믿고 있습니다. 주님께서 평안을 주신다고 약속하셨습니다. 주님이 평안을 주실 때 그 어느 것도, 누구도 장애물이 될 수 없을 것입니다.

그리고 목사님께서 설교 준비도 않으시고, 다른 책을 보고 그대로 베껴서 더듬더듬 읽으신다고요? 그래서 자주 시험에 드신다고요? 할 말이 없습니다. 그런데 저도 원고를 보고 합니다. 다 외워서 하지 못하고 있습니다. 나름대로 이유를 가지고 있습니다. 외워서 하려고 하면 원고를 좀 더 쉽게 해야 하고, 그러려면 깊이가 좀 적어지는 단점이 있습니다.

그리고 한국교회의 목회 설교는 횟수가 많아서, 저 같은 경우는 외우기 힘들고 부실하지 않게 하려면 원고 중심이 되어야 합니다. 그래서 주일 낮에는 아예 원고 중심이 됩니다.

형제여, 내가 목사님 편을 들어 하는 말이 아닙니다. 매사에 긍정적으로, 밝게 볼 수 있기를 바랍니다. 다른 책을 보고 한다면 아마도 그 내용이 무척 좋은 내용인지라 목사님이 선택했을 것이다, 그런 정도로 생각을 하시면 좋겠습니다. 은혜는 쉽게 받는 것이 좋습니다.

스펄 전은 눈 오는 날, 한 작은 교회의 어느 집사님이 보고 읽는 더듬거리는 메시지를 통해 큰 은혜를 받고 새 출발을 할 수 있었습니다.

 오래전부터 목사님을 위하여 기도해 왔습니다. 이제는 자꾸 인간적인 생각이 앞서 믿음으로 기도하기가 힘듭니다. 어찌하면 좋을까요?

목사님을 위해 기도하신다니, 좋은 일입니다. 그렇지만 제가 드리고 싶은 말씀은 어느 누구보다도 자신을 위하여 기도하시라는 말씀입니다.

다시 말해서, 목사님이 형제의 마음에 들게 변화되기를 기도하며 바라지 말고 형제가 주님을 좀더 배울 수 있도록, 형제가 좀더 모두를 잘 포용할 수 있게 되기를 희망하며 기도하시기 바랍니다. 하나님께서 형제의 그릇을 크게 해주실 것입니다.

 ## 청년부 회장인데 교회가 넘 싫어요……

지금 청년부 회장을 맡구 있어요.

교회는 24년째 다니고 있어요.

근데 회장을 하면서 점점 교회가 싫어지는데 어떡하져?

솔직히 말하면 목사님과 그의 가족들이 넘 싫어서 마주치기가 힘들 정도에여. 요즘은 직장에 나가는 것보다 교회에 가는 것이 더 싫어요.

교회 앞에 오면 들어가기 싫어서 눈물이 날 지경이에여. 어떡하면 좋져?

회장을 하면서 느낀 건요, 목사님 딸들은 이 교회 공주(이건 우리 청년회원들이 정말 공감할 거예여)고, 목사님은 임금, 사모님은 여왕……. 그래서 우리들을 부릴 대로 부리고……. 마치 그들이 시키는 대로 해야 하는 그런 느낌을 받았어요. 머리로는 이러면 안 된다는 것은 알겠는데, 정말 미움이 마음속에 있으니깐 기도도 안 되구, 요즘은 교회 옮길 거라는 생각으로 억지로 억지로 살고 있어여. 저 어떡하져?

 **목사님과** 그의 가족들이 밉다구요, 거참…… 문제군여.

교회 다닌 지도 24년이 되구, 청년회장이라구요?

믿음 생활을 열심히 하고 싶은데 목사님의 가족으로 인해서 갈등에 빠져 계시군요. 사람이 살아가는 데 밉게 여겨지는 사람이 어찌 없을 수 있겠습니까? 세상의 모든 사람이 나와 다 맞을 수도 없는 것이고 또 정말 사귀고 싶지 않은 사람이 바로 가까이 있을 수도 있습니다만, 그러나 가만히 생각해보면 그것은 그 사람의 문제가 아닌 나의 문제일지도 모릅니다.

　어차피 힘 드는 중에 있는 것이니 기도하고 애 쓰면서 조금만 더 지내보세요. 사람의 맘이란 것이 요상해서 오늘 밉던 사람이 내일이면 좋아지기도 하고 전에 좋던 사람이 싫어지기도 한답니다. 은혜를 좀 받으셔야겠어요. 어쩌겠습니까? 내 마음이 넓어지도록 스스로 다듬을 수 밖에요. 불가능한 일로 여겨지겠지만 아예 미운 그 분들을 왕처럼, 왕비처럼, 공주처럼 섬겨 보는 건 어떨까요? 그런다고 그 사람이 왕이 되는 것이 아닙니다. 내가 좋아지고 내가 편안해 집니다.

　혹시나 형제가 밉다는 것이 시기심의 다른 표현은 아닐까요? 시기심은 무서운 것입니다. 구약 성경에 나오는 사울왕은 다윗을 시기하다가 망하는 길로 들어섰더군요. 누구를 위함이 아닙니다. 내가 행복하고 내가 살기 위해서 좋은 쪽으로 생각을 다스려 나가야 합니다. 건투를 빌어 마지않습니다.

광적인 통성기도에 거부감을 느껴요

샬롬~. 20대 후반의 청년입니다. 신앙생활한 지 아직 1년이 채 되지 않았습니다.

담임목사님의 설교내용과 저 스스로 성경말씀을 찾아가며 객관적 시각으로 본즉, 성경말씀은 진리라는 사실을 깨닫고 있습니다. 또한 우리를 구원하신 예수 그리스도를 제대로 이해하게 되었으며, 지구상의 그 어느 종교와도 비교될 수 없는 스케일을 기독교가 자랑하고 있음을 알 수 있었습니다. 하나님께서 만드신 세상 속으로 모든 것을 포용할 수 있으니까요.

그런데 저를 당혹케 하는 문제가 있습니다. 지난해 여름 어느 집회에 갔을 때입니다. 왜 그리 난리법석을 피우며 기도를 드려야 하는 걸까요? 하나님은 전능하셔서 우주 어느 곳에나 계실 수 있으실 텐데, 마치 성도들이 모여 있는 교회 내에만 계시는 것처럼……

그것도 곱게 드리는 기도가 아닌 통성기도로, 가끔 TV에서 다루어지는 광신교 집단과 크게 다르지 않다는 생각을 했습니다. 그리고 '주여 삼창'은 우리나라에만 있는 것인가요? 아니면 다른 나라 기독교인들도 이런 거 할까요?

저는 분명 예수님께서 죽으심으로 우릴 죄에서 구하셨고, 그 은혜에 감사하고 하나님 나라를 이뤄가는 데 부족하나마 일익을 하고 싶은데, 이런 모습을 보면 심하게 믿음이 흔들리는 것을 느낍니다. 어찌해야 할까요, 목사님?

반갑습니다. 신앙에의 입문과 구원의 진리를 확실하게 이해하고 붙잡으신 데 대하여 우선 축하를 드립니다.

어느 집회 때에 있었던 광적인 기도 모습을 보시고 의아해 하고 계시는군요. 주여 삼창은 우리나라에만 있는 것인가? 제 생각에 아마 그러리란 생각이 듭니다. 참고로 주여 삼창을 저는 별로 좋아하지 않습니다. 구태여 그렇게 해야 할 필요를 느끼지 않기 때문입니다. 그러나 이게 중요합니다. 그렇다고 해서 주여삼창으로 크게 소리를 내며 통성기도에 들어가는 것을 죄악시 하지도 않고 나쁘다고도 하지 않으며 잘못되었다고도 하지 않습니다.

신앙은 주관적인 면이 있습니다. 그리고 개인의 성격이나 혹은 당시의 어떤 상화에 따라서 여러 다양한 모습으로 나타날 수 있습니다. 우리 각자는 내가 가진 진리를 확실하게 붙들되 다른 사람의 어떤 신앙 현상에 대해서는 마음의 폭을 넓히는 것이 좋습니다. 제가 생각할 때 주님께서는 소리를 지르든 조용히 묵상으로 하든 그것을 문제 삼지 않으실 것이며 또한 어느 쪽을 더 선호하신다고 말할 수도 없습니다. 그 사람의 마음, 곧 중심은 그 본인과 주님만이 아실 일이겠습니다.

이것으로 충분한 답이 되었으리라고 생각합니다. 나는 내가 좋은 대로 하면 됩니다. 그리고 서로의 입장에 대해서는 이해하고 받아들이는 것이 좋습니다. 저 역시 평소에는 조용히 기도하지만 기도원 같은 데나 혹은 집회 때에나 혹은 감정이 특별히 뜨거워지거나 하면 저도 광신자처럼 기도가 될 수도 있는 것이고 그런 적도 있습니다. 그렇게 넓게 생각해 주셨으면 합니다.

 지도자의 독선적 · 권위적인 태도에……

저는 한 학생복음 단체에서 캠퍼스 사역을 섬기고 있는 평신도입니다. 저는 주님이 주신 선교사명이 너무 좋아서 열심히 사명을 감당하였습니다.

그런데 지도자 한 분이 교회의 방향·행정·인사·결혼·재정 등을 너무 독단적으로 처리하고 있으며, 훈련이라는 미명 아래 귀한 지체들을 권위적이고 비인간적인 방법으로 다루는 것에 큰 충격과 염증을 느끼고 있습니다.

건설적인 제안이나 비판을 했다가는 여러 가지 죄목이 붙여져 영적인 왕따를 시키기 때문에, 교회 전체는 그분의 눈치보기에만 급급한 답답한 현실이 이어지고 있습니다. 생각 같아서는 결판을 내든지 당장 떠나고 싶지만 귀한 후배들에게 상처를 줄 것 같아, 이러지도 못하고 저러지도 못 한 채 답답한 속앓이를 하고 있습니다. 기도를 하고 있지만 분노와 억눌린 양심의 고통은 저도 감내하기 힘든 지경입니다. 제가 잘못된 것일까요? 현명한 처신을 알려 주십시오.

주님의 일에 열심을 내다가 상처받고 고통받는 영혼이여, 애처롭고, 글을 읽으니 저도 힘이 드는군요.

주님의 따뜻한 위로가 있길 바랍니다.

질문하신 데 대하여 제가 생각하는 처신 원리를 말씀드리겠습니다. 하지만 저 자신도 그렇게 할 수 있는 자신감이 있는 것은 아닙니다. 단지 원리를 말씀드리는 것이니 기도하시는 중에 크게 참고 되기를 바랍니다.

우선 그런 상황에서 젊은이들이 쉽게, 당장 자리를 박차고 나가거나 혹은 위의 분에게 항명하기가 쉽습니다. 이러한 행동은 옳지 않을 뿐 아니라 훗날에 후회하게 될 게 뻔합니다.

인간사는 세상에는 어디든지 불합리한 일이 많습니다. 다 바로잡을 수는 없는 일이고, 주님께서도 그렇게 하시지 않으셨음을 숙고하시기 바랍니다.

질문자에게 상처를 주는 그분을 이해하시기 바랍니다. 그분도 방법이나 스타일이 다를 뿐 다 주님을 위해서 일하고 있습니다. 내 방식과 다를 뿐이지 그는 이단도 아니고, 죄를 짓고 있는 것도 아닙니다.

오히려 배움의 기회로 삼으시고, 그럴수록 자신의 일을 꾸준히 하시고 그를 잘 도와주시기 바랍니다. 주님의 일이기 때문입니다.

그리고 또 한 가지, 내가 다른 이로 인하여 속앓이를 하고, 고통을 느낌은 그만큼 나 자신의 주관이나 신념이 강하기 때문일 수 있습니다. 나쁜 것은 아닙니다.

하지만 모든 것을 소화해 내고 포용하며, 그런 중에도 나의 일을 기쁨으로, 웃음 띤 얼굴로 할 수 있도록 더욱 그릇을 크게 하시기를 사랑하는 마음으로 부탁하고 싶습니다.

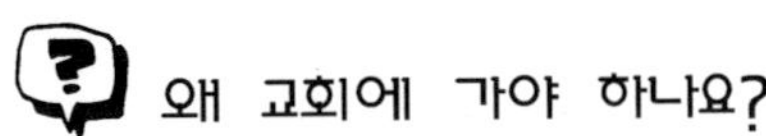 **왜 교회에 가야 하나요?**

안녕하세요? 한 가지 의문이 있어 이렇게 글을 드립니다. 의문은 교회에 대한 것인데 왜 우린 하나님을 믿는다고 하면서 교회에 가야 하나요? 우리가 믿는 분은 하나님 오직 한 분이지 교회가 아닌 것 같은데 말입니다. 그리고 교회란 공동체 속에 많은 문제가 발생하지 않습니까? 예컨대 이단이나 사이비 같은 것도 있고요…… . 저로서는 정말 알고 싶습니다.

정말 알고 싶다고 하니 질문이 좀 엉뚱하지만 아직 신앙의 초보라 생각하고 답을 해 봅니다.

교회란 하나님을 믿는 사람들의 모임을 말합니다.

교회를 믿다니요? 누가 교회를 믿나요? 하나님을 믿져.

그리고 하나님을 믿으니까 교회에 나가는 거 아닌가요? 근데 하나님을 믿는데, 왜 교회를 나가느냐고 묻다니 이상하군요.

학생이 공부를 하려면 학교든 학원이든 가면 크게 도움이 됩니다. 마찬가지로 하나님을 믿는 신앙을 가지려면 교회 가야 합니다. 교회에서는 하나님에 대하여, 그리고 어떻게 믿는 것에 대하여 가르쳐 주지요. 그리고 하나님을 믿는 사람들끼리의 교제를 통해 신앙에 많은 유익을 얻을 수도 있지요.

문제야 어디든 다 있는 것입니다. 질문자의 가정에도 있을 겁니다. 그렇다고 가정을 버리고 다 가출하나요? 문제가 있어도 가정에 있어야 밥도 먹고 공부도 하고 건강하게 성장하여 훌륭한 사람이 될 수 있는 것이겠죠? 의문이 조금 해소되었다면 이젠 열심히 교회에 잘 나가기를 바랍니다.

교회에 가면 왜 기도부터 해야 하나요?

교회 오면 먼저 기도부터 하라고 하는데요. 왜 그렇죠? 우스운 질문일지 모르지만 꼭 물어보고 싶습니다.

반가워요. 아마도 저의 홈에 어린이 손님이 문을 두드린 듯하네요. 네, 생각해 보세요. 교회 가서 우리가 여러 가지를 할 텐데 아마도 기도부터 먼저 하는 것이 가장 좋고, 주님 앞에 아름다운 모습이 아닐까요?

교회에 가자마자 친구들과 떠들거나 시끄럽게 예배당을 뛰어다니며 놀거나 토끼장에 가서 토끼를 보거나 하는 것보다 예쁜 모습으로 기도부터 드려 주님께 인사한다면 보기에도 얼마나 아름다운 모습이겠습니까?

성전은 모든 사람이 기도하는 집이라고 주님께서 말씀하셨지요. 그뿐 아니라 무슨 일을 하든지, 어디에 가든지 먼저 주님께 기도함으로써 감사하고 도움을 구하는 믿음은 좋은 믿음이리라 생각됩니다.

이사 후 교회선택

요즈음은 하나님의 크신 은혜로 동네마다 교회가 한둘이 아닙니다. 믿음생활을 잘하려는 성도가 당연히 좋은 교회를 선택하고자 할 것입니다. 그러나 이단이 아니라면 모두가 다 주님의 교회일 텐데 어느 교회를, 어떻게 선택해야 할지 어떤 기준이 있을까요? 지역 내의 모든 교회의 예배를 일일이 참석해 보고 선택하는 방법은 어떨까요?

대체로 교우들이 선호하는 방법은 내가 직접 다녀서 예배를 드려 보고, 그리고 목사님의 메시지를 들어 보고 선택하겠다는 자세가 많은 것 같습니다. 그러나 제가 생각할 때 이 방법은 아주 위험한 것 같습니다. 그 이유는요?

첫째, 인생의 모든 일은 경험해 보아서 좋은 선택을 할 수 있는 것이 아닙니다. 예컨대 우리는 결혼이라는 중대한 결정을 내릴 때 살아 보고 하는 것이 아니라, 가장 좋은 결혼은 하나님의 인도하심으로 맺어지는 부부일 것입니다. 직장이든 학교든 인생에 참으로 중요한 모든 면이 다 그러합니다. 교회도 다녀 보고 선택하는 것이 아니라 하나님의 인도를 받아야 할 것입니다. '내가 다녀 보고', '내가 들어 보고'의 자세는 제가 생각할 때는 너무 인생을 자신만만하게 사는 것이며 하나님의 사역자들보다 설교에서 더욱 높은 위치에 있게 되는 것 같군요.

둘째, 그러나 어떤 원리나 기준이 필요 없는 것은 아닐 것 같군요.

(1) 가까운 교회를 선택합니다.

하나님께서 지역마다 교회를 허락하시는 이유가 무엇일까요? 또한 우리는 시공의 제한 속에 살기 때문에 교회는 가까워야 합니다.

(2) 이사를 할 때마다 가까운 교회로 옮겨 다녀야 되는 것은 아닙니다. 우리의 신앙은 교회 내의 봉사나 교제와 밀접한 관계가 있습니다. 그러므로 약간의 수고를 더하여 비록 거리가 멀어도, 한 교회를 섬기고 봉사함으로써 나에게 훨씬 큰 유익이 있을 수 있습니다.

(3) 교회를 좋은 교회, 나쁜 교회, 혹은 큰 교회, 작은 교회로 분류하는 것은 옳은 자세가 되지 못합니다. 요한계시록을 보면 책망만 받는 교회라도 여전히 주님의 교회였으며 작은 교회가 칭찬을 받은 교회였다는 것을 기억해야 합니다.

(4) 무슨 일이든지 하나님의 인도하심을 구하며 기도하는 자에게 하나님은 응답해 주십니다.

나 자신이 주님의 몸 된 교회를 잘 섬겨서 좋은 교회로 일으켜 세우고, 부흥과 성장을 가져오게 한다면 참으로 복된 성도의 모습일 것 같군요.

❓ 초신자의 교회선택에 관하여

안녕하세요, 목사님. 가까이 있던 친구가 먼 곳으로 떠났는데 그곳에서 교회를 다니려고 해요. 이제 나간 지 얼마 안 된 사람이라 분별력도 없는데, 말을 들어 보니 상가건물에 있는 작은 교회에다 확실한 소속(예를 들면 기독교 대한감리회)도 없는 것 같고 교회 이름에 '왕국'이라는 말이 들어가……. 어쩐지 좀 잘못된 곳이 아닌가 싶어서 걱정이 되네요.

저도 평소에 궁금한 게 있었는데 초신자가 교회를 선택할 때, 교파나 다른 어떤 것을 염두에 둬야 할 사항이 있나요?

✉ **왕국이라면** 아마도 여호와의 증인이 아닐까 생각이 드는데요. 여호와의 증인 교회는 우리와 같은 건전한 교회가 아닙니다. 우린 그들을 이단이라고 합니다.

그들은 예수 그리스도를 하나님의 아들로, 또 우리의 구세주로 믿지 않기 때문입니다. 그리고 그 외에도 성경을 해석함에 있어서 우리가 받아들일 수 없는 부분들이 많습니다. 속히 연락하셔서 건전한 교단으로 옮기도록 함이 좋을 듯합니다.

초신자가 교회를 선택할 때,

(1) 가까운 교회를 선택합니다.

(2) 건전한 교단의 교회를 선택하구요.

(3) 이미 신앙생활을 하던 경우라면, 되도록 같은 교단의 교회가 혼돈이 없을 겁니다.

(4) 하나님이 인도해 주십니다. 기도하여 도움을 구하시면 좋은 교회로 인도함을 받을 것입니다. 그럼〜.

교회선택에 관한 추가 질문

목사님 알려 주셔서 정말 감사드립니다. 친구가 있는 곳은 완도인데 거기엔 교회가 그리 많지 않은가 봐요. 말씀대로 빨리 연락해서 얘기해야겠어요.

그런데 또 궁금한 게 있어서요.

어떤 교단이 건전한 교단인지, 기독교 대한 감리회 이외에 여러 명칭으로 되어 있는 교단이 있잖아요. 그런 부분들에 대해 좀 알고 싶고 그런 명칭이 붙지 않는 곳은 왜 가면 안 되는지? 그게 궁금하거든요. 친구에게 설명해 주고 싶기도 하구요.

우리가 통상 건전한 교단이라 함은 장로교, 감리교, 침례교, 성결교 등…… 이단이 아닌 개신교단을 말합니다.

또한 우리가 이단이라고 하는 교단이나 교파도 나열하자면 적지 않으리라 생각됩니다만, 그렇다 할지라도 이단교회들이 우리 바로 곁에 많이 있지는 않으니까 그때그때마다 알아보시는 것이 좋을 듯하구요.

그러니까 우선 가까운 곳에 있는 교회를 중심으로 선택하시되, 너무 민감하지 않으셔도 좋을 듯합니다.

왕국이라 함은 벌써 명칭 자체가 다르고 통일교회라 함은 이미 알려진 이단단체이고, 그리고 안식교라 함도 일반적으로 주일을 지키는데 유독 토요일인 안식일에 예배하니 특별하지 않습니까? 너무 심각하게 생각하지 말고, 그냥 근처에 있는 교회로 가시되 기도하여 도움을 구하시면 주님께서 인도해 주실 것입니다. 그럼~.

❓ 절박한 제 현실 속에서 충성하고 싶은데……

저는 신앙생활을 10년째 하고 있으며, 사람들은 저를 집사라고 부릅니다.

아무것도 모르고 시작한 믿음생활에서 남편과의 이혼을 통해 하나님을 체험하고 조금이나마 그분을 알게 되었다고 믿으며, 지금은 고등학생인 딸 하나와 중학생인 아들 하나를 뒷바라지하며 힘겹게 살고 있습니다.

기독교인의 삶에서 행복은 사회적인 명예나 돈과는 가깝지 않다는 걸 알지만, 그래도 현실을 받아들여야 하는 저이기에 세상과 싸움을 하며 돈을 벌고 있습니다. '하나님께 전부 드리는 삶', 그것이 저에겐 꿈같은 이야기일지도 모릅니다.

큰 교회에서 계속 신앙생활을 했지만 너무 성전건축에만 치우치는 그 큰 교회를 나왔으며, 그 후에 나도 조금이나마 나보다 더 어려운 사람을 돕고 싶다는 생각을 가지고, 교인이 열 명도 안 되는 작은 개척교회로 옮기게 되었습니다. 처음엔 그 교회에서 내가 도움이 된다는 사실이 기뻤고, 이곳으로 날 오게 하심을 감사했습니다. 어려운 생활 속에서도 헌신하는 할머니, 그분을 보며 하나님의 향기를 느끼며 또 감사했습니다.

하지만 시간이 갈수록 제가 맡아야 하는 일은 커져만 가고, 아직은 부족한 저에게 자매회 회장까지 맡게 하셨습니다. 교인이 적은 터라 회의를 해도 문제는 돈이고, 목사님께서는 주일 하루를 계속 교회에서 보냈으면 하시는 눈치지만, 일요일도 없다시피 밤낮 가리지 않고 일하는 저에겐 너무 큰일입니다.

목사님께도 말씀드렸었지만, 다음 설교 시간에 하나님이 주신 일을 왜 피하느냐며 열변을 토하시더군요.

저는 참 가슴이 아픕니다. 이건 저에게 현실이기 때문입니다. 모든 것을 하나님께 맡기고 하나님을 위해 일한다는 것, 제가 아이들의 아빠가 되어 줘야 하고, 엄마가 되어 줘야 한다는 것 때문에 꺼려집니다. 주어진 일에 최선을 다하며 하나님의 일을 한다는 건 너무 이기적인 신앙생활일까요?

나만 편한 신앙생활을 하기는 싫습니다. 하지만 이게 저에겐 현실입니다. 어쩌면 좋을까요?

집사님, 제가 무어라 답을 드리면 좋을지, 간단명료하게 시원한 답을 드릴 수가 없다는 생각입니다.

작은 교회로 옮겨서 열심히 신앙생활을 하는 중에 다시 어려움에 직면했군여. 주님의 도움을 간구하시면서 지혜롭게 잘 극복해 보시기를 바랍니다.

사람은 누구라도 집사님의 사정을 다 알아줄 수 없으며 이해할 수 없을 것이지만, 주님은 분명히 그 모든 것을 아십니다. 집사님의 그 힘들어하시는 갈등도요. 할 수 있는 범위 안에서 최선을 다하시고, 그리고 스스로도 만족하시기 바랍니다.

인간관계의 일은 무엇이든지, 대화해 보면 쉽게 풀리기도 합니다. 그리고 신앙이라고 하는 것이 교회에서만이 아니고 집사님이 힘들어하시는 그 현실을 바탕으로 하고 있습니다. 현실에서 주님의 도움을 체험하시고 주님과 함께하는 기쁨을 누렸으면 하는 바람입니다. 모쪼록 주님의 도우심과 지혜로운 판단으로 승리하시고 신앙생활에 기쁨이 있기를 바랍니다.

 교회 안에서 문제가 참 많은데 어케 하는지……

안녕하세요.

신앙상담을 하기 위해서 인터넷에서 찾다가 우연히 여기에 왔습니다. 독실한 신앙이 아니고 평범한 평신도입니다.

저는 청각장애인입니다.

우리 교회는 ○○○ 합동 장로회 ○○교회입니다. 큰 교회인데 그 안에서 청각장애인들만 모여서 예배를 드리는 장애인부가 있습니다.

장애인부 안에서는 청년(청소년)부랑 장년(결혼하신 분만 노인 포함)부로 나뉘어 있습니다. 그런데 전도사님은 두 분이 계시는데 한 분은 건청인이고 한 분은 청각장애인입니다.

건청인 분은 교육전도사로서 강도사로 승격하셨고, 다른 한 분은 청각장애인인데 전임 전도사님입니다.

강도사님은 젊은 나이이고 전임 전도사님은 나이가 많으신 분입니다. 강도사님은 젊은 나이치곤 장애인부를 들어온 지 1년이 되지 않았고, 또한 전도사님은 10년 넘게 이곳에 계십니다.

같이 장애인부를 이끌어 가면서 활동하고 계십니다.

그런데 두 분이 활동하는 동안에 이런저런 문제가 참 많습니다. 강도사님은 젊은 나이이기 때문에 활동력이 많지만, 청년부에만 열심이시고 장년부는 거의 도와주지 않고 있습니다.

전임 전도사님은 심방과 교제만 전담하고 계시는데 장년부만 친하게 지내시고 있습니다. 그런데 서로마다 뜻이 달라서 강도사님을 잘 따르라고 전임 전도사님께 시킵니다.

전임 전도사님은 원래부터 장애인부를 잘 이끌어 오셨고, 또한 나이가 많지만 어느 정도는 경험이 풍부하신 분입니다. 비록 청각장애인이지만 귀가 잘 들리지 않기 때문에 정보를 얻기엔 쉽지 않아서 활동력이 그만큼 줄어들 수 있죠.

강도사님은 건청인이지만 귀가 들리기 때문에 이 정도면 활동도 많아서 좋습니다.

두 분을 보시면 서로 좌파와 우파로 나뉜 것처럼 보입니다.

하나님 아버지께서 서로 한 몸을 이루라고 말씀을 하셨는데, 서로의 뜻이 달라서 따로 활동하고 계시며, 왜 이렇게 좋지 않은 문제를 자주 일으키시는지 궁금합니다.

어쨌든 이런 문제를 쉽게 풀고 싶습니다.

형제님, 평안하시구요.

제가 형제의 글을 읽어 볼 때, 글쎄요, 아무런 문제도 없는데요. 좌파와 우파로 나뉜 것같이 보인다고 말씀하셨는데, 그렇게 보지 마시기 바랍니다. 항상 좋게, 긍정적으로 보시기를 바랍니다.

한 몸이라 함은 각 지체들이 연합해서 이루어지는 것이니, 각자가 은사나 재능이나 취미나 성격이나 모든 게 다른 중에 통일성을 이루는 것이지요. 그리고 문제가 생기기도 하지만, 서로 또 해결점을 찾으면서 또다시 통일성을 이루게 됩니다. 그러면서 변화하고 성장하는 것이겠죠. 그게 자연스런 겁니다. 지상의 교회는 천국이 아닙니다. 가정도 그렇구요. 좋은 각도에서 다시 바라보시기를 바라구요, 답이 좀 늦었습니다. 그럼 평안을 빕니다.

 십일조를 드리지 못하고 있어요

목사님, 요즘 마음이 좀 무거워요.

신앙과 헌금에 대한 부분입니다.

신앙을 갖고 있으면서도, 그리고 어린이들 주일 교육을 하면서도, 제 자신이 주님이 명하신 물질헌금을 10분의 1을 드리지 못하는데, 그 부분이 남에게 비춰지는 모습이 어떨까 등 인간적인 생각이 듭니다.

마음에 믿음 주시면 더해 차차로 되겠지 하지만, 이 부분을 내려놓지 못하고 있어요. 차츰 되는 건지, 마음에 평화를……

다른 부분도 잘 못하지만 그래도 주님의 은혜 속에서 평안한데, 이 부분도 그렇게 되었으면 좋겠는데 어떻습니까?

답을 좀 해주세요. 지식적으로는 되지만 마음이 따라가고 그랬으면 정말 좋겠습니다.

 십일조헌금에 대한 부담을 가지고 계시군요…….

어떻게 하면 그 부담감에서 해방될 수 있을까요?

왜 그런 부담이 생겼을까요? 곰곰 생각해 보시면 스스로 해답이 나오리라 생각이 됩니다.

제가 생각할 때,

그 사람의 믿음의 정도에 따라 다르겠지만, 이미 신앙의 성숙에 의해 생겨진 부담은 회피한다든지, 아니면 어떠한 합리적 이론으로 무장한다 하더라도 없어지지 않을 겁니다.

해야 할 바를 실천했을 때, 부담은 사라지고 날아갈 듯 가볍고 신앙에도 가속이 붙을 것이라 생각이 됩니다.

인간적으로도 생각해 보세요.

이 땅에 존재하는 교회가 교우들의 드려지는 헌금이 아니라면 어떻게 존재할 수 있으며, 그 드리는 헌금의 표준은 어느 정도가 되어야 하겠습니까?

헌금이 없으면 교회도, 목사도 없는 것이고 우리 모두는 신앙의 터전을 잃어버리고 말 것입니다.

하다못해 동창회 하나가 운영되기 위해서도 회비가 있어야 하지 않나요? 물론 이런 논리는 인간적인 것입니다.

신앙적이고 성경적 이론은 교회에서 이미 다 배우셨고, 때문에 부담이 있는 거 아니겠습니까?

고통하시는 중에 승리가 있기를 바랍니다.

교회란 존재가 과연 필요할까요?

안녕하세요, 목사님.

전 고등학생이고, 제가 상담을 받고 싶은 내용은 과연 교회란 존재가 필요하냐는 것입니다.

성경에 보면 잘은 모르지만 예수님도 교회에 가서 예배를 드리셨다는 것을 본 적이 있는 것 같은데요…….

그때의 교회란 존재와 지금의 교회란 존재는 하나님을 섬기고 믿는 집단이란 점에서 공통점을 찾을 수 있지만, 사람들은 모이면 그 모임의 성격이 어찌 되었건 간에 좋은 일보단 좋지 못한 얘기도 하고 그렇잖아요.

교회란 존재의 필요성에 대해 제 나름대로 생각해 보았는데, 목회자와 성도들 간의 교감이나 성도들과 성도들 간의 교감, 그런 것들 같습니다.

하지만 하나님을 교회에만 나가서 믿는 것이 아니라, 언제나 늘 하나님과 동행한다는 마음으로 살아야 한다고 생각하거든요.

그렇다면 '교회란 존재가 과연 필요할까?' 하는 의문이 생기곤 합니다.

교회 한번 가려면 시간도 없을 때도 있고, 물론 하나님 중심으로 삶을 살아야 하지만 살다 보면 그렇지 못할 때가 있습니다.

이러한 생각을 하니 과연 현시대에 교회란 존재의 필요성이 과연 요구되는가 하는 엉뚱한 의문이 생깁니다.

제가 생각할 때 어떤 문제에 대한 접근 방식이 바람직하지 못한 것 같군요. 무엇 때문에 그런 생각을 하시는 건지 모르겠네요.

질문에 대하여 장황하게 교회론에 대하여 답을 드리는 것보다도 한 번 이렇게 생각해 보면 어떨까요?

학교는 필요한 것일까요? 부모는 꼭 있어야만 합니까?

교회가 있어야 하는가도 그와 같은 것입니다.

학생이 학교에 가면 선생님의 가르침으로 학문을 하고, 그리고 친구들과 좋은 교제로 하루하루 즐겁게 지나는 것이 중요한 것이지, 학교란 과연 있어야 하는가 필요한 것인가, 이런 유의 생각을 할 필요가 있을까요?

보다 건전한 방향으로 생각들을 하길 바랍니다.

그럼～.

줄줄줄 읽어 내려가는 낭독기도, 괜찮은지요?

목사님의 가정에 주님의 은총이 함께하시기를 바라면서 고견을 바랍니다.

주일 낮 대예배 때, 대표기도를 맡은 어떤 장로님은 꼭 기도문을 종이에 적어 와서 읽어 내려가곤 합니다. 그것도 감정을 넣어서 말입니다. 그것을 아는 성도들은 한결같이 은혜가 되지 않고 기만당하는 느낌마저 든다고 합니다.

저 역시 기도시간이 되면 은혜는커녕 답답하기만 합니다. 본인은 대통령도 적어서 국민에게 낭독하는데 괜찮다고 합니다.

이러한 기도법이 신앙적으로 어떻게 해석해야 하며, 또 성경적으로 옳은 태도인지 말씀해 주십시오.

그리고 그분은 기도시작 전에 꼭 성경말씀의 구절을 인용해 읽고 난 후 낭독을 시작합니다. 이 문제에 관해서도 성도들 간에 왈가왈부되기도 합니다. 함께 대답해 주시면 감사하겠습니다.

 으음……, 상당히 어려운 질문이군요.

왜냐면 성경에서 그런 문제의 답을 찾을 수 없기 때문입니다.

일반적으로는 장로님이 대표기도를 할 때는 원고 없이 하기 때문에, 그렇지 않은 경우에 있어서 거부감이 생길 수도 있는 문제입니다.

대표기도를 원고 준비해서 한다 할 때, 이것은 옳다 그르다의 문제가 아닌 것 같습니다.

어떤 경우에는 원고를 준비하는 것이 당연하고 그래야만 할 수도 있겠고, 또 어떤 경우에는 오히려 거부감이 생길 수도 있겠구요.

목사인 제 생각을 말씀드리자면, 주일 낮 예배는 좀 엄숙하고 시간도 정해져 있으므로 그냥 하시는 것보다는 원고라도 준비해서 전체 예배에 조화를 깨뜨리지 않도록 깔끔하게 하시는 게 여러 가지 면에서 오히려 좋겠다는 저의 생각입니다.

그분이 하나님 앞에서 어떠한 마음과 자세로 그 원고를 준비하며 또 기도를 드리는지, 그건 당사자와 하나님만이 아실 일이겠죠.

예배의 기도시간은 모두가 다 함께, 그리고 각자가 기도를 드리는 것입니다. 그러니 대표자가 어떤 스타일로 기도하든 그분께 맡겨 두시고, 각자가 하나님의 존전에서 하나님을 바라보며 기도를 드리는 데 집중해야 하지 않을까요?

 ## 낭독기도에 대한 조언 감사합니다

목사님 말씀대로 그냥 신경 쓰지 않고 남이 어떻게 하든 그분께 맡기는 신앙은 기본이지만, 신앙생활을 하다 보면 크고 작은 인간적이든 신앙적이든 문제가 발생하면, 거기에 대한 명백한 지침과 성경적 근거를 목회자님께서 제시해 주셔야 교회가 조용해지지요.

성도는 양이니까 순종하면 되겠지만 오늘날의 성도들은 목자의 설교내용을 확인하면서 들으려고 하지요.

목자는 정해진 시간에 일방적으로 말씀을 하시니까 성도는 질문을 그 자리에서 할 수 없다는 한계성 때문에 신앙상담은 필연적일 수밖에 없다고 봅니다.

무조건적인 순종은 성경의 무모한 해석 앞에서까지 침묵함으로써 이단의 발생을 관망할 수도 있고, 기도는 살아 계신 하나님께 드리는 대화이며 상대가 제2인칭이니만큼 직접 자신의 소원과 마음을 얼굴을 마주보고 대화하듯 피력함이 당연한데, 남의 좋은 글을 인용해 마치 자신의 기도인 양 미사여구로 치장함은 백일장에서 남을 글을 제출함과 다름없다고 생각되고, 그것도 전 성도를 대표한 대표자로서 또 중직자로서의 자질과 문제되기에 결코 은혜가 되지 않아요.

목사님께서는 좀더 은혜 되고 모범적인 기도형식을 제시해 주셨으면 하는 아쉬움도 있구요. 만약 목사님이 설교문을 처음부터 끝까지 원고만 낭독하고 하단하신다면 용납될까요? 기도는 우리의 마음을 아뢰는 것이니까 좀 당황하면 어떻고 말이 좀 서툴면 어떻습니까? 진정과 신령이 주가 되지 대중을 의식해 남의 글을 조합해 형식적인 낭독은 선언문에나 필요하지 않나 생각되고, 교회 대표기도는 자신의 솔직한 심정을 꾸밈없이 아뢸 때 성도는 아멘으로 회답이 되리라 생각되며 남을 더 의식한 기도는 '외식자의 기도'(마 6: 5)가 되는 것같이 생각되어 가볍게 여길 문제가 아닌 것 같습니다.

다수가 그렇게 한다고 조금씩 허락한다면 신앙노선의 복수화로 결국 개신교의 파벌주의로 이어지는 사례가 있었으니까요.

적다 보니 길어져 죄송합니다. 같이 고민해 주시는 목사님 같아서 그러니 양해바랍니다.

실례를 한 김에 한 가지만 더 고견을 듣고자 합니다.

목회자의 축도로 예배를 마치는데, " ……은혜가 지금부터 영원히 있을지어다"의 명령형 문장이 과연 적합한 표현인가요? 축복의 주체는 주님인데 명령형으로 끝남이 어색하고 어떤 분은 '축원하옵나이다'로 마치기도 하는데?

또한 "은혜가 있을지어다"를 "은혜가 계실지어다"로 표현함도 타당
한가요?

질문자의 답변을 제대로 하려면요…… 논문까지는 아니라도 상
당한 준비와 함께 성경적이고 또 신학적 근거를 제시하여야 합니다.

이에 대한 약간의 견해차가 있기 때문이고 나름대로 각각 주장하
는 바가 있는 것이 사실이겠죠. 하지만 여기서 그렇게 길게 논할 순
없구요.

그저 제 입장을 말씀드리자면,

저는 고린도후서 13: 13의 말씀 그대로요.

"……너희 무리와 함께 있을지어다"라고 해야 된다고 생각하며, 그
렇게 하고 있습니다.

처음부터 이랬었고 이것이 옳습니다. 그 외 다른 것은 없었는데 중
간에 어느 목사님이 시작했는지 몰라도…… 겸손하게 '축원하옵나이다'
하시는 바람에 이것도 좀 통용되고 있다고 저는 생각합니다.

그리고 '있을지어다'와 '계실지어다'의 바른 표현은 당연히 '있을지어
다'이겠지만, 모두가 다 국어학자도 아니겠구요. 어떤 목사님들이 문법
적으로 좀 틀리게 한다 할지라도 하나님의 은혜가 임하는 데 별 문제
가 없으리라 생각합니다.

 ## 시대의 관습 때문에 빚는 갈등 문제로

시대의 관습으로 부딪치는 문제 때문에 문의드립니다.

남편은 전도사입니다. 그렇지만 믿은 지는 13~4년밖에 되지 않았습니다. 시부모님은 믿으신 지 20여 년 되셨구, 시어머님은 곧 권사취임도 하십니다.

그리고 저는 4~5대째 내려오는 기독교 가정에서 자랐습니다.

저희 시대에서는 명절이면 상을 차려 놓고 식전에 예배를 드립니다. 나누어 먹을 음식상이 아니라 꼭 제사음식처럼 과일·전·한과 등을 올려놓고, 예배를 드린 후 다 치우고 나서 다시 가족들이 먹을 아침상을 봅니다. 시부모님은 다들 그렇게 하는 것으로 아십니다.

저보구 탕국을 끓여야 한다시기에 그게 뭐냐고 여쭸더니, 너희는 명절인데 상도 안 차리고 예배드리느냐고, 너희 아버지가 맏이 아니냐고 오히려 반문하시더군요. 또 얼마 안 있으면 저희 아기가 백일인데요, 명주실을 사다줄 테니 백일 날 목에 걸어 주라고 하십니다. 명 길라고 하는 거라시면서요. 그거 미신이잖아요 했더니 무슨 미신이냐, 전통이지…… 하십니다.

그리고 그날은 꼭 미역국이랑 백설기랑 수수팥떡을 해야 한다고 하십니다. 집에 시골에서 올라온 쌀이 아직 많아, 아기 백일 날 교회 분들과 맛있는 떡을 해서 나누어 먹으려고 한다고 말씀드렸더니 다른 떡은 안 되고 꼭 백설기를 해야 된다십니다.

그런 식의……, 제가 생각하기에 하지 않아야 할 많은 일들(관상·손금 보는 것·이사할 때 어떻게 해야 하고, 뭘 먼저 옮겨야 하고

······.)을 저희 시댁에서는 당연하다는 듯이 행합니다.

그런 일들로 남편과 마찰을 빚기도 하는데요, 남편은 오랜 세월 동안 습관으로 젖어 온 거라 부모님이 그러시는 건 어쩔 수 없는 당연한 일이고, 그런 것들을 당황스러워하는 하는 저보고 오히려 이상하다고 합니다.

으음······, 글을 잘 읽었습니다. 몹시 답답하시겠군요.

자매님의 말씀이 옳습니다. 그럴 수는 없는 일입니다.

새로 입교하여 오는 사람이라 할지라도 처음부터 바로 가르쳐야 하는데, 하물며 그만한 신앙의 경력을 가진 사람이 어떻게 그럴 수 있는지 저도 의아할 뿐입니다.

더군다나 전도사님이시라니? 도무지 이해가 안 되네요. 전도사님께서 자유하여 괜찮다니? 뭘 자유하다는 건지? 성경적으로나 영적으로 무지하기 짝이 없는 말입니다.

버려야 할 것은 버려야 되는 것입니다. 더군다나 점이나 손금을 보는 이런 행태는 그 배후에 귀신의 역사도 있으니 도무지 있을 수 없는 일입니다.

그건 그렇구요, 으음······,

상담의 요지가 이런 상황에서 어떻게 해야 하느냐?

참 어려운 내용입니다. 부부가 한 몸이고 같은 길을 갈 터인데, 복을 받든 저주를 받든 같이 누릴 것인데 말입니다.

처음엔 많이 힘드시겠지만 신앙양심에 따라 충분히 숙고한 후에 자매님께서 선을 결정하고 그리고 단호해야 하리라 생각합니다.

그러면 모두에게 영향력이 될 것이고, 그것이 훗날에 모두가 살고 복을 받는 길이 되리라 믿습니다.

 전에 다니던 모 교회가 너무나 그리워요

저는 어떠한 계기로 이사를 가게 되었어요. 그것도 저희 집은 저밖에 교회를 안 나가서 일요일 날 이사를 하게 되었지요. 그래서 그날 주일 오전예배도 못 드리고요.

그래서 저녁예배는 꼭 드려야겠다고 생각해서 모 교회를 가려 했는데 차를 놓치고 말았어요. 그래서 가까운 교회를 가서 예배를 드렸어요. 근데 생각지도 못하게 계속 그 교회를 나가게 되고 직분도 맡게 되고 그랬어요.

근데, 한구석에서는 전에 다니는 모 교회가 자꾸만 생각나고, 그렇게 된 지가 2년이 벌써 넘게 되었어요. 그곳에서도 직분을 많이 맡았지만, 내가 힘들고 외로울 때면 내가 처음 예수님을 만난 교회가 생각이 나서 너무 힘듭니다.

꿈에서도 몇 번씩은 그 교회를 나가는 꿈을 꾸고 너무나 혼란스럽고 제가 어떻게 해야 될지…….

1월에는 교회를 옮기려고 목사님한테 말을 해봤습니다.

근데 제 마음대로 안 되더라구요. 기도도 제 나름대로 많이 해보았지만, 저의 마음을 털어놓고 이야기할 사람도 없고요.

너무 답답해요. 목사님 어떻게 하면 될까요.

질문에 답하자면요, 질문자의 갈등은 하나님의 섭리적인 측면도 있는 것 같으면서, 또 약간은 우유부단한 성격 탓인 듯합니다.

제 생각에는요, 벌써 2년이 되었으니 다시 전의 교회로 간다는 것도 어려운 일이고, 도로 간다 하더라도 그러면 또 이쪽 교회에서 하던 일이나 직분 그리고 받은 사랑도 있고 하니 마찬가지가 되지 않을까요?

그리고 가족 가운데서 혼자 교회를 다니시고 하니까, 제 생각에는 현재 교회에 나가게 된 것을 하나님의 인도로 감사하게 받아들여, 갈등 없이 열심히 다니시며 봉사를 하시는 것이 좋겠다는 생각입니다.

하지만 마음 한구석에 옛 교회 생각이 많이 나고 편치도 않고 하니까, 한번 시간을 내서 간단한 선물을 준비하여 이전 교회 목사님을 찾아뵙고 자초지종을 말씀드리고, 그간의 보살핌에 감사인사를 드리고…….

그리고 생각나는 여러 교우들도 한번 만나 안부를 나누고, 그렇게 하시면 마음에 정리가 잘 될 겁니다.

일단은 교회가 가까워야 되는 것이 교회선택의 기본이라 생각합니다.

새벽기도회에 꼭 참석해야 하나요?

우리 교회 새벽예배는 4시 30분입니다. 목사님께서 많이 강조하십니다. 그래서 어떤 때는 죄책감도 듭니다. 그러나 실제로 새벽기도회에 참석하면 기도하는 점에서는 유익하지만 수면부족을 느끼게 됩니다. 일찍 자라고 하지만 저는 늦게까지 일을 하는 사람입니다. 성경은 어떻게 말하나요? 그리고 다른 나라의 기독교인도 새벽예배를 드리나요?

우선 이렇게 대답을 해보죠!

주일예배와 비할 때 주일예배는 신자로서 꼭 참석해야 한다 이렇게 말할 수 있겠네요. 그러나 새벽기도회에 꼭 참석해야 된다고 말하기는 어렵습니다. 그러나 매일매일 참석한다면 틀림없이 많은 유익이 있겠지요.

문제는 새벽예배의 참석이 아니라 가장 첫 시간에 주님과 만나는 일입니다. 처음 시간을 구별하여 말씀을 묵상하고 기도하는 것은 참으로 귀한 것이며, 이러한 조건을 만족시키는 것을 성전에서 드려지는 새벽예배에 제한할 수는 없다고 생각이 됩니다. 오히려 제가 생각할 때 항상 목사님으로부터 말씀을 듣는 쪽에 있는 것보다는 스스로 말씀을 읽고 묵상하며 은혜를 받고, 또 성경을 통해 교훈을 받으며 주님의 음성을 들을 줄 아는 것이 더욱 성숙된 모습일 것입니다.

그러나 우리 한국교회가 이른 시간에 함께 모여 새벽예배를 드리고 기도하는 것은 좋은 전통이라 생각하며, 우리는 약하기 때문에 함께 모임으로 더욱 잘할 수 있으며, 또 교회의 부흥이나 성장의 측면에서는 함께 모이는 것이 절대적이라 생각합니다. 뿐만 아니라 어느 곳에서나 기도하지만 주님이 선포하신바 만민의 기도하는 집인 성전에서의 기도는 특별한 의미가 있을 것입니다.

그러면서도 저는 조심스럽게 장기적 안목에서 볼 때, 후자의 철저한 훈련 또한 한국교회를 내실 있게 할 것이라 믿어 의심하지 않습니다.

그리고 언급하신바 죄책감이나 수면부족에 대해서 저의 견해를 말씀드리면 죄책감은 전혀 논리적이지도 않으며 영적으로 도움이 되지 않을 것 같습니다. 항상 열심히 하려 하며 주님 앞에서의 마음이 중요하겠구요.

수면부족으로 만약에 직장에 가서 졸거나, 혹은 주어진 일에 충분히 집중할 수 없다면 그리스도인으로서의 본이 되지 않을 것 같군요. 아침의 묵상이 성전에서의 새벽예배로 제한될 수 없다는 말씀으로 답이 될 것 같습니다.

믿음생활을 잘하고 싶은데

저는 김천에서 사는 박○○이라고 합니다. 교회에 다닌 지 얼마 안 됐고 이래저래 잘 나가지 못하고 있습니다.

음……, 항상 마음으로는 생각을 많이 하고, 그렇게 열심히 하지는 않지만 기도도 드리고 있어요.

그런데 아직 초신자라 그런지, 교회에 나가도 크게 느낌을 받지 못하고 교회 사람들이 좀 낯설게 느껴집니다.

제 소망은 진정한 믿음을 통해서 마음에 평안을 얻고, 항상 성령 충만한 마음으로 사는 것입니다.

그러나 어떤 때는 집에서 성경책을 보구 기도드리는 것이 편할 때가 있습니다.

음……, 아직까지 세상에 대한 욕구가 더 많은 것 같고, 신자의 마음가짐보다 세상일에 더 관심이 많은 것 같습니다.

목사님, 어떻게 하면 올바른 믿음을 가지고 여러 성도들과 잘 어울리며, 그 속에서 내가 바라는 진정한 마음에 평안을 얻을 수 있을까요? 아직까지 믿음이 큰 성도들처럼 하지 못하는 제가 원망스럽고, 어서 빨리 나도 마음에서 우러나와 하나님 아버지 성전에 갈 수 있었으면 좋겠습니다.

제 바람은 정말 이 세상일보다 믿음의 생활이 더 우선되기를 진심으로 바라는 것입니다. 부디 목사님의 좋은 소견 바라겠습니다. 건강하시고 안녕히 계십시오.

 **말하자면** 믿음생활의 초보인 셈입니다.

초보니까 누구나 그러하듯이 교회에 가도 서먹하고, 낯설게 여겨지는 것은 당연하겠습니다.

걱정하지 않아도 시간이 지나면 좋아집니다.

하나님의 말씀과 교회 목사님이나 혹은 신앙 선배들의 도움을 받아 꾸준히 출석하시고, 열심히 하시면 자연히 좋아지고 믿음생활에 발전이 있을 겁니다.

한 가지 질문자의 글에서 언급한다면, 믿음생활이란 것이 세상을 무조건 등져야 한다고 가르치거나 죄악시하는 것이 아닙니다. 이 세상은 하나님이 지으신 우리 삶의 터전이며, 우리가 이 땅에서 사는 동안에 이곳에서 하나님의 사랑과 축복을 받는 것입니다.

무슨 일을 하든지, 어디에 있든지 하나님께 감사하고, 하나님 앞에서 살면 아름다운 일입니다. 열심히 교회 나가시고 6일 동안에, 세상에서의 일도 즐거운 마음으로 열심히 하시기 바랍니다.

교회에 대한 믿음이 안 가요

먼저 우리 주 하나님께 홀로 받으실 무한한 영광드립니다. 할렐루야! 원래 신자 집안이지만, 저는 어렸을 때 빼놓고는 거의 교회에 안 나가는 생활을 했었습니다. 그러면서도 마음 한구석에는 언젠간 예수님께 가야지 하는 생각을 했었구요. 죄 중에도 습관적인 죄인 음란함에 빠져 시간 날 때마다 컴퓨터 앞에 앉아 음란 사이트에 들어가는 생활을 얼마 전까지 했었습니다. 그러다가 제 생각에도 이건 너무 도가 지나치다 하는 생각이 들었었는데, 꼭 그때마다 제 눈에 띄었던 건 거리에서 받아 왔던 모 교회의 전단지였습니다. 그러다가 어느 날, 내가 이러다가 큰일 나지 하는 생각이 들어서 컴퓨터 하드에 받아 놨던 음란한 동영상들과 CD들을 모두 버리고, 교회에 나가기로 작정을 했습니다. 전단지의 그 교회를 나가야지 하고 생각을 했는데, 나가서 보니 그 교회(지금 나가고 있는 교회가 아닙니다)는 너무 작은 교회였습니다(주변에 큰 교회가 그다지 없습니다). 그래서 좀 멀더라도 어디 큰 교회로 갈까 고민하고 있던 차에, c3tv 설교방송을 보던 중, 문득 편하려고 큰 교회 나가면 안 된다, 교회 나가는 게 부담스러운 게 초신자들에게는 당연한 거다, 그걸 받아들여야 한다는 어느 목사님의 말씀이 들려왔고, 아, 이게 주님이 내게 응답해 주시는 거구나 하는 생각으로 기쁘게 그 교회를 나가려고 마음먹었습니다.

그런데 어쩌다가 제가 살고 있는 다가구 주택의 주인아주머니가 나가는 교회로 나가게 되었습니다. 그래서 등록하고 다닌 지 이제 한 2주 정도 되는데, 문제는 교회와 목사님에 대한 믿음이 안 간다는 겁니다. 목사님에게서 보여지는 모습은, 설교 말씀도 별로 귀에 와 닿지 않구요. 바깥에서 보았을 때는 어찌 보면 좀 약다는 생각도 듭니다. 교회 신도들도 그다지 믿음이 좋은 것 같지 않구요. 이번 주 월요일부터 목요일까지 주변의 다른 교회의 부흥성회에 갔다 왔는데, 그곳 분위기와는 사뭇 다릅니다(말씀 부흥회라 그렇게 열광적이지는 않았습니다). 목사님도 비교가 되구요.

그리고 오늘 새벽기도에 갔는데, 어제 부흥회에서 열광적으로 할 수 있던 기도가, 오늘 새벽에는 전혀 나오지 않았습니다. 아예 기도 자체가 안 되었습니다. 거의 매일 새벽기도에 나갔는데 오늘 같은 날은 없었습니다. 다른 몇 분 안 되는 성도님들도 하는 둥 마는 둥 저보다 먼저 나가시구요. 그리고 결정적으로 이 글을 띄우게 된 건 오늘 철야기도 때문입니다. 저번 주에 나갔을 때, 설교 말씀 들은 후에 각자 기도하고 알아서들 가시라고 하였었습니다. 그래서 오늘도 그럴 줄 알았는데(오늘은 눈물도 나오고 가슴이 뜨거워져서 꼭 좀 오래 기도하고 싶었거든요), 설교 말씀 끝나더니 각자 기도하고 오늘 예배 끝내겠다고 하시더라구요. 그러더니 기도 시작한 지 1분도 안 됐는데, 갑자기 조용해져서 눈을 뜨고 보니, 목사님은 가방을 챙기고 있고, 다른 성도분들은 다 일어나서 갈 준비를 하고 있더라구요. 그래서 목사님을 봤고 눈이 마주쳤는데, 저는 '왜 이렇게 일찍 끝내느냐' 하는 눈빛으로 바라보는데, 싹 외면을 해버리더라구요. 그래서 홀로 남아 있을 수도 없어 기도도 끝내지 못 한 채, 그냥 오게 되었습니다. 그리고 나서 생각 드는 건 내가 처음에 은혜받은 그 전단지의 그 교회로 나가야 하는 게 아닌가 하는 것이었습니다. 맨 처음부터 그게 계속 마음에 걸렸구요.

근데 또 문제는 그 교회하고의 거리가 50m 정도밖에는 안 되고, 또 동네도 작은 편이어서, 만약 제가 그 전단지의 교회로 옮긴다면, 기존

이 교회의 성도 분들과의 관계가 굉장히 이상해질 것 같은 느낌이 들구요, 어차피 오다가다 마주칠 텐데요.

그리고 과연 등록을 해놓고 바로 다른 교회로 옮겨도 되는 건지도 의문이 든다는 것입니다. 근데 무시해 버릴 수 없는 건 이게 다른 문제가 아니고 제 신앙생활이 걸린 문제이기 때문입니다. 저의 어머니께 또 제 주변에서 흔히 듣던 얘기가, 이단 뭐 그런 문제가 아니더라도 교회나 목사님을 잘 만나야 한다는 것이었기도 하구요.

이게 마귀의 시험에 든 것일까요? 아니면 제가 제대로 된 질문을 하고 있는 건가요? 그리고 가톨릭처럼, 이렇게 기도로 응답받지 않고 (죄송합니다), 인간 되시는 분께 여쭤 봐도 되는 것인지요? 모든 것이 참 불분명합니다. 어떻게 하는 게 좋을까요? 주 안에서 평안하시기를 바라며, 응답 부탁드립니다.

하나님의 사랑과 인도하심이 큽니다. 교회 출석하게 됨에 축하를 드립니다. 질문자의 글을 읽어 볼 때, 두 가지로 선택할 수 있겠습니다.

첫째는 교회를 옮겨 등록하는 것이고,

둘째는 현재 등록한 교회에 마음을 정하여 열심히 믿음생활을 하는 것인데, 제 생각에는 두 번째가 합당하고 옳지 않을까 생각이 듭니다.

그 이유로서는

(1) 전도지의 교회도, 아주머니의 인도도 다 하나님의 인도하심이니, 꼭 전도지를 제공한 교회에 가야 되는 것이 아닌가 생각할 필요는 없습니다. 전도지를 전해 준 교회도 귀하지만, 실제 교회로 인도해 준 아주머니도 감사한 일이니까요.

(2) 땅 위에는 완전한 교회가 없고, 교회의 모습은 달라도 다 주님이 사랑하시고 함께해 주시는 교회들입니다. 그리고 부흥회 때는 어느 교회라도 그 분위기가 뜨겁게 마련입니다. 그러니 비교할 필요는 없습니다. 내가 현재 나가고 있는 교회를 내 교회로 애착을 가지고 사랑하는 맘을 가지면 다 좋아지게 됩니다.

(3) 땅 위의 교회나 목사님은 항상 유동적입니다.

나쁘게든 좋게든 변화될 수 있으며 그 모습을 달리하게 될 것입니다. 그렇기 때문에 신앙의 표준은 하나님의 말씀이어야 합니다. 열심히 나가시면서 적응을 잘하시기를 바랍니다.

그래서 먼저 자신을 위해 열심히 기도하시고, 그리고 교회를 위해서도 기도하시기 바랍니다. 그러면 시간이 지나면서 모든 것이 좋아질 것입니다.

제가 생각할 때, 마귀가 시험하는 중에 즐겨 하는 것이 내 자리를 흔드는 것입니다. 이런저런 생각에 모처럼 잡은 자리를 움직이거나 놓치면, 그것이 예기치 않은 다른 나쁜 결과를 가져올 수도 있습니다.

하나님의 인도하심에 감사하고, 귀하게 얻은 교회의 내 자리를 잘 지켜 나가시기 바랍니다.

너무 경직된 크리스천의 태도

솔직히 너무 오랫동안 고민하던 일이 하나 있습니다.

전요, 학생인데 술자리에 대해서 이해를 못 하겠습니다. 전 크리스천이 술을 금기시하는 것이 그것을 보는 일반인들이나, 보수적 크리스천들이 제가 술 마시는 모습을 보고 실족할까 봐서 그런다고 생각하고 있었거든요. 사도 바울이 당시 유통되던 고기를 자유함으로 먹을 수 있었지만 믿음이 연약한 이들이 보고 시험 들까 봐서 자제하였듯이……

그런데 교회에서 주로 오가는 이야기 중에는, 취직했는데 술자리 피하느라고 대인관계가 엉망이 되고 왕따가 되고 있다는 이야기, 그 와중에 나보다 접대가 많은 우리 상무님은 술·담배 잘 하시는데 알고 보니까 장로더라……

전 솔직히 이해가 가질 않습니다. 조선시대에 선비들이 세속을 피해 자기들끼리 산 속에 사는 거나 크리스천들이 오염되지 않기 위해서 자기들만의 문화만 고집하면서 세속과의 접촉 자체를 죄악시하는……. 죄의 정의는 하나님만이 내릴 수 있다고 생각하는데 크리스천들은 답답하고 재미없는 사람들이라는 이미지를 만들어 가면서까지 왜 그렇게 해야 하는 것입니까?

전 가끔 그런 교회 분위기에서 사실 전 그렇지 않은데, 술자리 있으면 피하질 않거든요. 실수만 안 하고 나로 인하여 실족하는 사람만 없으면 그만이라고 생각하는데, 그런 분위기를 만나면 마치 위선자가 되는 것 같아서 때로는 음주가 자유로운 성당을 동경한 적도 있는데 제가 생각하는 것이 무엇에서 잘못되었는지 지적 좀 해주시겠어요?

우리 교회 목사님께는 이런 말씀 여쭈어 볼 수도 없는 그런 분위기라서…… 부탁드립니다. 그리고 여쭙는 김에 하나 더 말씀드리고 싶은데 전 남자거든요. 여자가 그리워서 함부로 상상하면서 자위하는 거랑 어차피 아무하고나 자는 그런 여자들하고 제가 같이 자는 거는 무슨 차이예요? 솔직히 섹스로 인한 많은 유혹을 받는 데 남용되어서는 안 되겠지만, 그렇다고 무슨 허락받는 것은 아니지만……, 차이를 모르니까 함부로 정죄하는 것 같은 기분도 들고요. 제가 싫을 때도 있고 그렇습니다. 공개적 대답이 혹시 곤란하시다면 제게 멜이라도 꼭!! 부탁드립니다. 평안하십시오.

 에고~ 답이 늦어 미안합니다.

요새 정말 좀 바빠 가지고 홈을 열어보질 못했네요. 우짜져? 미안해서…….

고민이 많으시군요. 있을 만한, 할 만한 고민입니다. 술 문제나 혹은 자위 문제 등은 이미 답변이 되어 있으니 검색에서 찾아보시고 함 읽어 보기 바랍니다.

근데……, '취직했는데 술자리 피하느라고 대인관계가 엉망이 되고 왕따가 되고 있다는 이야기'라든가 혹은 '와중에 나보다 접대가 많은 우리 상무님은 술·담배 잘하시는데 알고 보니까 장로더라' 등의 얘기는 있을 수 있는 일이긴 하나, 그건 그래도 소수의 기독교인에 국한된 사항이 아닐까 생각되네요. 그리고 그런 분들은 좋은 그리스도인이라 할 수 없겠구요.

주초를 하지 않으면서도 사회생활에 성공하고 존경받고 어울려 사는 그리스도인이 훨씬 많습니다. 그렇게 되어야 하고, 될 수 있습니다.

그리고 이미 다른 데서 답한 바도 있지만, 그리스도인은 답답하고 재미없는 사람들이 아닙니다. 누구보다도 행복하고 즐겁게 사는 사람들이며 그렇게 되어야 합니다.

글고, 또 질문하신 자위하는 거랑 여자랑 자는 거랑 무슨 차이가 있겠냐고 했는데, 그건 상식에 속한 일이니 상식선에서 생각하더라도 답은 나옵니다.

"너희 몸이 그리스도의 지체인 줄을 알지 못하느냐 내가 그리스도의 지체를 가지고 창기의 지체를 만들겠느냐 결코 그럴 수 없느니라 창기와 합하는 자는 저와 한 몸인 줄을 알지 못하느냐 일렀으되 둘이 한 육체가 된다 하셨나니"(고전 6: 15~16).

신앙문제로 고민하는 것은 좋은 일입니다. 성령 하나님의 조명하심과 인도하심이 있기를 바랍니다.

? 오후 예배는 안 나가도 되나요?

안녕하세요. 저는 어릴 때부터 교회를 다닌 아이예요. 저희 집은 아버지는 안 믿으시지만 어머니는 믿는 분이셔서 저나 언니도 믿고 있습니다. 근데요, 방금 전 친구와 전화를 하면서 느낀 건데요. 저희는 월요일 날까지 시험기간이거든요.

전 일요일에 오전예배를 갔다가 잠깐 집에 와서 점심 먹고 다시 오후예배 가면 바빠서 오늘 모여서 공부를 하자고 했죠.

근데 그 친구가 하는 말이 너무 황당했습니다.

"오후예배를 왜 가? 오전예배만 가면 돼."

전 또 말했져.

"오후예배를 왜 안 가? 가야지."

그러자 그 친구 하는 말이 오후예배는 은혜를 오전예배보다 덜 받는다고, 그래서 가지 말라는 것이었습니다. 왜 오후예배 때문에 저를 망치느냐구요. 그 친구의 뜻은 오후예배 때문에 시험공부를 안 하면 저를 망치는 길이라는 뜻이죠. 참 황당했습니다.

전 항상 오후예배를 나갔거든요. 물론 방황한 1년 정도는 안 나갔지만 말이에요. 그러면서 자기 동생도 오후예배는 달란트 시장이 아니면 안 보낸다는 거예요.

또 그 오후예배는 잡담시간이라고 자긴 오전예배만 간다구 말이에여. 물론 그 아이 아버지는 안 믿으시지만 어머니도 옛날에 믿었다가 안 다니신다구 합니다.

금요 예배나 구역예배 같은 것이 부담스러워서 못 다닌다는 친구들……. 물론 이해는 하지만 어떻게 차기 임원후보라고 자기가 이야기할 정도의 아이가 이러는지! 혹시 제가 잘못 안 건 아닌지……. 오후예배는 정말로 은혜를 덜 받아서 안 나가도 되나요?

✉ **잘해** 나온 착한 학생인데 옆의 친구 때문에 흔들렸네요.

확신을 가지고 가던 길을 끝까지 가면 좋겠네요. 아마 그렇게 나가면 하나님이 살아 계시니까 시험을 잘 보고 못 보고를 떠나서 하나님은 나중에 miss 양의 손을 번쩍 들어 주실 걸요.

오전예배와 오후예배라, 그 친구는 오전·오후를 떠나 제대로 은혜를 받은 것 같지가 않군요. 그리고 예배에 나가는 친구를 못 가게 하는 나쁜 심보를 가졌군요.

예배는 은혜를 받으려고 가는 건 아니구요. 예배하러 가죠. 하나님은 예배를 기뻐하시며 예배자를 찾으신다고 하셨습니다. 우리가 감사의 맘으로 가서 예배하면 하나님이 은혜를 주십니다. 은혜는 우리의 마음 그릇과 많은 상관이 있다고 생각됩니다.

오전과 오후를 모두 예배하는 학생과 그렇지 않은 학생에게 주어지는 영적 감동과 신앙의 성숙은 지나 보면 차이가 많이 납니다.

물론 학생으로서 교회의 모든 공예배, 즉 새벽기도·금요예배 등 모두를 율법적으로 참석할 수는 없으며, 주님도 그것을 원치 않으실 것입니다. 그러나 적어도 주일은 주님의 날로 하루를 구별해야 하며, 또 수요일도 할 수만 있다면 예배에 참여하면 손해보다 유익이 엄청 많을 겁니다. 글고요, 절대 성적도 떨어지지 않으며 공부도 잘하게 된다고 말할 수 있습니다.

열심히 나가세요. 더 열심히.

 ## 어떤 자세로 세상에 나아가야 하나요?

누가복음에 보면 첨에 예수님이 시험당하실 때, 마귀가 이렇게 말합니다. 이 세상은 나에게 주어진 것이니까 네가 나에게 절을 하면, 이 세상을 너에게 주겠다…….

그럼 이 세상은 마귀에게 속한 것인가요? 그렇다면 세상을 변화시키자고 하는 게 맞는 말인가요, 아님 세상을 이기자고 하는 게 맞는 말인가요?

세상을 변화시키란 말씀(이건 성경에 있는지 모르겠지만), 세상을 이기라고 하는 말씀은 성경에 있는 걸로 알고 있습니다. 세상에 나아 갈 때 어떤 자세로 나아가야 하는 건지요?

그리고 또 한 가지 질문은, 예수님을 따르려 하던 한 사람이 자기 가족을 돌아보고 인사하고 나서 따르겠다고 하니까 예수님께서는 그냥 바로 따라오라고 하셨는데, 구약에 보면 엘리사가 첨에 엘리야를 따를 때는 모든 걸 다 버리고 즉석에서 바로 따라가진 않았지 않습니까?

 **부분별로** 답변해 보겠습니다.

 그럼 이 세상은 마귀에게 속한 것인가요?

속했다기보다도 인류의 타락 이후에 이 세상은 마귀의 지배 아래 놓여졌고, 마귀를 일컬어 주님께서도 이 세상임금이라 하셨죠.

하지만 이 마귀의 권세는 영원히 지속될 것은 아니고, 마지막 때에 세상도 마귀도 심판을 받게 된다 하셨습니다.

 아님 세상을 이기자고 하는 게 맞는 말인가요?
세상을 변화시키란 말씀(이건 성경에 있는지 모르겠지만)은요?

세상을 이긴다, 혹은 변화시킨다는 말씀은 다 맞는 말이겠지요. 이기다고 할 때는 하나님과 반대되는 세속적 죄와 싸우는 면에서, 변화시킨다고 할 때는 하나님이 사랑하신 이 세상에 대하여 복음을 증거하며 하나님의 나라를 확장하는 의미에서 말입니다.

 세상에 나아갈 때 어떤 자세로 나아가야 하는 건지요?

제가 생각할 때는 예수님과 같은 마음과 자세여야 하리라 생각합니다. 주님은 죄로 물든 이 세상을 사랑하셔서 하늘의 영광을 뒤로하고 구원하려 이 세상에 오셨습니다. 이처럼 구원받은 우리도 복음을 들고 나아가야 하리라 생각합니다.

 예수님을 따르려 하던 한 사람이……모든 걸 다 버리고 즉석에서 바로 따라가진 않았지 않습니까?

그렇지 않습니다. 신약에 나오는 사건, 즉 부친을 장사하게 허락해 달라는 것이나 혹은 가족을 작별케 허락해 달라는 것은 방금 죽은 부친을 장례하고 주님을 따르겠다는 게 아니라 부친의 별세 때까지는, 즉 몇 년이 되어도 그전에는 주님을 따를 수 없다는 것이니, 이것은 하나님의 일보다 사람의 일을 더 중요시하든지 아니면 정말로 주님을 따를 마음이 부족한 것이겠고요.

가족을 작별케 해달라는 데 대한 주님의 답변, 즉 쟁기를 잡고 뒤를 돌아보는 자는 하나님 나라에 합당치 않다는 말씀도 이 사람 역시, 주님을 따르고자 하는 마음이 없었던 것은 아니라 머뭇거리고 있는 상태였으므로 원리를 말씀하신 것입니다.

구약에 엘리사 사건은, 엘리사가 엘리야를 따른 것은 아주 즉각적이고 단호하였습니다.

소를 잡고 소의 기구를 불살랐으니 그의 이전 일을 모두 뒤로 제쳐 놓은 것입니다. 이제 하나님의 일에 전적으로 헌신하여 나설 때, 가족과 작별하는 순서를 가지는 것은 당연한 일입니다.

전도와 헌금에 대해

안녕하세요? 목사님께서 보시면 어쩌면 황당하시다고 말할 수 있겠지만, 전 진짜 알고 싶습니다. 믿는 자와 믿지 않는 자의 세상 속에서의 차이가 없다는 것에 불만 아닌 불만이 생깁니다.

흔히 사람들은 이 세상은 잠깐이고 죽은 후, 즉 천국과 지옥에서는 영생을……. 하지만 70~100년 산다는 게 짧지만은 않다고 생각됩니다. 또한 지상 최후의 명령이라고 일컬어지는 전도. 믿는 자가 더 잘 살면 전도의 파급적인 효과가 나타나지 않을까 하는 생각이 듭니다.

또 한 가지 헌금이란 것에 대해 알고 싶습니다.

제가 아는 바로는 구약 시대에는 소나 양·비둘기 같은 짐승을 자기 형편대로 바쳐서 각을 떠서 태워서 번제를 드린 것으로 알고 있습니다. 지금은 물질이라는 돈으로 헌금 바구니에 그냥 넣습니다. 하지만 그 돈은 하나님께서 쓰신다고 하기보단 교회의 재정확충에 쓰입니다. 과연 우린 헌금을 교회에 바치는 것인가요? 아니면 하나님께…….

물론 예수님께서 부자의 많은 헌금보다는 과부의 작은 헌금을 축복하셨지만, 어찌되었던 물질보단 우리의 마음을 다하는 정성을 보시지 않습니까? 그렇다면 전지전능하신 하나님께서 우리가 헌금을 드리지 않아도 우리의 마음 정도는 금방 아시지 않을까요? 또 사탄은 제가 알기론 천사인 루시퍼가 타락해서 된 것으로 아는데, 하나님은 천사가 타락하도록 왜 내버려 두셨을까요? 욥을 가지고 하나님과 사탄이 시험을 했던 것이 생각나는데, 그때 생명만 남겨 두고 모든 것을 잃게 하셨습니다. 욥의 진실을 아시고도 고통스럽게 하신…….

세상에는 사탄교나 여호와의 증인·통일교 등 많은 이단들이 교회보다 판을 치고 다닙니다. 그것도 하나님의 이름으로……. 하지만 그들은 오히려 잘되고 있습니다. 과연 이것은 어떻게 해석을 하면 되겠습니까? 너무도 답답해 이렇게 글을 올립니다. 그럼, 안녕히……. bye bye.

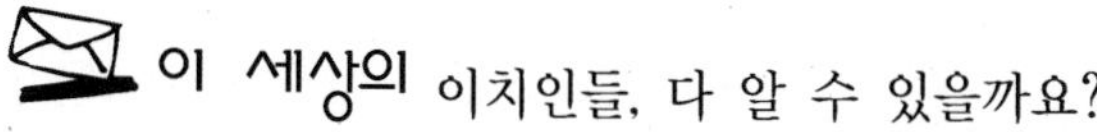 이 세상의 이치인들, 다 알 수 있을까요?

하나님이나 신앙은 영적 세계의 일입니다. 어떻게 인간이 다, 아니 한 부분이라도 제대로 이해할 수 있을까요?

근데 왜 영적인 일에 대해서는 모든 것을 다 알아야 되는 것처럼, 감히 그렇게 생각을 하는지 알 수 없네요.

성경은 우리의 구원과 믿음생활을 위해 필요한 것은 다 있습니다. 겸손한 마음을 가져야 하고 지도자의 지도를 잘 따라 믿음생활 잘하기 바랍니다.

 믿는 자와 믿지 않는 자의 세상 속에서의 차이가 없다는 것에 불만 아닌 불만이 생깁니다.

신자와 불신자가 세상 속에서 차이가 없는 것이 아닙니다. 엄청난 차이가 있으니 교회에 가서 잘 배워 보기 바랍니다.

 믿는 자가 더 잘살면 전도의 파급적인 효과가 나타나지 않을까 하셨는데,

전도는 잘살고 못살고와 상관있는 일도 아니거니와, 믿는 사람들이 대개가 못살고 어렵다는 생각은 옳지 않습니다.

 제가 아는 바로는 구약시대에는 소나 양, 비둘기 같은 짐승을 자기 형편대로 바쳐서 각을 떠서 태워서 번제를 드린 것으로 알고 있습니다.

그러니까 알려면 제대로 알아야 하는데……,

예수님은 과부의 두 렙돈을 보고 인정하시고 칭찬하셨죠? 과부의 그 헌금은 돈이 아니고 뭔가요? 그리고 신약성경에 인정받는 헌금의 예가 많습니다.

 과연 우린 헌금을 교회에 바치는 것인가요? 아니면 하나님께……

하나님이 영이신데, 돈이 무슨 필요가 있나요? 교회에 대하여 바른 이해가 필요한 듯합니다. 예수님께서 교회를 세우셨고, 그 교회가 하나님의 일을 하며 영적인 일을 합니다.

드려진 헌금이 교회에서 쓰일 때, 그것이 곧 하나님의 일에, 주님의 일에 쓰여지는 것입니다. 그러므로 우리가 교회에 헌금을 드릴 때 그것이 곧 하나님께 드리는 것이며, 하나님께서 기쁘시게 열납하시는 것입니다.

 그렇다면 전지전능하신 하나님께서 우리가 헌금을 드리지 않아도 우리의 마음 정도는 금방 아시지 않을까요?

물질이 따르지 않는 것은 곧 마음이 없다는 것입니다. 질문자는 누굴 사랑할 때 말로만 사랑하나요? 사랑하면 선물도 하게 되고, 위하여 수고도 하게 됩니다. 선물에 감동하는 것은 선물 때문이 아니라 마음 때문입니다.

 잘못을 지적해 주고 싶은데……

안녕하세요, 목사님.

저는 수원에 사는 학생입니다. 동생이 율법적인 신앙관으로 인해서 고민을 하다가 이제는 더 이상 신앙은 생각하지 않으리라고 결단을 내리고, 그러한 내용의 글을 자신이 살아가는 삶의 지표로 삼아 살아가는 것 같습니다.

동생과 떨어져 살기 때문에 그의 전체적인 행동은 살필 수는 없었지만 동생과 대화를 하며 그의 잘못을 지적해 주고 싶지만 동생과의 우애가 멀어질 것 같아서 말하기가 힘이 듭니다. 그렇게 결단했다면 자유롭게 살아야 할 것인데, 그렇지 못하고 쓰라리고 무엇엔가 시달리는 삶을 살아가는 것 같아서 제 마음이 무척 아픕니다.

목사님, 제가 동생과 대화를 제의하며 이야기하는 게 잘못된 것인가요. 제가 어떻게 해야 할까요?

그냥 저는 교과서적인 말씀밖에 드릴 게 없네요.

동생이 어려운 거지, 잘못된 동생을 인도하는 방법이 어떠하든, 사랑하는 마음이 있는 이상 문제가 되겠습니까?

기도하시는 중에, 주님의 도움을 받으시고, 그리고 대화도 하시고, 그러면 잘되리라 믿어집니다.

킹 제임스 성경을 읽어도 되나요?

킹 제임스 성경을 읽어도 되나요?

열심히 읽고 싶은데 조언 부탁드립니다.

수고하세요.

읽으면 되죠, 안 될 게 뭐 있겠습니까?

읽으면 안 되는 게 아니라 좋습니다.

근데 영어에 완전능통 숙달이 아니라면, 숙달이라도 마찬가지이겠지만 영어 공부를 하는 외에는 한글 성경을 더 많이 읽어야 한다고 봅니다.

왜냐하면 말씀을 읽는 것은 내 영의 양식을 섭취하는 것이고, 매일 매일 주님의 말씀을 듣는 것이고, 하나님의 인도를 받아 사는 삶의 부분이기 때문입니다.

참고로 목회자들은 설교 준비를 위해 성경만도 다른 번역들 10개 이상 갖고 있습니다.

집에서 기도하면 안 되나요?

목사님, 안녕하세요?

너무너무 힘든 문제가 있는데, 그것 때문에 두렵고 살기가 싫은데, 아무리 기도해도 해결이 안 나요.

그래서 생각해 봤죠. 집에서 기도를 해서 그런가 하구요.

대인기피증이 있어 일요일만 겨우 교회에 가거든요.

근데 하나님은 늘 어디서든 함께하신다고 하던데…….

집에서 기도하면 안 되나요.

빨리 벗어나고 싶은데…….

집에서 기도해도 되고, 걸으면서 해도 되고, 밥 먹으면서 해도 되고……, 언제 어디서나 해도 됩니다.

하지만 교회는 기도하는 장소로 예수님이 특별히 말씀하여 주셨습니다. 그러니까 교회에 가서 드리는 기도는 또한 그로써 특별한 의미가 있겠죠?

그러니까 교회 가서 기도를 드릴 수 있을 때는 그렇게 하면 아주 좋은 것이고, 그 외에 교회당뿐 아니라 어디서나, 항상 동행하는 생활을 하면 좋을 겁니다.

답이 되셨남요?

서로를 품지 못하는 아픔 때문에

목사님의 어떤 모습으로 인해서(한 가지가 아닌 여러 가지) 교회를 떠나는 집사님들을 볼 때, 마음이 아프고 그 자리를 지키고 있는 자들은 답답함을 느낍니다.

말씀훈련도 받고 직분도 맡은 분들이 떠나고, 또 떠나려는 분들이 많다는 것입니다.

누구의 잘잘못을 가려 달라는 것은 아니에요. 서로를 품지 못하는 잘못이겠지요. 그렇게 집사님들이 떠나고 나면 남은 자들은 목사님의 설교를 통해 정죄 아닌 정죄를 받지요. 그러면 저희는 그저 죽을죄를 진 죄인 중의 죄인이 되고 말지요. 좋은 감정으로 떠난 분을 못 보았으니까요.

목사님 듣기에 안 좋은 이야기가 귀에 들리면 강단에서 그대로 이야기가 나옵니다. 그래서 마음 놓고 상담을 못 하겠다고 합니다. 그 때문에 상처받은 성도들도 많아요.

그러다 보니 목사님이 무슨 말만 하면 또 어디서 무슨 이야기를 듣고 저러시나 이런 추측을 하게 되니 참 답답합니다. 아직 젊어서 그렇다고까지 합니다.

이런 이야기하는 저도 잘하는 행동은 아니라고 생각이 들지만 목사님께 해봅니다. 기도 좀 해주세요. 조언도 주시면 감사하겠구요.

 저도 답답합니다.

새벽기도를 마치고 올라와서 열어, 읽고 있습니다.

정말 저도 목사로서, 또 저도 그런 상황에서 저지른 실수의 경험들이 있기에 얼마나 답답한지 모르겠습니다.

그렇습니다. 목사도 젊을 땐 앞뒤 가리지 않고 하고 싶은 말을 다 하게 되지요.

그리고 말씀하신 대로 서로가 품지 못하는 잘못이겠지요.

제가 드리고 싶은 말이 있다면, 목사가 성자이기를 기대하지 마십시오. 목사를 너무 높은 기준에다 두고 보지 말기를 부탁합니다. 인격이 더 모자라고, 죄가 더 많고, 더 부족할지 모릅니다. 아니 실제로 그렇습니다.

중요한 건 그럼에도 불구하고 하나님께서 불러서 사용해 주신다는 하나님의 은혜, 그 은혜가 또한 우리 모두에게 동일하게 베풀어지는 하나님의 은혜라는 사실입니다.

또 말하고 싶은 것은요, 교회가 시험이 들면 그렇게 됩니다. 아무리 좋은 사람이라도, 성자라도 그렇게 됩니다. 영적으로 풀어야 합니다. 우리에게 풀어 갈 능력이 있지 않습니다. 우리의 힘으로 교회의 분위기를 돌려놓을 재간이 없습니다.

누구라도 한 사람, 그냥 교회 제단에 나아가 시간을 보내시고 주님께 부탁을 드리시고 눈물을 흘리기 시작한다면, 좋으신 주님께서 아픔의 때를 물러가게 하시고 은혜의 때를 주실 겁니다.

❓ 회개할 때 꼭 눈물을 흘려야 하나요?

저는 신앙생활을 하면서 궁금한 것이 많습니다.

교회 다니는 사람들이 성령으로 기도를 하라고 말씀하시는데, 꼭 성령을 받은 사람이 기도를 해야지 하나님께서 그 기도를 들어주십니까? 성령을 받지 않은 사람이 기도를 하면 응답을 주지 않습니까?

그리고 회개를 할 때 꼭 눈물을 흘려야 합니까? 저는 아무리 하나님께 회개를 해도 눈물이 흐르지 않는데 그 이유는 무엇입니까? 그리고 예를 들어서, 학교 중간고사가 10월 4일 날 본다면 1주일 전부터 기도를 해야 됩니까? 이틀 전부터 기도를 하면 안 되는 겁니까?

저 같은 경우는 사람들을 많이 전도하고 싶습니다.

친구들한테 교회 다니라고 하면 친구들은 일찍 일어나야 되기 때문에 모두 안 다니려고 합니다. 그래서 저는 하나님께서 살아 계신다는 것을 친구들한테 보여 줘서 교회를 다녔으면 합니다. 그래서 여러 가지를 많이 생각(상상)해 보았습니다.

생각(상상)한 것 중에서 한 가지가, 친구가 학교에서 너무 아파서 제가 친구들 있는 앞에서 기도를 해줘서 그 친구가 낫는 생각(상상)을 해봤습니다. 만약에 제가 생각한 것과 똑같이 이루어진다면, 하나님께서 살아 계신다는 것을 친구들이 잘 믿을 수 있을 거란 생각을 해보았습니다.

저는 제가 생각(상상)한 것과 똑같이 이루어지기를 바랍니다. 꼭 똑같이는 아니더라도 비슷하게 이루어졌으면 합니다. 그렇게 해달라고 기도를 하면 하나님께서 제가 생각한 것과 비슷한 일들이 일어나도록 도와주십니까?

친구들이 천국과 지옥에 대해서 물어보면 어떻게 설명을 해줘야 될지 모르겠습니다. 자세하고 쉽게 설명해 주셨으면 감사하겠습니다. 답변을 자세하고 구체적으로 쉽게 설명해 주셨으면 감사하겠습니다.

 **부분부분** 답변해 드리겠습니다.

 회개를 할 때 꼭 눈물을 흘려야 합니까? 저는 아무리 하나님께 회개를 해도 눈물이 나지 않는데 그 이유는 무엇입니까?

안 나오는 눈물을 억지로 흘릴 수도 없는 일이고 그럴 필요도 없습니다. 왜 눈물이 안 나오는지, 이유는 없습니다. 차차로 눈물을 흘리며 회개하는 체험이 있게 될 것입니다. 열심히 믿음생활을 하면 많은 경험들을 새롭게 하게 됩니다.

 그리고 예를 들어서 학교 중간고사가 10월 4일 날 본다면 1주일 전부터 기도를 해야 됩니까? 이틀 전부터 기도를 하면 안 되는 겁니까?

됩니다. 좋은 대로 하면 됩니다. 어떤 규율이 있는 것이 아닙니다. 그렇지만 기도는 많이 하면 할수록 좋은 게 아닐까요? 그리고 기도는 사실, 내 목적을 이루는 수단이 아니고 삶 속에서 주님과 동행하는 방편이 되어야 한다고 생각합니다.

 저 같은 경우는 사람들을 많이 전도를 하고 싶습니다. 친구가 학교에서 너무 아파서 제가 친구들 있는 앞에서 기도를 해줘서 그

친구가 낫는 상상을 해봤습니다. 만약에 제가 생각한 것과 똑같이 이루어진다면 하나님께서 살아 계신다는 것을 친구들이 잘 믿을 수 있을 거란 생각을 해보았습니다.

누구나 그런 생각을 해보게 됩니다. 할 수 있습니다. 그러나 이걸 알아야 합니다. 하나님의 아들 예수님께서 친히 이 땅에 오셔서 그토록 많은 이적을 행하셨지만, 이적과 기사를 보았다고 해서 그들이 다 주님을 믿었던 것은 아니었습니다.

하나님의 아들을 보고도, 수많은 이적들을 보고 체험하고도 믿지 않은 사람들이 얼마나 많습니까.

믿는 자들을 구원하시는 하나님의 방법은 이적을 보여 주는 것이 아니라 단순히 복음을 전하는 어리석은 전도라는 방법입니다. 이 방법이 하나님의 방법입니다. 간단한 방법을 주신 것이 하나님의 은혜입니다.

> "하나님의 지혜에 있어서는 이 세상이 자기 지혜로 하나님을 알지 못하는 고로 하나님께서 전도의 미련한 것으로 믿는 자들을 구원하시기를 기뻐하셨도다"(고전 1: 21).

 친구들이 천국과 지옥에 대해서 물어보면 어떻게 설명을 해줘야 될지 모르겠습니다. 자세하고 쉽게 설명해 주셨으면 감사하겠습니다.

천국과 지옥은 이 세상에 살고 있는 우리들이, 이 세상의 언어로 시원하게 설명하거나 묘사할 수 없는 실제입니다. 그냥 아는 대로, 믿는 대로 말씀해 주시고 내가 할 수 있는 범위 안에서 복음을 전하도록 하세요. 중요한 것은 예수 믿어 구원받는다는 복음의 내용일 것입니다.

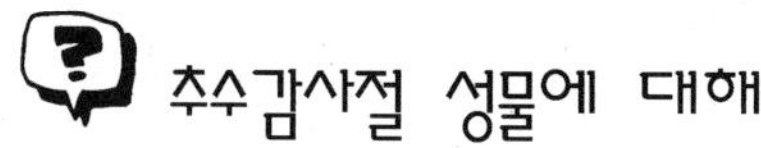

추수감사절 성물에 대해

목사님, 안녕하세요? 질문드릴 게 있어서요. 추수감사절 예배 때 강대상 앞에 과일이랑 채소를 올려놓고 예배를 드리잖아요. 그런데 그 과일들은 성물이라고 목사님만 드셔야 한다고, 사모님께서 작년 추수감사절 때 싹 가져가 버리셨거든요.

그것이 맞는지요. 제가 먼저 다니던 교회에서는 아픈 교우들과 70세 이상 노인 분들께 갖다 드리던데요. 궁금해서요. 답변 부탁드립니다.

야, 참말로 어려운 걸 물으셨네요?

우선 사모님께서 가져가신 것은 아마도 목사님의 지시가 있었을 것이고, 이것은 사모님의 말씀대로 성물이니 목사님이 처분함이 옳겠죠. 그러니까 사모님이 가져가신 것은 아무 문제가 없다고 원리적으로 우선 말씀을 드리고 싶네요.

그다음, 그 양이 얼마나 되는지, 교회규모가 얼마나 될지 알 수는 없으니 뭐라 할 수 없지만요……, 사모님이 가져가셔서 어떤 용도든 아마도 잘 사용하셨으리라 생각이 되고요. 사모님이 여러 곳에 분배하실 겁니다.

또 목사님 가정에서 다 잡수셔도 그건 잘한 일로 생각하시기 바랍니다. 아픈 교우나 노인 분이 드시는 것도 좋지만 원리적으로 목사님 가정에서 드셔야 옳고 복이 되는 일이겠죠. 귀한 거니까요, 아픈 교우나 노인 분들은 평소에 얼마든지 대접할 수 있는 일로 생각합니다.

그러나 이런 점은 있습니다.

말씀드린 대로 했을 때 아무 문제가 없으나 인간의 심리상 야박하다는 느낌이 들 수 있습니다. 그래서 이런 면을 고려하여 한 번 두 번 목사님이 그런 원리로 교육차원에서 그렇게 하신 후에, 다음부터는 드려진 헌물들 중에 좋은 것들을 몇 점 구별하여 목사님 가정에 드리고 나머지는 적절하게 저녁예배 같은 때(낮 예배 후에 바로 나누어도 느낌이 좋지 않구요) 나누어 드시도록 권사님들에게 지시하면 좋을 것이라 생각이 됩니다.

말씀하신 아픈 교우나 노인 분들은 평소에 잘하시고 잘 보살펴야 하되, 하나님의 성물을 분배할 때 제1순위는 아니라고 생각됩니다.

우리는 인간의 감성을 따르지 않고 말씀의 원리를 따라 살고 있습니다.

목사님이 너무 섭섭해 시험이 됩니다

아파트 상가 지하에 있는 예수교 장로교회에 3년째 다니고 있는 성도입니다. 신앙심은 조금씩 싹트고 있는 단계라고 저 자신이 생각되고 있습니다. 지난 모월 모일 교회 집사님이 간경화 말기로 이식 수술을 받았어요. 간을 주신 분은 같은 교회 집사님이 70%의 간을 기증하여 ○○대 병원에서 하였고, 일주일이 고비라고 담당의사 선생님이 그러셨답니다.

수술한 일주일 후에 수술 받으신 집사님이 쇼크 상태, 급성으로 받은 간도 많이 상한 상태이고 더군다나 뇌종양까지 있어 어떻게 될지 모르는 상황에서 전 교인은 눈물로 중보기도를 하며 너무 안타까워하고 있었고, 매일매일 집사님의 건강을 걱정하고 있었어요. 목사님도 물론 저희보다 더 안타까운 심령으로 간절히 기도하시고요. 그 부분은 인정하지요. 그런데 저의 믿음으론 도저히 이해가 안 되고 너무 답답하여 상담을 드립니다.

3일 후에 집사님이 혼수상태임을 아는 상황에서 필리핀으로 선교 탐방을 가신 부분입니다. 가시면서 사모님께 중간에 다시 올 것 같다며 출국하셨답니다. 이번 탐방은 장기간을 요하고 저의 생각에는 꼭 이번만이 기회가 아니지 않는가 하는 생각을 했습니다.

수술 받으신 집사님을 평소 언니처럼 생각한 터라 너무 상심이 커요. 지난번에도 중환자실에 입원한 적이 있었는데 목사님께 의지도 많이 하고 더군다나 뇌종양까지 있어 항시 머리에 통증이 너무 심해 전화로라도 목사님께 기도해 달라고 부탁도 하고, 그렇게 많이 어려울 땐 목사님을 찾고 했던 집사님이란 걸 알면서 어떻게 출국을 하셨나

하는 것입니다.

결국 너무 위독하여 병원에서 산소마스크를 쓰고 목사님을 기다렸는데, 결국은 목사님이 오실 수 없어 다른 목사님이 임종예배를 하고 입관식과 발인을 하였습니다.

목사님은 일찍 오시려 하였으나 필리핀에서 비행기표를 못 구하여 결국은 예정된 대로 탐방을 마친 뒤에 오셨습니다. 발인이 끝난 저녁에요.

중간 중간에 먼 타국에서 집사님의 소식을 접하며 안타깝고 마음만큼은 저희와 함께하셨다고 합니다. 그래서 중간에 오시려고 했는데 비행기표가 없어서 못 오시고 표를 1순위로 돈을 더 들여서라도 오시려고 일정에 참여 못 하고 방에서 전화만 기다렸다 하시더군요.

저의 믿음으론 목사님이 이해가 안 됩니다. 며칠도 아니고 2주간이 걸리는 장기간 동안, 위독한 상태란 걸 아시고, 중간에 오리란 것도 예측하신 분이 왜 가셨나 하는 부분과 큰 뜻을 위해 선교 탐방을 가셨으면 중간에 오실 생각과 방에서 비행기표 전화를 뭐 하러 기다리는지……, 계획대로 큰일을 위해 소명을 다하고 오시지 않구요.

모든 성도들이 서운한 맘은 모두 갖고 있으리라 봅니다. 저도 그렇고요. 저의 맘을 다른 분에겐 털어놓을 수가 없어요.

답답한 맘으로 이 글을 올립니다.

어제는 주일이라 목사님이 예배를 인도하셨는데 너무 서운하여 얼굴도 못 쳐다봤고 하나님께 기도만 드리고 왔어요.

저의 마음이 목사님 입장에서 보려고 해도 그저 목사님이 야속하기만 합니다.

 글을 잘 읽었습니다.

좋은 교회라 여겨집니다.

사심 없이 답을 해보겠습니다.

목사님의 선교지 탐방 출국에 대하여, 교인 중 한 사람이 위독한 상태에 있는 걸 알면서도 그럴 수 있는가 하셨습니다.

서운하게 생각하지 말기를 바랍니다.

1. 해외여행의 특성상, 선교지 탐방은 이미 상당한 기간을 두고 준비된 여행일 겁니다. 출국을 계획할 당시에는 금번의 이런 상황을 예측할 수 없었을 것이고요. 그리고 여행이란 일행도 있습니다. 빠지고 싶다고 쉽게 빠질 수 있는 상황이 못 됩니다. 혼자 가는 것이 아니거든요.

2. 병중에 있긴 하지만, 그래도 출국한 후에, 소천하리란 예상은 하지 않았을 것입니다. 그러므로 그런 상황이라면, 아마 저의 입장이라도 일단은 계획대로 출국할 수밖에 없을 것입니다. 나갔다가 중간에 들어오는 경우가 있더라도 말입니다.

그다음에요……

3. 생명은 하나님이 거두어 가시는 것이니 어쩔 수 없는 일입니다. 어느 누가 잘못해서가 아닙니다. 하나님의 하신 일에 대하여 누구를 원망하는 듯한 자세는 좋은 신앙의 모습이 될 수 없습니다. 자매님의 마음이 아프고 섭섭하다면 목사님이나 다른 분도 마찬가지일 것입니다. 서로 위로하고 품어 주어야 할 것을 섭섭하게 생각하는 맘을 가지고 서로를 바라본다면 오히려 교회의 시험으로 발전할 수 있다고 생각됩니다.

4. 비단 이런 일뿐이 아니라

항상 좋은 방향으로 생각하고 이해하는 자세가 나를 행복하게 합니다. 그리고 전체 교회를 평안하게 합니다.

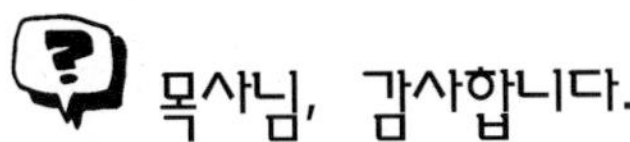 목사님, 감사합니다.

지금의 저의 마음은 많이 아프지만 더 이상 시험에 들지 않고 이겨 나가려고, 한 단계를 점프될 수 있는 신앙인이 되려고 다지고 있어요.

목사님의 조언대로 이제는 서운한 맘을 접고 아름다운 생각만 하렵니다. 내가 행복하기 위해서도 말입니다. 돌아가신 집사님의 가정을 위해서 목사님도 기도해 주실 거지요? 저의 신앙에 어려움이 있을 때마다 또 그게 아니더라도 종종 뵙겠습니다. 목사님도 건강하시고 하시는 모든 일이 이루어지길 바랍니다. 이곳은 ○○입니다.

 ○○님

약간의 도움이 된 것 같습니다만,

아픈 마음이 전해 와, 저의 맘도 좀 아리는군요.

어려운 난관을 통해서 신앙은 성숙해지는 겁니다.

잘 극복하시고, 님께서 말씀하신 대로 한 단계 점프할 수 있으시길 바랍니다.

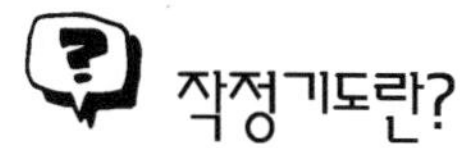 작정기도란?

작정기도에 대해서 자세히 알고 싶어요.

평상시 하는 기도와 다른 점이 있는지 있다면 어떻게 다른지, 방법이 따로 있는지, 그 한 가지 기도제목만 가지고 하는지, 다른 기도제목과 같이하는지 속 시원히 자세히 가르쳐 주시면 감사하겠습니다.

성경에 작정기도란 말이 따로 있는 것이 아니고 말 그대로 우리가 기도를 작정해서 할 때 그걸 작정기도라 하는 겁니다. 무엇을 작정하느냐? 기도제목·시간·방법 등 그때그때 형편에 따라 작정하는 거지요.

그럼 왜 그렇게 작정하느냐? 인간은 약하고 환경의 지배를 받기 때문에 마음에는 원이로되 뜻한 대로 잘 안 되죠. 그래서 작정하는 겁니다. 그래서 스스로 자신을 규율 속에 두어 기도에 집중하는 데 의의가 있다 하겠습니다.

그렇다고 볼 때,

성경에 작정기도란 말은 없어도 작정기도는 찾아볼 수 있습니다. 먼저 예수님의 40일 금식기도가 곧 40일 금식 작정기도요, 에스더의 3일 금식기도, 다니엘의 세 이레기도, 다윗의 기도, 니느웨의 기도 등……. 따지고 보면 거의가 다 작정기도의 성격을 갖고 있지요.

기도제목은 말이죠, 특별한 제목이 있을 때는 그 한 가지만 마음에 두고 기도하게 되겠죠? 이게 자연스러운 거고요.

예컨대 에스더와 모르드개와 유대인들이 3일 금식 작정하여 기도할 때 다른 기도를 했겠습니까? 그 상황에 말입니다.

십자가를 앞에 두고 겟세마네 동산에서 기도하실 때 다른 여러 가지 제목으로 기도하셨을까요?

이해가 되셨나요? 그 외의 기도는 다 평상시의 기도가 되겠네요. 중요한 건 평상시의 기도입니다. 그렇게 기도 생활하며 살다가 어떤 특별한 일이 생기면 믿음 있는 성도는 자연히 작정기도를 하게 되어 있습니다. 속이 시원하신지 모르겠네요.

🗨 찬양하고 싶으나 음치입니다……

안녕하세요? 목사님.

전 엄청난 음치입니다.

전 하나님을 찬양하기 위하여 찬양대에서 봉사하고 싶습니다.

하지만 음치라 두렵고 주의 사람들의 시선이 두렵습니다.

사실 학교에서도 음악 시험 보면 안 하고 끝까지 눈물을 머금고 버렸는데……. 머리 박고 한 시간도 버티고. 그 정도로 전 노래를 못한다고, 저 스스로 마음의 벽을 닫아 버렸습니다.

하지만 찬양을 알고 찬양을 느끼니 하고 싶습니다. 하지만 많은 시간 동안 마음의 벽을 닫고 살았는데 하려니 힘듭니다.

기도도 하고 있습니다. 열심히 제 생각에 이렇게 간절히 기도해 본 적도 없는 것 같습니다. 한숨만……. 하지만 잘 안 됩니다.

저도 하나님을 찬양하고 싶습니다.

✉ 하나님을 찬양하는 길이야 여러 가지가 있을 수 있겠지만,

아마도 질문자는 노래로 하는 찬양을 하고 싶다는 말이겠습니다. 그런 줄 알고 답을 하자면…….

교회 찬양대에서야 비록 음치라 하더라도 찬양하고 싶어 한다면, 아무도 말리지 않을 겁니다.

그러니까 하면 되리라 생각하구요.

그다음에 드리고 싶은 말씀은, 고전 12: 29 이하에,

"다 사도겠느냐 다 선지자겠느냐 다 교사겠느냐 다 능력을 행하는 자겠느냐 다 병 고치는 은사를 가진 자겠느냐 다 방언을 말하는 자겠느냐 다 통역하는 자겠느냐……"

사람마다 은사도 다르고, 잘할 수 있는 것이 다 같지 않습니다. 그러니까 내가 잘할 수 있는 것으로 하면 나도 좋고, 또 남도 좋으리라 생각합니다.

어느 누구라도, 세상의 모든 하고 싶은 것을 다 하지는 못합니다. 내게 있는 은혜를 감사하고, 내가 잘할 수 있는 것으로 섬기면서 만족하면 좋은 것입니다.

찬양대원은 소수입니다. 질문자 외에도, 찬양대가 아닌 사람은 교회 안에 훨씬 더 많음을 기억하시고 건강한 믿음을 갖기를 바랍니다.

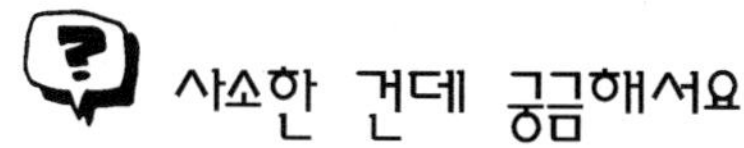 사소한 건데 궁금해서요

저는 자주 목사님의 홈페이지에 들어온답니다.

와서 상담 글들을 보면서 신앙생활에 많은 도움도 받고 있어요. 그래서 너무 감사드립니다.

그냥 사소한 건데, 궁금해서 여쭈어 봅니다.

기도를 드릴 때 무릎 꿇고 두 손 모아 경건하게 드려야 하잖아요. 그런데 무릎 꿇고 두 손을 모으지 않고 그냥 무릎 위에 올려놓고 기도드려도 되나요?

제가 묻고 나서도 너무 유치한 질문 같네요.

그래도 주님을 대하는 태도에는 작은 부분도 중요할 것 같아서요. 추운 날씨에 감기 조심하시구요. 평안하세요. 사소한 건데 궁금해서요.

 착하고 여린 분이군여.

정말 사소한 것이구요. 하고 싶은 대로 하세요. 아무 상관없습니다.

주님께 집중하는 게 중요하다고 생각합니다.

우리는 그때그때 형편에 따라 기도하는 나의 모습도 그 모양을 달리할 수밖에 없을 겁니다.

기도는 많이 하는 것, 진실되게 하는 것, 믿음으로 하는 것 등이 중요합니다. 다른 것은 저절로 따라옵니다.

그럼, 좋은 믿음생활 잘하시기 바랍니다.

예언기도를 받았는데……

안녕하세요? 저는 어떤 분에게 예언기도를 받았는데, 하나님께서 말씀의 권능과 말의 권세를 주신다고 했어요.

그런데 그것에 대한 지식이 저에게는 별로 없네요. 검색 사이트에서 아무리 찾아봐도 없어요. 그래서 도움을 청합니다.

말씀의 권능과 말의 권세에 대해서 구체적으로 자세하게 알고 싶습니다. 그것이 어떤 것이며 어떠한 능력이며 하는 것들을(성경을 예로 해서 가르쳐 주셔도 좋습니다.)……. 그리고 이 시대에 누구나 받을 수 있는 것인지, 그리고 지금 이 시대에 그런 것을 받은 사람이 누가 있는지가 궁금합니다.

안타까운 일이군여……. 말씀의 권능과 말의 권세라…… 그런 걸 받다니요? 말씀이야 하나님의 말씀이니 말씀 자체가 권능입니다. 그런데 말씀의 권능과 말의 권세를 질문자가 받다니, 도무지 이해가 되지 않는군요.

또 그 예언기도를 한 사람이 누군지? 이해할 수 없는 일이고, 아마 그 사람은 거의 사이비인 듯합니다. 물론 그 자신은 주님을 사랑하고, 기도를 많이 하는 신실한 성도라 하겠지만, 그 하는 행태가 사이비나 다름없다는 말씀입니다.

신앙과 생활은 바르고 건전해야 합니다. 그리고 예언기도란 자체가 비성경적입니다. 예언기도라니……. 그런 기도가, 그런 은사가 성경에 어디 있던가요? 교인들이 그런데 쉽게 현혹이 되지만. 그런데 신경 쓰지 마시고 그냥 착실하게 교회에 열심히 나가시고 믿음생활 잘하시기 바랍니다.

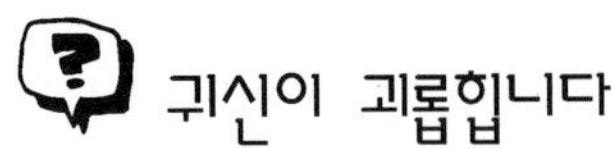 귀신이 괴롭힙니다

오늘 처음으로 들어와 봤고 처음으로 문을 두드립니다.
할렐루야!
저는 11살쯤(?)에 처음으로 교회를 다녔고 13살 어느 날 귀신을 처음으로 목격했습니다. 그땐 건성으로 다녔어요. 몇 년 후 우리 가족 모두가 하나님을 믿게 되었고 저도 중학교쯤 된 것 같아요.
다락방에 자고 있을 때 사탄이 나의 머리카락을 발로 짓밟는 꿈을 꾸다 주님의 이름으로 귀신을 물리친 기억이 있습니다. 또한 기도 중에 졸음이 엄습해 왔을 당시에 사탄이 하얀 소복의 맨발로 나의 얼굴을 발로 차는 것을 겪었고 요사이도 가끔씩 사탄의 존재를 느낄 때가 있습니다. 기도원에서도 찬송 도중에 귓속에다 영광받으라고 주의 음성을 흉내 내어 나의 믿음에 이간질을 시킨 적도 있었습니다. 그렇다고 하나님의 존재를 모르는 것도 아닌데 말입니다.
처음으로 주님이 나에게 주신 것이 마음의 평강이었습니다. 기도 도중에 너무 기뻐서 주체할 수 없을 정도로 입에선 웃음이 떠나지 않았고 걱정·근심이 전혀 없는 것 말입니다. 항상 평강으로 나에게 오셨고 지금은 직접응답이 아니라 서서히 도와주시는 것 같아요.
그런데 저는 지금 성령 충만함을 받고 싶어요. 베드로, 사울처럼 마가의 다락방에 일어났던 체험을 너무 받고 싶은데 너무 힘들어요. 교만해서인지, 아직 죄가 남아 있는지, 새벽기도도 열심히 하려고 하고 어떨 땐 막 울면서 하나님께 원망한 적이 있었어요. 10여 년 동안 주님을 떠났다가 이 교회에 오면서 기도의 문도 많이 열렸고 주님의 일이 너무너무 재미가 있었어요. 그런데 요사이 성령의 세례를 꼭 받고 싶다는 생각이 너무나 간절해요. 그런데 너무 힘들어요. 기도의 양이 차야 한다는 말이 있긴 한데…… 정말인가요? 아직 할 말은 많은데…….

다음에 나머지 글을 올릴게요. 지금은 두 아이의 엄마이고요, 30살을 갓 넘었어요.

목사님! 진리의 말씀 부탁해요.

사탄이 너무 싫어요. 나의 기도에 자꾸 방해하는 것 같아요.

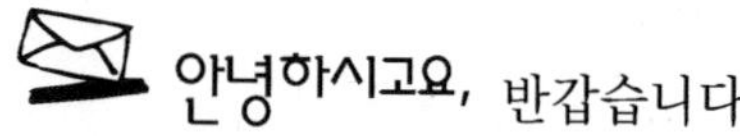

안녕하시고요, 반갑습니다.

몇 가지로 답해 보겠습니다.

1. 귀신의 존재나 활동에 대하여 너무 민감하지 말기를 바랍니다. 거의 무시하듯이 하고 신앙 생활하는 것이 좋습니다. 귀신은 마귀나라의 가장 낮은 졸개들로서, 이미 거듭나 예수의 사람이 된 우리들에게는 아무것도 아닙니다. 세상말로 잽이 안 된다는 말이니, 그보다는 주님의 말씀 혹은 주님의 은혜에 대한 민감한 반응을 키우는 것이 좋을 듯합니다.

2. 성령 충만을 원하셨는데, 성령의 활동하심을 구분해 보면 성령의 세례, 성령의 내주, 성령의 인침, 성령의 충만 등이 있습니다. 성령의 충만이란 그리스도인에게 이미 내주하신 성령께서(롬 8: 9, 고전 12: 3) 그리스도인을 온전히 지배하며 인도하는 상태를 가리킵니다. 쉽게 다시 말하면 우리가 은혜로 충만한 것이 곧 성령 충만입니다.

은혜 충만이란 이미 자매님이 경험하신 바가 있는 주체할 수 없는,

세상이 주는 것이 아닌 넘치는 평강, 혹은 주님의 일을 할 때의 즐거움…… 이런 것도 은혜 충만, 곧 성령 충만한 하나의 현상이 되겠습니다. 그러니 너무 어떤 특별한 경험을 하겠다고 사모하지 마시고요.

3. 평소의 삶에서 꾸준히 말씀과 기도의 생활로 주님과 동행하는 훈련 내지 생활을 하시고 주님의 은혜가 늘 내 맘에, 내 삶에 채워지도록 스스로 영성을 잘 관리해 가는 것이 중요하리라 생각합니다. 그 안에 성령충만도 있게 됩니다.

❓ 왜 큰 교회를 지으려고 하나요?

안녕하세요. 초신자로서 궁금한 걸 여쭤 보려구요.

왜 교회는 항상 큰 교회를 지으려고 해요? 믿지 않는 사람들도 가장 거부감을 느끼는 부분인 것 같아요. 예배드리기에 불편함이 없으면 되는 거 아닌가요. 그 돈으로 가난한 이웃을 도우면 훨씬 더 좋을 것 같은데……

두 번째는요, 태어나자마자 죽거나 세상을 보지도 못하고 죽은 아기들의 영혼은 어떻게 구원받을 수 있나요? 친구가 물었는데 대답을 못 하겠더라구요.

시원한 답을 주신다면 정말 감사하겠습니다.

큰 교회를 지으려 한다는 데 대하여 말씀을 드리면,

(1) 나도 목사지만 큰 교회를 지으려는 그런 생각을 하지는 않거든요. 사람마다 차이는 있을 겁니다. 그러나 우리가 집을 산다면 좋은 집을 살려고 할 것이고, 음식을 먹을 땐 맛있는 걸 먹으려 하고 영화를 본다면 재미있는 걸 보려고 하고, 교회도 짓는다면 잘 짓고, 그리고 작게보다는 크게 지으려 할 것입니다. 그게 당연한 거 아닐까요?

(2) 글고, 각자의 형편에서 하겠지만 작게보다는 크게 지으려는 것이 하나님의 교회로서는 더 어울리지 않을까요? 다음 성구는 어떤가요? 구약이나 신약이나 정신은 같은 겁니다.

> "다윗이 가로되 내 아들 솔로몬이 어리고 연약하고 여호와를 위하여
> 건축할 전은 극히 장려하여 만국에 명성과 영광이 있게 하여야 할지라
> 그러므로 내가 이제 위하여 준비하리라 하고 죽기 전에 많이 준비하였더
> 라"(대상 22: 5)

(3) 교회당 건축하는 일이 가난한 이웃을 돕는 일과 비교할 때 결코 덜 중요하지 않습니다. 각종 교회활동이나 전도, 그리고 이웃구제 등을 위하여 교회당이 건축되는 거니까요. 글고 구제가 교회존재의 최고의 가치는 아닙니다.

(4) 지금은 다양하고 복잡한 시대이니 신약 초기의 회당과 같을 수는 없을 것입니다. 우리들 가정도 옛날엔 내실·식당·거실 등의 구분이 없이 통합 사용하였으나 지금은 따로 있듯이 말입니다. 인간사회가 복잡·다양해지면서 교회의 활동도 광범위해지고 있고 그러기 위해서는 적절한 공간들을 필요로 합니다. 단순히 한번 모여서 예배만 드리고 흩어지는 그런 차원을 넘어섰습니다.

(5) 그러나 기본은 예배에 있으니 과하지 않고 적절해야 할 것이고, 각 교회 형편에 따라 하나님 앞에서 하는 거니까 그냥 밖에서 보고 이렇게 저렇게 말할 수는 없습니다.

어린 아이들의 영혼구원에 대해서는…….
다른 곳에서 답을 했습니다.
답이 잘됐는지 모르겠네요. 부족하면 멜로 하세요.

 ## 아내의 지나친 신앙생활로 괴롭습니다

저는 아내의 신앙생활로 인해 어려움에 처해 있습니다. 다름 아니라 아내는 현재 영적으로 곤고하다는 이유로 어린 아이들을 버려두고 서울 ○○중앙교회에 올라가 있습니다. 저는 현재 순천에서 살면서 ○○교회에 나가고 있습니다.

그러나 아내는 자기가 기도 중에 스데반 집사처럼 교회 일을 하라는 응답을 받았다고, 날마다 밤이나 낮이나 교회에 나가 기도하고 있습니다. 그런데 저는 아이들이 다섯입니다. 4남 1녀로 남들보다 배 이상 많죠. 그런데 자기가 기도만 하면 어린 아이들의 양육문제와 남편인 저의 문제가 다 해결된다고 하는데 정말 답답하기 이를 데 없습니다.

아이들이 아파도 병원에도 가지 않고 그냥 자기가 기도하면 낫는다는 믿음으로 생활하고 있고, 또한 모든 생활의 초점을 성경말씀에 두고 있는데, 과연 다섯 명의 자녀를 버리고 기도에만 열중하면 모든 것이 다 해결되는지 의문입니다. 정신이 이상하다는 만민 교회 부목사님의 말씀을 듣고 정신병원을 찾아 상담했으나, 정신적으로는 이상이 없고 신앙적으로 문제가 있으니 담당목사님과 상담을 하여 해결하는 것이 가장 좋은 방법이라고 하여 현재 상담을 신청해 놓은 상태입니다.

오늘도 저 혼자서 어린 자녀 다섯을 돌보고 있습니다. 내일은 출근해야 되는데 걱정이 태산입니다. 좋은 방법이 있으면 알려 주십시오.

 형제님! 좋은 방법이 있으면 알려 달라구요?

그럴 수 있으면 얼마나 좋겠습니까만, 섭섭하시겠지만 좋은 방법이 없습니다. 형제의 글을 읽으니 저도 너무나 답답하군요.

이런 일들이 혹 있습니다만 안타까운 일이 아닐 수 없구요, 대체로 이런 일들은 영적(마귀적)으로 미혹되어 생겨난 결과이므로 어떻게 이성적 판단으로는 돌아오기 힘든 일로 사료됩니다. 주님께서 돌려주시지 않으면 안 된다는 말입니다.

늦었지만 제가 드리고 싶은 말은, 왜 아내가 그런 잘못된 신앙 쪽으로 미혹되었을까를 잘 분석해야 할 것 같은데요.

아니면 아내가 돌아오더라도 또 나가고 말지 모를 일입니다.

원인을 잘 분석하고 형제님이 먼저 주님 앞에서 수정(회개)을 좀 하시고 다음에 자녀들과 함께 불쌍히 여겨 주십사고, 아내를 돌려보내 주십사고 함께 기도하며 기다리는 것이 제가 생각할 때는 최선인 것 같은데요.

특별한 좋은 방법이 없습니다. 그러나 우리 편에서 길이 없을 때, 주님께서 길이 되시고 문제의 해결자가 되실 겁니다.

내가 선한 싸움을 싸우고
나의 달려갈 길을 마치고
믿음을 지켰으니
이제 후로는 나를 위하여
의의 면류관이 예비되었으므로
주 곧 의로우신 재판장이
그날에 내게 주실 것이니
내게만 아니라
주의 나타나심을 사모하는
모든 자에게니라

(딤후 4: 7~8)

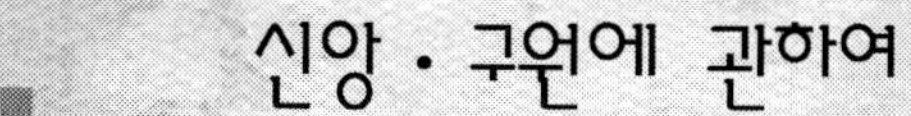

신앙 · 구원에 관하여

? 제자리걸음 신앙이 답답해요

샬롬! 신앙생활의 길잡이 해주심에 늘 감사드리고 있지요.

세상에는 왜 그리 어려운 삶이 많은지 물론 그들에게 주어진 삶이겠지만, 때때로 그들의 어려움이 제게는 마음의 짐으로 얹어질 때가 있지요.

그런 이들을 위해 기도드리기도 하지만 어쩌다 생각날 때뿐이고, 여전히 나를 위한 기도가 대부분인데 이렇게 기도드리고 나면 너무 이기적인 나 자신에 한숨이 나고 하나님은 이런 나의 기도는 외면하실 것만 같은 나의 생각에 마음이 편치 않고, 여전히 입술로는 주님의 뜻에 합당한 기도할 수 있게 해달라고 하면서 여전히 '나에게 주옵소서', 나의 원대로 되기를 원하고 이뤄지지 않을 경우 실망하고 언제까지 제자리걸음만 하고 있는 나의 신앙이 답답하기만 합니다.

가뭄에 단비 내려 마른 땅 적셔 새 생명들이 소생하듯이 성령의 단비가 나의 심령에 가만히 내려 적셔 주시길 다시 한번 무릎 꿇고 간절히 기도드려 봅니다. 목사님의 은혜로운 조언을 해주시기를……

 기도생활을 엿볼 수 있어 좋구요……

글고, 나를 위함이 아닌, 어려운 이들을 위한 기도에 힘쓰려는 모습도 아름답네여. 하지만 남을 위해 기도해야 하고, 또 보다 높은 내용의 기도를 드려야 한다는 생각이 내게 부담이 되고, 그리고 그러한 강박관념이 오히려 내 신앙에 한숨과 답답함으로 나타난다면 그것은 아버지 되시는 하나님의 원하시는 바는 아닐 것입니다. 하나님은 바로

당신에게 생명을 주시며, 더욱 풍성한 삶을 누리기를 원하시지 않는가요(요 10: 10)?

저는 이렇게 생각합니다. 어떠한 기도를 드리는가 하는 것보다도 내가 어떤 사람으로 사는가(되는가) 하는 거요. 그러니까 달라고 하는 기도에 대해 부담을 갖지 마십시오. 우리는 끊임없이 위로부터 영적이든 물질적이든 공급받지 않으면 안 되는 존재입니다.

그리고 나를 위해 드리는 기도에 대해서도 부담을 갖지 말기를 바랍니다. 잘못된 것도 아니거니와 내가 바로 되고 잘되어야 합니다. 내가 잘되어야 내 가족도, 내 이웃도, 그리고 교회도 좋은 겁니다. 저는 생각할 때 오히려 우리의 기도들이 먼저, 자신을 위한 끊임없는 기도여야 한다고 봅니다.

제가 좋아하는 말씀이 있습니다. "나를 위하여 울지 말고 너와 네 자녀를 위하여 울라." 예수님께서 십자가를 지고 가시면서 뒤를 따르며 울던 여인들을 향해 하신 말씀입니다. 나와 내 자녀를 위해 울며 기도하는 것이 결코 이기적이라 할 수 없습니다. 모든 부담들을 떨쳐버리고 주님 안에서 행복하시기를 바라구요. 부모와 자녀와의 관계를 잘 생각해 보시기 바랍니다.

주님 안에서, 주님과 더불어, 무슨 크고 보람된 일을 하기보다 주님과 더불어 기뻐하며 함께하는 삶이 중요합니다. 착한 맘을 가진 분이므로 한 말씀 더 드리면 구약에 에녹은 하나님을 기쁘시게 하여 죽지 않고 승천했습니다. 에녹이 무슨 큰 일을 해서가 아닙니다. 그냥 다른 사람과 똑같이 아이 낳고 살았습니다. 단지 다른 것은 하나님과 동행했다는 데 있지 않던가요?

모쪼록 신앙생활이 기쁨과 감사와 행복함이 되기를 바라마지 않습니다.

구원받은 확신이 들지 않습니다

안녕하세요? 저는 청년이라고 하기에는 나이가 좀 든 사람입니다. 저는 신앙을 가지고는 있지만 사실 신앙이 저에게 허울 좋은 액세서리처럼 별로 소중함을 실제로 느끼지 못하고 있는 사람입니다.

사람들을 만나기에 너무도 가식적이고 죄의 속성이 더 짙기만 한데, 너무 깨달음이 없는 신앙이라 고민입니다. 사실 사람들을 이해하고 사랑하고 교제하는 데 어려움을 많이 느끼거든요. 성격이 소심하다고나 할까요…….

흔한 얘기지만 정말 구원받은 사람이라는 확신이 들지 않는군요. 이럴 바엔 하나님과 어떤 분명한 관계가 없는 것으로 하고 싶을 정도로 마음의 결단이 서지를 않습니다. 즉 뜨겁든지 아니면 차갑든지 해야 되는데, 어느 한쪽에도 속하지 않는군요. 저도, 하나님도 원하시지 않는 어려움입니다.

막연하지요, 이런 저의 질문의 의도가……. 그냥 정체성을 갖지 못해 고민하는 중입니다. 의존적인 성격이기도 하고 자신감이 적어서인지도 모르겠네요.

저 같은 사람이 살아가는 현명한 선택은 무엇일까요?

사람들의 도움이 있어도 스스로 깨닫지 못하는, 깨지지 않는 심중을 어찌해야 합니까?

그냥 기도하는 마음으로 올려 보았습니다.

주 안에서 기쁨을 누리시는 삶이 되시기를 바라며.

 **주님** 안에서 희망이 보이는군요.

기도하는 마음으로 올리신 님의 글이 주님께 열납되리라 믿음과 동시에 믿음의 답을 드리고자 하는데요.

맘에 많은 문제가 있으나 딱 한 가지로 다 해결됩니다.

그것은 은혜(성령)를 받는 것입니다. 은혜를 받으면 모든 게 다 시원하게 해결될 뿐 아니라, 맘에 기쁨과 감사와 그리고 삶의 의미와 의욕과 그리고 대인관계에도 놀라운 변화를 얻게 될 것입니다.

은혜를 받는 길은 말씀과 기도입니다.

말씀을 읽고 묵상하면서 맘이 많이 어려우시다면 특별히 집중하여 어느 기간 동안 정해 놓고 기도하는 시간을 가져 보시기를 바랍니다.

하나님은 살아 계시지만,

우리가 가까이할 때 가까이하여 주시고(약 4: 8),

내가 기도하여 찾을 때 찾은 바 되시며(사 58: 9),

내가 주님을 사랑할 때 주님의 사랑을 입게 됩니다(잠 8: 17).

내가 떠나 있을 땐, 하나님의 존재하심조차도 희미해지게 마련이거든요.

그럼～.

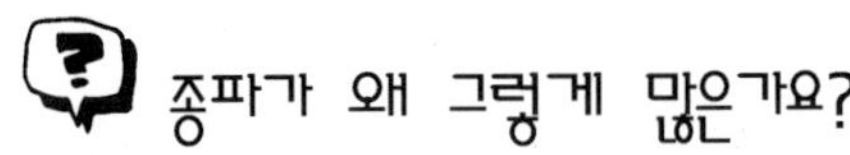 종파가 왜 그렇게 많은가요?

안녕하세요?

저는 지금 저 스스로가 하나님을 믿고 있지만 교회는 다니지 않고 있는 여성입니다. 사실 지금 나이를 먹었지만 아직 성경에 대해서 하나님에 대해서 확신할 수 있는 믿음과 앎이 저에겐 없습니다.

제가 가장 갈등하고 있는 것은 저는 예전에 제칠일 안식일 예수 재림교회를 다녔습니다. 그런데 사람들은 그 교회가 이단이라고 하면서 막 욕하는 식으로 말하더군요.

세상에 하나뿐인 하나님을 다같이 아버지, 혹은 어머니라고 부르면서 기도하고 믿는 사람들이 종파가 다르다고 다른 교파를 이단이니 어쩌니 하는 것은 그릇되었다고 생각합니다. 사실 세상에 기독교는 하나지만 종파는 많은 걸로 알고 있습니다. 우리나라만 하더라도 천주교·감리교·장로교·침례교회·안식일교회 등 다양한데, 어느 종파가 참교회인지 지금 갈등하고 있습니다.

아니, 어쩌면 그런 것조차 따지는 것이 편견과 독선인지 모르겠습니다. 저는 하나님께서 인간들이 생각하는 그런 편견이 가득한 분이시라고는 결코, 아니 결단코 그런 생각이 안 듭니다. 우주를 창조하시고 우리 인간을 아낌없이 사랑해 주시는 분이신데 인간의 이성이 만들어낸 그런 쓸잘데기 없는 지적 부산물에 의해 평가받고 인간 스스로 그런 독선과 독단 속에 갇혀 사는 것이 과연 옳을까요? 답답해서 이렇게 상담을 드립니다. 저부터 이런 편견 속에서 헤어나길 간절히 바랍니다.

 **답을** 드리기가 좀 어렵군요.

이론적으로, 다 맞는 거 같긴 한데 말입니다.

으음…… 저는 장로교입니다. 솔직히 전 어떤 교파에 대해서 이단이다 삼단이다 하지 않으며, 그렇게 단정하는 걸 싫어하는 사람 중에 한 사람입니다만,

지금 자매님에게 필요한 것은 어느 종파, 어느 교단, 어느 교회가 참교회일까를 갈등하며 찾는 것이 아니라, 어느 교회이든지 나가야 한다는 것입니다. 나가시면서 하나님과 그 아들 예수 그리스도를 믿어야 한다는 것입니다.

하나님과 그 아들 예수 그리스도를 밝히 보여 주며, 그 말씀을 전해 주며, 믿음의 사람들이 함께 예배하며 교제하는 공동체는 교회 외에는 없습니다. 그러니 교회 나가는 것이 우선입니다.

그래야 믿음이 생기고 판단력이 생기게 될 것입니다.

여러 가지 갈등들은 질문자도 말씀하셨듯이 교회를 나가지 않으니 생겨지는 결과입니다. 하나님께서 인도하시는 대로 나가셔서 믿음생활을 착실히 해보시기 바랍니다.

침례교든, 장로교든, 건전한 교파의 교회를 택하셔서 우선 교회 나가시고 믿음생활을 꾸준히 하시기 바랍니다.

여러 교파들의 차이에 대해서는 우선 어느 것이 참이고 어느 것은 거짓이라는 그런 분류보다는 긍정적으로 생각하시는 게 도움이 되겠습니다. 예컨대 어떤 사람은 조용히 기도하고, 어떤 사람은 좀 떠들며 기도하고 하는 그런 차이로 이해하면 됩니다.

서울에 가는데, 비행기 타고 갈 수 있고, 기차나 승용차로 가도 되는 것이고……. 서울 가는 게 중요한 일입니다. 그럼～.

 거듭남이란?

거듭난다는 것이 무엇입니까? 그리고 거듭났다는 것은 어떻게 알수 있습니까? 신앙생활을 제대로 못하는 그런 사람도 거듭난 것이라고 할 수 있습니까?

거듭남이란 새로 나는 것, 다른 말로 중생이라고 합니다.

누구든지 그리스도 안에 있으면 새로운 존재이며 옛사람은 없어지고 새 사람이 된 것이라(고후 5: 17) 했습니다. 예수님은 밤중에 찾아온 니고데모에게 사람이 거듭나지 아니하면 하나님 나라를 볼 수 없다고 하셨습니다. 그러므로 거듭남이란 구원을 위한 아주 중요한 과정임을 알 수 있고, 거듭나지 않으면 천국이나 하나님의 말씀이나 신앙의 그 모든 것이 믿어지지 않을 것입니다. 믿어지는 사람은 일단 거듭난 사람이라 해도 되겠군요.

문제는 교회에 출석하며 믿음 생활하는 신자들, 거듭났을 것으로 생각되는 사람들이 넘어지고 죄에 빠지고, 또 건덕상 바람직하지 못한 경우들을 보게 될 때 과연 저 사람은 거듭났는가? 또 거듭났다면 어째서 저런가 하는 것입니다.

그러나 이것은 거듭남의 문제가 아니라 신앙성숙의 문제입니다. 마치 아기로 태어나서 계속하여 어른으로 성장해 가는 것처럼 우리가 거듭날 때 성숙한 신앙인격으로 완전하게 거듭나는 것이 아니므로, 말씀과 기도와 좋은 신앙생활을 통해 죄와 세상을 이기는 성숙한 신앙으로 끊임없이 성장해야 하는 것입니다.

참고로 성경에서 거듭나는 길은
(1) 인간의 힘이나 자력이 아니라 성령께서 하십니다.

(요 3: 5~8, 성령의 사역을 바람으로 비유하심).

(2) 하나님의 말씀으로 거듭난다 하셨습니다.

"진리의 말씀으로 우리를 낳으셨느니라"(약 1: 18).
"너희가 거듭난 것이 썩어진 씨로 된 것이 아니요 썩지 아니할 씨로 된 것이니 하나님의 살아 있고 항상 있는 말씀으로 되었느니라"(벧전 1: 23).

그러므로 말씀을 전하는 복음 전도는 너무나 중요합니다. 열심히 복음을 전해야 합니다.

❓ 죄를 짓도록 허락하신 이유는?

저는 경기도에 사는 청년입니다.

저는 어릴 때부터 교회를 다녔고 가족들도 다 교회를 다닙니다. 그런데 요즘 저에게 떠오른 의문이 있어서 이렇게 질문을 합니다.

해결 좀 해주세요. 저희 교회 목사님께 묻기는 좀 그렇습니다.

하나님께서는 절대 선·절대 진리이시지 않습니까?

그런데 왜 인간 아니 세상에 죄가 들어오는 것을 허락하셨을까요? 아무리 인간의 자유의지가 있더라도 죄를 허락하신 것은 납득이 잘 안 갑니다.

죄를 허락하지 않으셨다면 우리들이 이렇게 고생하고 어려운 일이 일어나지도 않았을 텐데요.

정말 의문입니다.

✉ 인간의 모든 저주스런 일들의 뿌리가 죄에 있는 것이 맞습니다. 그래서 그런 생각을 하게 됩니다. 사랑의 하나님이, 전능하신 하나님이 왜 죄악을 허락하셨을까? 악이 없으면 고통도 없을 것이 아닌가 하는 심오한 물음에 대한 만족할 만한 대답은 없습니다. 유한한 인간의 이해력은 한계가 있기 때문입니다. 단지 성경을 따라 다음과 같이 몇 가지로 정리할 수 있겠습니다.

1. 인간은 본래 선하게 창조되었습니다.
"하나님이 그 지으신 모든 것을 보시니 심히 좋았더라……"(창 1: 31)

2. 사람으로 하여금 죄를 지을 수 없도록, 즉 선악과를 따먹을 수 없도록 만드실 수 없었을까? 물론 가능한 일입니다. 그러나 하나님은 그렇게 하지 않으셨습니다. 하나님은 인간을 선악을 선택할 수 있는 능력과 자유를 가진 자로 만드셨습니다. 이 자유가 없다면 죄는 없을지 모르지만 기쁨과 감사도 행복도 없는, 아마 지금의 인간이 아니겠지요.

사람은 하나님을 택하지 않고 거부하였습니다. 그러나 하나님께서 구원의 길을 내셨습니다. 이 구원의 길은 엄청난 희생의 길이었습니다. 하나님이신 그리스도께서 인간의 몸을 입어 오셨고 죽기까지 하셨습니다.

하나님은 지금이라도 모든 악을 근절시킬 수 있습니다. 할 수 있습니다. 그러나 그러려면 성도님과 나도 살아남을 수 없겠죠? 왜냐면 우리 또한 죄인이기 때문입니다. 그러므로 모든 게 하나님의 사랑이며 위대하심이며, 하나님은 마침내 모든 악을 심판하고 근절하실 것입니다.

3. 어렵고 고생스런 중에 있는 듯하군요. 아니면 마음이 약해져 있는지 모르겠습니다만 밝은 쪽으로 생각하시고 소망을 갖기를 바랍니다.

인생이 힘들고 어려울 때가 있습니다. 마음이 약해질 때가 있지요. 인생에는 낮도 있고 밤도 있습니다. 어려울 때 신앙이 자라고, 어려움 때문에 교만하지 않게 되고 겸손을 익히게 되며, 인내를 훈련하고 영적 성숙이 이루어집니다.

인생의 고통은 죄로 인해 온 것이지만 감사하게도 그리스도인에게 고난은 영적 유익을 주고 축복에 이르게 합니다.

? 사는 것이 지겹고 따분해요

안녕하세요? 전 ○○○라고 합니다.

다름이 아니오라 전 교회를 다녔었어요. 그러다가 교회에 발길을 끊은 지 벌써 1년이 되어 가는군요. 교회를 다니지 않는 동안 저는 담배도 많이 피우고 술도 많이 마셨습니다.

그러나 이제는 하나님을 믿고 싶어요. 전 요즘 너무 외로워요. 저의 집안은 싸움이 잦습니다. 아버지가 술만 드시면 집이 시끄러워요. 직장도 해결이 안 되고 있어 밤이 편치 못 하구요.

교회에 가서 친구들을 많이 사귀어 보고 싶어요. 진실한 친구들이요. 지금의 저의 친구들은 거의가 하나님을 멀리하는 친구들이에요. 그래서 아시죠? 제가 어떤 생활을 하는지.

맘만 있지, 교회 나가기가 더 어려워지는 것 같아요.

집에서 백수생활을 3개월째 해서 그런지 몰라도 담배만 피우고 몸은 마르고 이제 사는 것조차 지겹고 따분하고 싫어요.

전 77년생이에요 이제 누군가 절 위해 기도해 주셨으면 해요. 절 이끌어 주시길 바랍니다.

✉ **77년생이면** 26세 청년이군요, 가까운 곳에 있다면 정말 내가 가서 도움이 되어 주고 싶은데, 안타깝네요. 그러나 우리 주님께서 형제의 맘을 아시고 곧 구원의 손길을 뻗쳐 주실 것입니다. 그리고 제가 꼭 형제를 위하여 기도하겠습니다. 오늘 밤과 내일 새벽에요.

형제도 기도하시기 바랍니다. 한번 따라 읽으며 진실한 마음으로 기도해 보세요. 한 번 두 번으로 그치지 말고 좀 계속해 보시기 바랍니다.

"하나님 아버지! 제게 교회 다닐 마음을 주시니 감사합니다. 하나님께서 교회 다니고 싶은 저를 교회로 인도해 주실 줄 믿고 감사를 드립니다.
저를 좋은 교회로 이끌어 주십시오.
우리 가정도 예수 믿어 평안한 가정이 되게 주십시오.
하나님!
저에게 믿음 생활하면서 즐거움으로 일할 좋은 직장도 주십시오.
저에게 신앙의 좋은 친구들을 만나도록 인도해 주십시오.
주님 안에서 삶의 의미를 찾게 해주십시오.
예수님의 이름으로 기도드립니다. 아멘."

기도하십시오, 그냥 마음의 소원대로 하면 됩니다.
그리고 하나님의 인도하심이 있을 것이니 믿고 따라 행하십시오. 행복하고 의미 있는 생이 열리기를 바랍니다.

조상 숭배가 왜 안 되는가요?

인터넷에 떠 있는 여러 기독교 관련 사이트를 다니며, 저의 많은 궁금증을 풀어 가고 삶과 죽음에 대한 방향을 찾아가는 중입니다. 이 사이트의 신앙상담 내용을 보다가 몇 가지 의문이 생겼습니다.

1. 왜 우상숭배는 안 되는 것입니까? 조상을 섬기는 것도 우상숭배라고 할 수 있나요?

우선 우상숭배가 안 되는 이유가 무엇인지를 알고 싶고요.

조상을 섬기는 것을 왜 안 된다고 생각하시는지 궁금합니다.

창조주이신 하나님의 말씀을 따르고 실천하는 것이 옳다면 왜 조상을 섬기는 것에 대하여 주의가 필요한가요? 조상을 섬기는 것은 당연한 것이 아닌가요?

조상은 단지 우리에게 육체만 주었기 때문인가요? 그러나 육체가 없었다면 우리는 지금 현존하지 못하였을 것이라고 생각되는데, 물론 영혼(정신)이 없는 육체는 무의미하지만 조상을 섬기는 것을 마치 우상숭배로 취급하는 것은 이해가 안 갑니다.

2. 기도를 하는 이유?

기도를 하는 것은 하나님을 섬기는 태도라 여겨지는데, 하나님 앞에서 보기 좋은 모습이라는 것은 설득력이 없습니다.

그러면 기도를 할 필요가 없네요. 기도를 하지 않아도 된다는 의미인가요 하는 이유에 대하여 좀더 자세한 설명 부탁드립니다.

우상숭배란 원래 하나님의 존재를 어떤 형상에다 비기는 것을 의미합니다. 보이지 않는 하나님을 그대로 경외해야지 눈에 보이는 어떤 형상에다 비길 수 없습니다. 왜냐하면 눈에 보이는 모든 것은 하나님의 피조물인데 그 피조물에다 창조주 하나님을 비길 수 없는 것입니다. 하나님을 모독하는 것이 됩니다.

그리고 조상을 존경하고 부모에게 효도하는 것은 기독교가 가르치고 있습니다.

> "너는 너의 하나님 여호와의 명한 대로 네 부모를 공경하라 그리하면 너의 하나님 여호와가 네게 준 땅에서 네가 생명이 길고 복을 누리리라"(신 5: 16)
> "너는 센 머리 앞에 일어서고 노인의 얼굴을 공경하며 네 하나님을 경외하라 나는 여호와니라"(레 19: 32)

뿐만 아니라 부부간 윤리, 직장에서 상사와 부하 간의 윤리, 나라의 위정자나 법에 대한 태도 등도 다 가르치고 있습니다.

조상 섬기는 것이 안 된다는 의미는 조상을 신적인 위치에 두고 섬기지 말라는 말입니다. 우리에게 육체를 주신 이는 조상이 아닙니다. 만약에 조상이 우리에게 육체를 주었다면 그 조상의 육체는 또 누가 주었겠습니까? 이렇게 계속 올라가면 인류의 시조 아담이 나오고 성경은 그 아담을 하나님께서 흙으로 육체를 만드시고 생기를 불어넣어 영혼이 있게 하심으로 창조하셨다고 가르칩니다.

인간은 그렇게 창조되었습니다. 그래서 인간은 원래부터 하나님의 영광을 위하여 존재하는 것인데 하나님 외의 다른 어떤 무엇을 섬기거나 절하면 우상이 됩니다.

두 번째 질문인 기도를 하는 이유에 대해서 답을 드리면,

어느 종교라도 기도가 있을 것이며, 기도를 하는 이유야 다 같을 겁니다. 인간은 하나님이 아닙니다. 신적인 도움을 필요로 하는 연약한 존재입니다. 그래서 기도합니다.

기독교에 대한 많은 궁금증을 풀어 가고 삶과 죽음에 대한 방향을 찾아가는 중이라 하셨는데, 바라기는 하나님의 말씀인 성경을 한번 정독해 보시기를 바라구요.

그리고 가까운 교회로 나가서서 교회생활을 하면서 신앙적 도움을 받으시고 또 여러 교우들과 성도 간의 교제를 나누시기 바랍니다. 이것이 예로부터 내려오는 가장 좋고 확실한 방법입니다.

감사한 것은 하나님의 은혜로 우리나라 어느 지역에 가든지 교회가 없는 동네는 없다는 것입니다.

 **어찌 세상의 팽배한 악을 보고만 계시는지……**

도와주십시오.

안녕하십니까? 전 대구 ○○교회를 섬기고 있는 ○○○이란 청년입니다. 다름이 아니오라 몇 가지 질문이 있어 이렇게 글을 올립니다.

1. 하나님은 전능하신 분이시고, 또 선을 행하시는 분인데 어찌하여 세상의 팽배한 악을 보고만 계시는가?

2. 이적을 행하는 것은, 단지 인간의 초능력으로 행하는 것이 아니냐는 질문을 받는다면……?.

제가 많이 부족해서 이렇습니다. 도와주십시오. 제 메일이나 아니면 그냥 답변을 올리셔도 수시로 확인하겠습니다. 그럼 평안하십시오. ^^*

 **안녕하시구요…….**

하나님께서는 지금이라도 모든 악을 완전히 제해 버릴 수 있습니다. 하지만 만약 그렇게 된다면 이 세상에 살아남을 자는 아무도 없겠죠. 저와 형제까지도…….

조금만 참으면 주님이 재림하시는 마지막 심판날에 세상의 모든 죄는 심판받고 죄 없는 새 세상이 열리게 될 겁니다.

또 하나님께서 결코 보고만 계시는 것이 아닙니다. 하나님은 우리가 알지 못하는 중에 죄를 벌하시며 또 은혜를 베푸시기 때문입니다.

사람들은 "악한 일에 징벌이 속히 실행되지 않으므로 인생들이 악을 행하기에 마음이 담대하기도 하지만"(전 8: 11), 하나님께서 오래 참으시는 것입니다. 한 사람이라도 회개하여 구원받을 기회를 주시는 것입니다. 이는 하나님의 자비하심의 풍성하심이고(롬 2: 4) 오래 참으시는 관용하심입니다(롬 9: 22).

2. 두 번째 질문은 성경의 이적들이 단지 인간의 초능력으로 행해지는 것은 아닌가 하는 의문인 같습니다.

지금까지 인간의 초능력으로 성경에 나오는 그러한 기적을 행하였다는 말을 듣지도 못하고 본 바도 없습니다. 인간의 초능력이 뭐겠습니까? 죽은 파리 새끼 한 마리도 인간은 아무도 살리지 못합니다.

도움이 되셨나 모르겠네요…….

❓ 다시 침례를 받아야 하나요?

제가여, 장로교에서 유아세례를 받았는데여. 지금의 교회에서 침례교인데 인정을 안 하시더라구여.

말씀 들어 보니 틀린 말은 아니구……. 어쩌죠? 어떻게 하는 것이 현명한 판단일까여?

✉ 생각이 되는 대로…….

1. 장로교에서 유아세례를 받았다면 부모님께서 장로교의 교인이셨을 테고…….

또한 질문자도 적어도 어린 시절을 장로교에서 믿음생활을 했을 터인데, 왜 침례교로 갔을까 싶군여. 물론 침례교가 잘못된 교파라는 것은 아니지만 말입니다.

교단이나 교파마다, 혹은 교회라도 그 신앙의 컬러가 다양하므로 그와 같은 혼란이 있을 수 있는 것이고……. 글고 세상말로도 의리란 것도 있고 하니, 같은 교파 · 한 교단 · 한 교회에서 오랜 세월을 걸쳐 믿음의 길을 가는 것이 좋다는 것을 말씀드리고요.

2. 세례란 성부와 성자와 성령의 이름으로 받으므로, 그것이 침례교든 장로교든, 혹은 천주교라 할지라도 같은 것이고, 침례교에서 인정을 안 한다고 해서 어릴 때 받은 유아세례가 무효가 되는 것도 아니겠고.

3. 또한 세례란 원리적으로도 두 번 받을 수 없고 한 번 받는 것이며……

4. 하지만 질문자의 경우에 어떻게 하면 좋으냐……?

침례교가 이단이 아닌 이상 질문자가 계속해서 그 교회에서 믿음생활을 하겠다면, 그 교회의 지도를 따라서 한 번 더 받을 수밖에 없는 것이겠죠?

그런다고 죄짓는 것은 아니고, 잘하는 것이라 할 수 있겠네요. 어차피 유아세례란 본인의 분별력이 생긴 뒤에 다시 입교의 절차를 거치는 것이기 때문에, 교회의 가르침과 지도에 잘 따름이 현명한 일이겠네요.

 신앙의 모든 것을 알고 싶습니다

기독교 장로회 신앙의 모든 것을 알고 싶습니다.
성경 · 헌금 등등 확실하게 알고 싶습니다.
전도에 관한 것도 알고 싶습니다.

 너무 광범하게 물으셨구만요,
최대한 짧게 대답할 수밖에 없음을 양해 바라구요.

기독교는 구교(가톨릭)와 신교로 크게 나누고
신교엔 장로교 · 감리교 · 성결교 · 침례교 등이 있습니다.
장로교란 우리나라에 공식적으로 1885년에 전래가 되었고 각 교파가 성경을 해석하는 입장에 따라 교리적인 차이점이 있으나, 일반교우들은 별로 신경을 안 써도 됩니다.
예수 믿어 구원받는 큰 줄기는 다 같기 때문이죠.

장로교란 교회정치에 있어서 교인들이 장로를 뽑아 담임목사와 당회를 이루어 교회를 치리하게 하는 정치형태를 따서 온 말이고 다른 말로 하자몬 개혁교회가 될 것입니다.
장로교 즉 개혁교회의 신앙뼈대는 하나님의 절대주권에 있고 근거 성구는 로마서 11: 36입니다.
"이는 만물이 주에게서 나오고 주로 말미암고 주에게로 돌아감이라 영광이 그에게 세세에 있으리로다. 아멘."

성경은 구약 39권, 신약 27권으로 되어 있는 하나님의 말씀이지요.

우째 성경이 하나님의 말씀인고 하면, 성령의 감동하심을 입은 사람들이 하나님께 받아 말한 것이며 하나님의 감동으로 된 것이기 때문이지요.

참고성구

"모든 성경은 하나님의 감동으로 된 것으로 교훈과 책망과 바르게 함과 의로 교육하기에 유익하니"(딤후 3: 16)

"예언은 언제든지 사람의 뜻으로 낸 것이 아니요 오직 성령의 감동하심을 입은 사람들이 하나님께 받아 말한 것임이니라"(벧후 1: 21)

◎ 헌 금

헌금은 하나님께 감사하여 돈으로 드리는 예물이고, 드려진 헌금은 이 땅에 교회가 존재하게 하고 기타 선한 사업에 쓰입니다. 헌금의 종류에는 십일조헌금, 감사헌금, 그리고 목적헌금(선교나 건축 혹은 구제 등) 등이 있습니다.

◎ 전 도

전도란 예수님을 몰라 구원받지 못한 사람들에게 복음(예수님)을 전하여 구원을 얻게 하는 것인데 구체적으로는 교회로 초청하고 인도하는 것입니다.

○○님! 열심히 교회 나가세요.

그럼 절로 모든 것들이 시원하게 해결된답니다.

 영생의 실제모습은 어떤 것인지요?

안녕하세요?

영생의 실제모습은 어떤 것인지요?

그리고 죄의 삯은 사망이라고 했는데 뱃속에 태아가 죽는 것은 어떤 죄를 말하는지요? 원죄라고 하던데, 원죄가 무엇인가요? 그리고 우리가 사는 이 땅이 하늘나라에서 쫓겨난 죄인들의 임시 피난처라고 하던데 맞나요?

그래서 열심히 회개하고 하나님께 순종하면 천국으로 가서 영생할 수 있다고 하던데 맞나요?

그리고 전도를 많이 하고 십일조를 착실히 하는 것이 하나님이 보시기에 잘하는 자녀인가요?

신앙의 궁극적인 목표는 과연 무언가요?

 부분부분 답변해 보겠습니다.

 영생의 실제모습은 어떤 것인지요?

으음, 영생의 실제모습이라……? 아마 천국의 모습이 되겠군요. 그러나 영생이든 천국이든 그것을 이 세상 언어로 표현한다는 것은 어려운 일이겠죠. 영생은 죽음이 없는 영원한 생명이겠지만 단순히 죽지 않고 산다는 표현으로는 성경이 말하는 영생, 우리가 얻어 누릴 영생을 다 담아내지 못합니다.

성경말씀을 참고하면요, 다음과 같습니다.

> "죽은 사람들의 부활도 이와 같습니다. 몸은 묻히면 썩지만 썩지 않을 것으로 다시 살아납니다. 천한 몸으로 묻히지만 영광스러운 몸으로 다시 살아나며 약한 몸으로 묻히지만 강한 몸으로 다시 삽니다. 육체의 몸으로 묻히지만 영의 몸으로 다시 살아납니다. 육체의 몸이 있으면 영의 몸도 있는 것입니다."(고전 15: 42~44).

 그리고 죄의 삯은 사망이라고 했는데 뱃속에 태아가 죽는 것은 어떤 죄를 말하는지요? 원죄라고 하던데…… 원죄가 무엇인가요?

원죄란 인류의 조상이며 대표인 아담이 지은 처음 범죄를 말합니다. 이 죄로 인하여 모든 인류는 죄인이 되었습니다. 대표원리로 이해하면 됩니다.

님이 말씀한 대로 죄의 삯으로 사망이 왔습니다. 이 사망은 첫째는 영적인 사망(하나님과 분리, 혹은 단절)이고 다음은 그 결과로 오는 우리 육적 생명의 사망입니다.

태아의 죽음은 육적 생명이 떠나가는 여러 형태의 죽음 중에 한 가지입니다.

 그리고 우리가 사는 이 땅이 하늘나라에서 쫓겨난 죄인들의 임시 피난처라고 하던데 맞나요?

저로서는 처음 듣는 말입니다. 인간의 죄로 인해 타락하면서 이 세상도 오염되었지만, 이 세상은 하나님이 창조하여 주신 우리의 삶의 터전이며 하나님의 아들 예수께서 사람의 몸을 입고 오셨던 바로 그곳입니다.

 그래서 열심히 회개하고 하나님께 순종하면 천국으로 가서 영생할 수 있다고 하던데 맞나요?

천국으로 가서 영생하는 것을 구원이라 합니다. 구원은 하나님의 아들 예수 그리스도를 믿음으로 받는 것입니다.

> "가로되 주 예수를 믿으라 그리하면 너와 네 집이 구원을 얻으리라" (행 16: 31)
>
> "하나님이 이처럼 세상을 극진히 사랑하셔서 외아들을 보내 주셨으니 이는 누구든지 그를 믿는 자마다 멸망하지 않고 영원한 생명을 얻게 하려는 것이라"(요 3: 16)

 그리고 전도를 많이 하고 십일조를 착실히 하는 것이 하나님이 보시기에 잘하는 자녀인가요?

물론입니다. 우선 주님을 영접하고, 믿음생활(교회생활)을 잘하시되 전도는 우리 주님의 지상명령이며 교우들이 감사함으로 구별하여 드리는 십일조는 주님의 교회를 힘 있게, 튼튼하게 할 것입니다.

 신앙의 궁극적인 목표는 과연 뭔가요?

꼭 궁극적 목표가 뭐냐고 한다면 위에서 님이 말씀한 천국으로 가서 영생을 누리는 것이라 하겠습니다만 천국의 삶은 이 땅과 별개로 존재하는 것이 아니므로, 예수 믿으면 우선 이 땅에서의 삶부터 달라지고 이 땅에서부터 천국을 누리게 되지요.

❓ 구원의 확신을 얻고 싶어요

안녕하세요.

전 고등학생이구요. 성경을 읽는 중에 잘 이해가 안 되는 것이 있어 정말 알고 싶습니다.

아무리 생각해 봐도 '행위로 인해 구원을 얻는 것이 아니다.'라는 것을 확실히 받아들이기가 난해한 구절들이 있어서요.

우선 갈라디아서 5: 13~21, 6: 7~8입니다.

이 말씀은 성령의 인도하심을 따라가지 않고 육체의 소욕대로 따르면, 즉 행위가 바르지 못하면 결국 구원을 얻지 못한다는 말씀 아닌가요? 구원은 아무 대가 없이 은혜로 얻는 것이 아닌가요? 그런데 왜 이런 말씀이 있는지 모르겠습니다.

> "형제들아 너희가 자유를 위하여 부르심을 입었으나 그러나 그 자유로 육체의 기회를 삼지 말고 오직 사랑으로 서로 종노릇하라 온 율법은 네 이웃 사랑하기를 네 몸같이 하라 하신 한 말씀에 이루었나니 만일 서로 물고 먹으면 피차 멸망할까 조심하라 내가 이르노니 너희는 성령을 좇아 행하라 그리하면 육체의 욕심을 이루지 아니하리라 육체의 소욕은 성령을 거스르고 성령의 소욕은 육체를 거스르나니 이 둘이 서로 대적함으로 너희의 원하는 것을 하지 못하게 하려 함이니라 너희가 만일 성령의 인도하시는 바가 되면 율법 아래 있지 아니하리라 육체의 일은 현저하니 곧 음행과 더러운 것과 호색과 우상숭배와 술수와 원수를 맺는 것과 분쟁과 시기와 분냄과 당 짓는 것과 분리함과 이단과 투기와 술 취함과 방탕함과 또 그와 같은 것들이라 전에 너희에게 경계한 것같이 경계하노니 이런 일을 하는 자들은 하나님의 나라를 유업으로 받지 못할 것이요"(갈 5: 13~21).

"스스로 속이지 말라 하나님은 만홀히 여김을 받지 아니하시나니 사람이 무엇으로 심든지 그대로 거두리라 자기의 육체를 위하여 심는 자는 육체로부터 썩어진 것을 거두고 성령을 위하여 심는 자는 성령으로부터 영생을 거두리라"(갈 6: 7~8).

그리고 로마서 8: 5~7, 13 말씀도요.

"육신을 좇는 자는 육신의 일을 영을 좇는 자는 영의 일을 생각하나니 육신의 생각은 사망이요 영의 생각은 생명과 평안이니라 육신의 생각은 하나님과 원수가 되나니 이는 하나님의 법에 굴복치 아니할 뿐 아니라 할 수도 없음이라"(롬 8: 5~7).
"너희가 육신대로 살면 반드시 죽을 것이로되 영으로써 몸의 행실을 죽이면 살리니"(롬 8: 13)

휴……, 정말 고민이 돼서 아무것도 제대로 할 수가 없어요.
좀 빠른 시일 내에 가르쳐 주셨으면 합니다.
성경말씀 때문에 너무나 많은 스트레스를 받은 것 같습니다.
빨리 구원의 진리를 알아서 성경을 통해 은혜와 평안을 얻는 날이 있기 소원하며…… 감사합니다.

 '현대어성경' 으로 살펴보겠습니다.

"여러분이 그리스도를 믿음으로 구원받은 것은 순전히 하나님의 은혜입니다. 여러분이 그리스도를 믿게 된 것조차도 여러분의 자발적인 의지로 된 것이 아니라 하나님께서 주신 선물인 것입니다. 이렇게 구원은 우리가 선한 일을 하여 받은 보수가 아니므로 아무도 자신의 선행을 내세워 자랑할 수 없습니다."(엡 2: 8~9)

위의 구절은 믿음으로 구원받는 진리를 보여 주시는 말씀 중의 하나입니다.

다음과 같이 첨언해 봅니다.

1. 성경은 한 부분씩만을 보면 오해될 수 있습니다. 비단 성경뿐이 아니겠지요?

2. 지적한 구절들은 이미 구원받은 성도들에게 구원을 받았으니만큼 육체를 따라 살지 말고 성령을 좇아 행하는 말씀이니 구원의 진리를 다룬 말씀은 아니군요.

3. 스트레스를 받는다 하였는데 아마도, 믿음으로 구원받는다고 했는데 또 행함의 말씀이 나오니 힘들게 여겨진 때문이겠습니다.

그러나 우리가 말씀을 지키고 행함은 구원받으려고 하는 것은 아니고, 하나님의 자녀로서 하나님의 뜻대로 자원해서 살아가는 겁니다.

탕자가 집에만 들어오면 다인가요? 옷도 갈아입어야 하고, 목욕도 하고, 이제는 거지가 아니라 아버지의 아들답게 살아야 되는 거 아닌가요? 마음대로 살다가 천국에는 가겠다……? 구원받는 믿음이 있다면 구원은 받을 겁니다.

그러나 세상향락도 누리고, 죄도 짓고 그렇게 마음대로 산다면, 우리 육신의 아버지가 그 아들에게 매를 드는 것처럼 하나님 아버지께서도 아마 매를 들어 하나님의 자녀답게 만드실 겁니다.

그러니까 성령으로 충만하면 억지가 아닌, 자원함으로 기쁨으로 믿음생활을 잘하게 됩니다. 그러니 성령을 좇아 행하라는 말씀이 아닐까요?

구원에 대한 의문이 많아요

아마 이 글을 보시면, 무지 황당하지 않으실까 생각되는데, 참고로 교회는 오래 다녔습니다. 궁금한 거야 무지 많은데, 다 이해하는 것은 나에게 있어서 무리인 거 같구, 가장 중요한 것에 대해서만 물어보겠습니다.

구원에 관한 이야기입니다. 구원과 심판, 우선 저의 구원관을 생각하겠습니다. 저는 구원은 하나님의 은혜로만 들어간다고 생각합니다. 물론 자유의지도 있고 복잡하게 나가던데, 저는 성경에서 말하는 것처럼 철저한 하나님의 은혜로만 들어간다고 생각합니다.

그런데 예수 안 믿으면 다 지옥 간다고는 생각 안 해요. 그것은 철저하게 하나님의 권한이라고 생각해요.

생각해 보세요, 거지 나사로가 믿음으로 구원 얻었다는 말도 없고, 또한 양심적으로 사는 많은 가난한 사람들……. 그리고 우리나라의 복음이 예수 안 믿으면 지옥 갈 정도로 제대로 전파되었나요? 아니잖아요. 예수 소리는 듣겠지만, 4영리라두 한번 들어본 사람은 얼마나 있겠어요?

음, 제 구원관은 예수 믿는 그 믿음으로 구원을 얻지만, 예수 안 믿는 많은 사람들이 지옥 간다는 것은 믿기 어려워요. 그냥 하나님께 맡기고 싶어요. 형이상학적……사후의 세계는…….

근데 그래도 돼요? 그냥 하나님께 맡기고 성령 충만하게 잘살면 돼요? 지금 기독교에서는 예수 안 믿으면 지옥 간다메여. 그러면 제가 말하는 것은 거짓이잖아요. 물론 하나님의 섭리를 인간의 머리로 이해할 수 없다는 것은 인정하지만, 제가 주장하는 구원론이 과연 하나님께 합한 것인지 묻고 싶습니다.

제 생각에는 예수 안 믿으면 분명히 심판은 있지만, 영원한 지옥은 인정하고 싶지 않네요. 물론 베드로 전서인가 후서에 보면 경건한 자가 그냥 구원받으면, 경건치 못한 자는 어디에 서겠느냐는 말도 나오는데, 우리나라에 많은 의인이 있다면, 믿지 못한 사람들도 멸망하지 않을 수 있나요? 꼭 의인 10명이 있었다면 멸망하지 않을 소돔과 고모라처럼.

어떻게 생각하는 것이 가장 하나님께 합한 생각이며 옳은 사고판단일까요?

ps: 이런 생각하믄 머리 아픈 것을 알기에 원래 안 하려고 했는데, 할 수밖에 없게 만든 책이 있어요.

'지옥은 있습니다'라는 책인데, 기독교 서점에도 있는 거 같던데, 미국 어떤 사람이 쓴 거예요. 여자던데, 예수님하고 같이 다녀왔다고……. 매일 밤마다. 근데 그 책 때문에 너무 시험 들고 다시 하나님께 가까이 가기 힘들었기 때문에 묻고 싶어요. 그 책이 정말 성경적이나 영적으로 맞는 것인지, 또한 맞는다면 어떻게 이해해야 하는지, 부탁드립니다.

우선 구원에 대하여

글에, 저의 구원관이라 하셨는데, 성경이 말씀하는 구원관이 중요할 겁니다. 물론 구원은 형제의 말대로 하나님의 은혜로만 되어지는 것입니다. 형제가 언급한 대로 자유의지 교리라든지 여러 가지가 있으나 복잡할 거는 없습니다. 하나님의 아들 예수님을 믿으면 구원받으니까요.

"하나님이 세상을 이처럼 사랑하사 독생자를 주셨으니 이는 저를 믿는 자마다 멸망치 않고 영생을 얻게 하려 하심이니라"(요 3: 16)

> "가로되 주 예수를 믿으라 그리하면 너와 네 집이 구원을 얻으리라 하고"(행 16: 31)

형제는 철저한 하나님의 은혜로만 들어간다고 하여 사람의 구원에 대한 노력을 회피하려고 합니다만, 그래서는 부족합니다. 은혜로 들어가지만 또한 우리는 믿음으로 구원을 받는 것이며 그 믿음은 하나님이 우리에게 선물로 주셨다고 합니다.

그러니 각자가 진실하게 믿어야 합니다.

> "너희가 그 은혜를 인하여 믿음으로 말미암아 구원을 얻었나니 이것이 너희에게서 난 것이 아니요 하나님의 선물이라"(엡 2: 8).

예수 안 믿으면 다 지옥 간다고는 생각 안 해요. 그것은 철저하게 하나님 권한이라고 생각해요. 생각해 보세요, 거지 나사로가 믿음으로 구원 얻었다는 말도 없고…….

거지 나사로 얘긴 구원의 방법론에 대한 해답을 주시기 위한 말씀은 아닙니다. 성경은 항상 한 부분만을 가지고 편리한 대로 해석해서는 안 됩니다. 그렇게 말한다면 부자 또한 왜 지옥 갔는지 밝히고 있지도 않거니와 예수님을 안 믿은 죄로 지옥 갔다고 말하지도 않고 있습니다.

또한 양심적으로 사는 많은 가난한 사람들은 어떻게 되는가 의문하신 점에 대하여는 사람은 누구나 다 죄인이라는 것입니다. 저는 지금까지 살아오면서 양심대로 살든 않든, 깨끗하고 죄 없다 여겨지는 사람이 있었던가 생각해 보면 한 사람도 떠올릴 수가 없습니다.

❓ 응답받는 기도를 드리려면……

목사님, 안녕하세요.

저는 매일매일 쉬지 않고 기도를 드리려고 노력을 합니다.

그런데 응답받는 기도를 드리기 위해서는 어떻게 해야 할까요? 아마도 목사님께서는 많은 기도 속에서 역시 많은 응답을 받으셨을 거라 생각됩니다.

목사님의 경험에 비추어서 도움 말씀 좀 주시면 감사하겠습니다. 항상 건강하시고 안녕히 계세요.

✉ 응답받는 기도라…….

성경의 교훈을 따라 설교식으로 말하자면

(1) 믿음으로 하는 기도(약 1: 6)

(2) 하나님의 뜻대로 하는 기도(요일 5: 14)

(3) 말씀 안에서 하는 기도(요 15: 7)

(4) 강청하는 기도(눅 11: 8)

등등 기도에 대한 가르침이 수없이 많지만, 중요한 것은 기도하는 것입니다. 기도하면서 기도를 배우게 됩니다.

기도하면 구하는 것을 주시며, 응답을 체험하게 되고, 그러면 기도에 대하여 점점 더 많이 알게 되고, 많은 체험을 쌓게 되어 영적으로 강하고 복의 사람이 됩니다.

기도에 힘쓰고 많이 하시기 바랍니다. ⌂

 신앙이란?

얼마 전에 잔 다르크라는 영화를 봤어요.
잔 다르크는 화형당하는 순간에도 자신의 의지를 굽히지 않더군요.
과연 신앙이란 신념일까요, 아님 응답일까요?
정말 궁금합니다.

 으음,

질문이 쪼매 애매해서 답하기가 좀 어렵네요.
근디, 나도 그 영화를 봤습니다.
나도 보면서 신앙적인 관점에서는 좀, 그대로 받아들이기에 난점이 있다는 생각을 했습니다. 그리고 일반인들이나 혹은 신앙인이라도 생각에 혼란이 있으리란 생각을 했는데요, 아마도 질문자도 그랬지 않나 여겨집니다.
쉽게 답해서, 신앙도 신념입니다.
단지 그 신념이 어디에다 기초를 하고 있느냐,
그 신념의 뿌리가 무엇이냐 이것이 중요하다고 생각합니다. 우리는 신앙을 하나님의 계시인, 하나님의 말씀에 기초하고 있어야 한다고 믿고 있습니다.
답이 쪼끔 부족합니다만, 그 정도로 하겠습니다.

성령 충만에 관해서……

샬롬. 저는 교회에 다닌 지 1년 반이 넘어가고 있습니다. 하나님의 존재가 확실히 믿어지면서 삶의 의미에 대해 갈등하기 시작했어요. 그리고 어렵게 내린 결단은 세계 복음화를 위해서 살기로 했어요. 구원받지 못할 한 영혼을 예수께 인도하는 것보다 값지고 의미 있는 일은 없는 것 같아요.

근데 자꾸만 믿음에 의심이 가기 시작해요. 남들처럼 기도를 많이 하는 것도 아니고 잘하는 것도 아니고, 남들은 성령을 받았기 때문에 그렇다던데 그럼 저는 성령을 못 받은 것인가요? 제가 예수를 믿지 못하기 때문에 성령을 못 받는 것일까요?

교회 다닌 지 1년 반이 되었다구요?, 말하자면 아직 초보인 셈입니다. 신앙에도 단계가 있습니다. 첫술에 배부를 수 없죠. 어쨌든 교회를 다니게 되었으니 축하를 드리고 놀라운 출발임에 틀림없습니다.

우선 열심히 다니세요. 교회 친구들과 교제도 하시고, 조금 더 다니다 보면 성경에 대해 지식도 더해지고, 궁금한 많은 것들이 하나씩 하나씩 해결이 될 겁니다. 기도도 열심히, 성경도 꾸준히 읽도록 힘을 쓰시면 좋겠네요. 성령받는 것을 다른 말로 하면 은혜받는다고 합니다. 은혜 주십사고 기도하세요, 하나님이 은혜를 주십니다. 어떻게 주시느냐고요? 설교 말씀을 잘 들으시고 그리고 기도를 많이 하도록 힘쓰세요. 은혜는 말씀과 기도를 통해 받습니다.

❓ 구원예정에 관해서(1)

구원(믿음)은 누구나 받을 수 있는 것일까요?

아니면 예정(선택)된 자들만 받을 수 있나요?

만약 누구나 믿을 수 있는 것이라면 사람들마다 처한 환경이나 가치관이 달라 믿지 못하는 나쁜 환경(무식, 타 종교 믿음, 복음 듣지 못함, 현실에 충실하고자 하는 자 등)에 처해 있는데 그 사람들이 어떻게 예수를 믿을 수 있을까요?

또 만약 하나님 편에서 선택이 끝났다면, 선택받지 못한 사람들은 버려지기 위해서 태어났나요?

선택이 끝났다면 전도는 무엇이고, 믿지 않는 자를 구원해 달라고 기도드리는 것은 어떤 의미가 있습니까?

그것이 선택이든, 처한 환경에서 믿었든, 그런 하나님을 어떻게 공평하시다고 할 수 있습니까?

저는 성경을 대할 때마다 어디다 초점을 맞춰야 하는지 모르겠습니다. 한쪽에서는 선택을 얘기하고 다른 쪽에서는 누구나 믿을 수 있다고 합니다. 또, 택함받은 백성은 버리지 않는다고 얘기하고 다른 쪽에서는 버림당하지 않도록 조심하라고 합니다.

지금 저의 가장 큰 고민은 왜 하나님은 우리 모두를 용서해 주시지 않고 믿는 자만 찾으시는지. 어차피 인간은 스스로의 힘으로는 구원을 얻을 수 없는 존재잖아요?

목사님의 가족 중에 믿지 않는 분이 계십니까? 그분을 바라보는 목사님의 심정은 어떠신지요? 전 세계 인구의 반 정도가 예수님을 안 믿습니다. 그러면 그 반은 전부 지옥 갈까요?

지금 이 시간에도 수없이 많은 사람들이 죽어 가고 있는데, 우리 믿는 사람들은 그들의 영안실을 지키고 앉아서 그들이 죽기 전에 예수님을 영접하도록 해드려야 할까요?

또, 갓 태어난 아이들이 혹시나 당할 불상사에 대비해 그 아이들에게 세례를 베풀어야 하지 않나요?

제가 너무 극단적으로 얘기를 드렸습니까?

죽음 후에 있을 일을 알면서 우리는 웃고 떠들고 한 사람은 가고 한 사람은 남는다는데……. 제가 행복해하는 자체가 이중인격자 같은 생각이 듭니다.

그래서 복음을 애써서 부인해 봅니다. 믿음이 아닌 가장 공평한 하나님의 방법으로 다스리실 것이라고…….

저는 지금 너무나 혼란스럽습니다. 예수님을 믿으면 평안이 온다던데, 잘못 믿었는지 고민만 생기고 성경을 이성적으로 따지면 안 되나요? 저의 의심하는 기간이 상당히 오래되었는데 목사님은 이런 경험 하셨습니까? 요즘은 왠지 복음을 몰랐으면 좋았을 것이라는 생각이 자꾸 듭니다.

 내용이 많기 때문에 부분적으로 살펴 답해 보겠습니다.

 구원(믿음)은 누구나 받을 수 있는 것일까요? 아니면 예정(선택)된 자들만 받을 수 있나요?

네, 누구든지 예수님을 믿으면 구원을 받습니다.(요 3: 16) 그러면서 또한 성경은 구원을 위해 선택된 하나님의 백성들이 있다고 말씀하고 있습니다.(마 22: 14 24: 22, 24, 31 눅 18: 7 요 15: 19 롬 8:

33 11: 7 고전 1: 27 벧전 2: 9 벧후 1: 10)

 사람들마다 처한 환경이나 가치관이 달라 믿지 못하는 나쁜 환경
에 처해 있는데 그 사람들이 어떻게 예수를 믿을 수 있을까요?
또 만약 하나님 편에서 선택이 끝났다면 선택받지 못한 사람들은
버려지기 위해서 태어났나요?

많은 사람들이 참으로 믿을 수 없는 환경에서 하나님의 은혜로 예수
믿게 되었다고 간증하지요. 사람의 생각과 하나님의 생각은 같지 않습
니다. 누구라도 복음을 들으면 믿을 가능성이 있습니다. 복음은 능력입
니다. 선택은 하나님의 일이시고 버려지기 위해 태어난 사람은 없습니
다. 누구나 이 땅에 살아 있는 동안은 누구나 구원의 기회가 있지요.

 선택이 끝났다면 전도는 무엇이며, 믿지 않는 자를 구원해 달라고
기도드리는 것은 어떤 의미가 있습니까?

전도는 선택이 있기 때문에 할 수 있는 것이고, 하나님은 전도를 통
해 믿는 자를 구원하심을 기뻐하신다 하셨습니다(고전 1: 21). 그들을
위해 기도하는 것은 예수님을 믿어서 구원을 받게 해달라는 내용의
기도입니다.

 그것이 선택이든, 처한 환경에서 믿었든, 그런 하나님을 어떻게
공평하시다고 할 수 있습니까?

구원받지 못한 자를 구원받은 이들과 비교하면 불공평한 듯하지만
이는 하나님의 주권에 속하는 일이 되겠구요, 그리고 모두가 다 죽어

마땅한 죄인이니 오히려 구원받은 자의 입장에서 하나님의 은혜가 과분하고 넘친다 해야 옳다고 생각합니다.

 저는 성경을 대할 때마다 어디다 초점을 맞춰야 하는지 모르겠습니다. 한쪽에서는 선택을 얘기하고 다른 쪽에서는 누구나 믿을 수 있다고 합니다. 또, 택함받은 백성은 버리지 않는다고 얘기하고 다른 쪽에서는 버림당하지 않도록 조심하라고 합니다. 왜 하나님은 우리 모두를 용서해 주시지 않고 믿는 자만 찾으시는지, 어차피 인간은 스스로의 힘으로는 구원을 얻을 수 없는 존재잖아요?

비단 이런 일이 아니라도, 어느 한 곳에만 초점을 맞추면 모순이 되는 일이 세상에도 많습니다. 버림을 받을까 두려워할 필요는 없습니다. 주님은 버리지 않으십니다. 절대로. 가룟 유다는 주님이 버리신 것이 아니라 스스로 주님을 팔고 자기의 길을 갔습니다.

하나님은 모두를 사랑하시며 용서하기를 원하십니다. 그래서 사죄함의 길을 내셨습니다. 그 길이 예수님을 믿는 것입니다. 믿으면, 주님을 영접하면 누구라도 죄사함을 얻게 됩니다.

 목사님의 가족 중에 믿지 않는 분이 계십니까? 그분을 바라보는 목사님의 심정은 어떠신지요? 반 정도가 예수님을 안 믿습니다. 그러면 그 반은 전부 지옥 갈까요?

당연히 가족 중에 안 믿는 식구가 있으면 믿어 구원받도록 해야겠다는 간절함이 있지요. 그래서 기도도 하고 전도의 노력도 하고 교회로 인도하려고 애를 씁니다. 그리고 제 생각에는 반 정도가 아니라 그보다 훨씬 더 많은 이들이 믿지 않는 사람들입니다. 하지만 구원에 다

른 길은 없습니다.

> "다른 이로서는 구원을 얻을 수 없나니 천하 인간에 구원을 얻을 만한
> 다른 이름을 주신 일이 없음이니라"(행 4: 12)

 지금 이 시간에도 수없이 많은 사람들이 죽어 가고 있는데, 우리 믿는 사람들은 그들의 영안실을 지키고 앉아서 그들이 죽기 전에 예수님을 영접하도록 해드려야 할까요? 또, 갓 태어난 아이들이 혹시나 당할 불상사에 대비해 그 아이들에게 세례를 베풀어야 하지 않나요?

많은 사람들이 죽어 가므로 우리는 열심히 전도하고 선교사도 파송하며 후원도 해야 합니다. 세례와 구원은 무관합니다. 십자가상의 강도는 세례받지 않았지만 낙원을 약속받았습니다.

 제가 너무 극단적으로 얘기를 드렸습니까? 저는 지금 너무나 혼란스럽습니다. 예수님을 믿으면 평안이 온다던데, 잘못 믿었는지 고민만 생기고 성경을 이성적으로 따지면 안 되나요? 의심하는 기간이 상당히 오래되었는데 목사님은 이런 경험하셨습니까?

모든 것을 알고 믿을 수는 없는 일입니다. 그리고 우리가 알면 얼마나 알겠습니까? 좋은 신앙, 성숙한 신앙이 되려면 의심의 과정도 때로 유익이 될 수 있습니다. 저도 그런 고민을 한 적이 있으며 예수님의 제자 중에 도마도 의심을 가졌더랬습니다.

그러나 너무 오래하지 않기를 바랍니다. 하나님께 구체적으로 기도해 보세요. 하시되 반항적이거나 불신앙적인 자세가 아니라 겸손하고

좋은 마음으로 하시고 성경을 읽으시면 성경말씀 속에 해답이 있고 은혜도 받게 됩니다.

혼돈이 생기는 이유는 하나님의 예정과 인간의 자유의지 간에 조화 때문입니다. 이 둘은 끝없는 평행선으로 생각하면 좋겠네요. 온 우주 만물과 인간사의 사소한 일까지 예정을 벗어나 있는 것은 없지만 그럼에도 불구하고 인간은 하나님의 예정에 구속이나 제재를 받지 않고 임의로 행하게 됩니다.

그래서 축복과 저주, 상급과 징벌이 있는 것이고, 그럼에도 하나님의 선택으로만 구원받았으므로 우리는 감사하고 모든 영광을 하나님께 돌리게 됩니다. 너무 복잡하게 생각하지 마세요. 또 물으셔도 됩니다.

？ 구원예정에 관해서(ㄹ)

우선 답변에 감사드립니다. 그런데 여전히 구원예정과 자유의지에 대해 이해를 못하겠습니다. 저는 한쪽으로 치우쳐 생각할 수밖에 없습니다. 어떻게 이해하면 좋을까요?

아울러 몇 가지 궁금한 것을 여쭤 봅니다.

복음을 누구나 믿을 수 있어서 우리 손에 그들의 영혼이 달려 있는 것이라면, 크리스천들은 일상을 접어 두고 복음에만 매달려야 하지 않을까요? 죽어 가는 사람 살리는 일만큼 중요한 일이 없다면 지금 우리의 생활 패턴들(먹고, 놀고, 일하고)은 잘못된 것이 아닐까요?

그렇게 중요한 목숨이 우리 인간의 손에 달려 있다면 얼마나 많은 사람들이 우리의 실수로 죽어 가고 있을 텐데, 하나님께서 인간의 손에만 맡긴다면 실수하시는 것 아닐까요?

또, 복음을 듣지 못하고 죽어 가는 사람들은 어떻게 될까요? 혹시 한 번 더 기회를 주시지 않을까요?(성경을 보면 이스라엘 민족만 택하시고, 그 시대 다른 민족들은 다 버리신 걸로 나오는데 참 황당합니다. 또, 우리 조상들이 예수에 '예'자도 들어 보지 못하고 죽었다고 하니 더욱더 황당합니다.)

또, 신자들에게는 성령이 계시고 하나님께서 시시때때로 그들의 삶을 주관하신다는데, 그러면 불신자들에게는 마귀가 있어서(그들이 마귀에게 사로잡힌 자로 보이지 않습니다.) 마귀가 그들의 삶을 주관하고 그들을 이끌까요?

그들이 잘되고 성하는 것은 순전히 마귀가 하는 것일까요?

또, 하나님의 도우심을 구하는 태도에 있어서, 어떤 사람들은 사소한 작은 일도 그분께 맡겨야 한다고 하고(소극적이고 나약한 사람이 되지 않을까요.), 또 어떤 사람들은 네가 할 수 있는 일은 네가 하고, 할 수 없는 것들만 맡기라고 합니다.

저는 하나님은 모르지만 고난을 극복한 많은 사람들을 보면서 저도 그들처럼 되어야 하지 않을까 생각해 봅니다.

또, 믿음은 제가 노력한다고 자라는 것이 아니겠지요? 순전히 그분께서 주셔야 가능한 것이겠지요? 주절주절 질문을 많이 드렸는데 참 가슴이 답답합니다. 온통 의문투성이이고, 해결의 실마리가 보이지 않네요. 하나님께서는 '너 고생 좀 해봐라.' 하시는 모양입니다.

목사님, 제 얘기 들어주셔서 감사드립니다.(- -)

 **부분부분** 짚어서 답변해 보겠습니다.

 그런데 여전히 구원예정과 자유의지에 대해 이해를 못하겠습니다. 저는 한쪽으로 치우쳐 생각할 수밖에 없습니다.

인간의 이해가 미치지 못하여 모순인 듯해도 예정과 자유의지가 평행선으로 있는 것이 하나님의 전능하심입니다. 요셉 이야기를 아시나요? 요셉은 형들에 의해 팔려 애굽으로 갔는데 하나님의 예정에 의해서인가요? 아니면 형들의 시기와 죄악된 행동에 의해서인가요? 둘 다 맞지 않나요? 그와 같은 것입니다.

 복음을 누구나 믿을 수 있어서 우리 손에 그들의 영혼이 달려 있는 것이라면 크리스천들은 일상을 접어 두고 복음에만 매달려야 하지 않을까요?

세상의 모든 일이 중요합니다. 현재의 인간적 삶을 하나님이 있게 하셨습니다. 복음 전하는 일만 중요한 것이 아니라 삶의 모든 부분들이 소중하고 중요하며 비록 복음증거가 최고로 중요하다 할지라도 인간은 그 일만 하고는 살 수 없습니다. 복음을 전하려면 힘이 있어야 하고…….

살아 있으려면 먹어야 하고 먹으려면 돈도 벌어야 하고 돈을 벌려면 직업도 있어야 하고, 세상에 한 가지 일만 할 수도 없거니와 한 가지 일은 다른 여러 가지 일들과 서로 유기적 관계를 맺고 있습니다. 그래서 성경에 "먹든지 마시든지 무엇을 하든지 다 하나님의 영광을 위하여 하라"(고전 10: 31)고 하셨습니다.

 그렇게 중요한 목숨이 우리 인간의 손에 달려 있다면, 얼마나 많은 사람들이 우리의 실수로 죽어 가고 있을 텐데 하나님께서 인간의 손에만 맡긴다면 실수하시는 것 아닐까요? 또, 복음을 듣지 못하고 죽어 가는 사람들은 어떻게 될까요? 혹시 한 번 더 기회를 주시지 않을까요?

누구의 실수로 죽어 가는 것이 아니라 믿지 않아 죽는 것이겠지요. 그래서 전도가 중요하고 전도를 통해 구원하심은 하나님의 사랑이며, 하나님은 어떠한 방법으로든지 가능하십니다. 아브라함을 부르실 때 직접 부르셨습니다. 전도는 구원의 길인 예수 그리스도를 전하는 것입니다. 전도로 구원받는 것이 아니라 예수님을 믿어 구원받습니다. 누가복음 16장의 부자와 나사로 비유를 한번 잘 읽어 보시기 바랍니다.

 성경을 보면 이스라엘 민족만 택하시고, 그 시대 다른 민족들은 다 버리신 걸로 나오는데 참 황당합니다. 또, 우리 조상들이 예수의 '예'자도 들어 보지 못하고 죽었다고 하니 더욱더 황당합니다.

늦게라도 복음이 들어와 우리나라가 복음의 대국이 되었으니 만만 감사한 일로 생각합니다. 한 시대를 볼 것이 아니라 전체 인류를 볼 때 거슬러 올라가 보면 결국 아담의 실패로 올라갑니다. 하나님은 실패한 아담에게 구원의 길을 주셨습니다. 인간은 스스로 자기의 길을 갔고, 이 범주 안에 모두가 들어갑니다. 복음을 듣지 못한 조상까지도 마찬가지일 것입니다.

이스라엘을 택함은 온 인류 구원을 위한 하나님의 작정의 한 부분입니다. 예수님은 아브라함과 다윗의 자손으로 오셨지요? 육신적으로 이스라엘 사람입니다. 이스라엘의 선택이 황당한 것이 아니라 나와 바로 질문자를 위한 선택인 것을 깨달으시면 오히려 감사하게 됩니다.

 또, 신자들에게는 성령이 계시고 하나님께서 시시때때로 그들의 삶을 주관하신다는데, 그러면 불신자들에게는 마귀가 있어서 마귀가 그들의 삶을 주관하고 이끄는 것인가요? 제가 볼 때는 그들이 마귀에게 사로잡힌 자로 보이지 않습니다.

하나님의 피조물인 우리 인간에게 자유의지는 항상 살아 있습니다. 안 그러면 인간이 아니지요. 마귀도 강압적으로 역사하지 못합니다. 혹 귀신에 들리게 될 경우, 그때는 자유의지의 많은 부분이 약해지는 경우가 있긴 합니다.

 또, 하나님의 도우심을 구하는 태도에 있어서 어떤 사람들은 사소한 작은 일도 그분께 맡겨야 한다고 하고…… 또 어떤 사람들은 네가 할 수 있는 일은 네가 하고, 할 수 없는 것들만 맡기라고 합니다. 또, 믿음은 제가 노력한다고 자라는 것이 아니겠지요? 순전히 그분께서 주셔야 가능한 것이겠지요?

그게 무엇이 이상합니까? 신앙은 상식을 깨뜨리거나 비합리적인 것이 아닙니다. 작은 일이라도 맡기며 의지하고 살아야 하는 것이 신앙이면서, 또 내가 할 수 있는 일은 내가 해야지 기도만 하고 있으면 안 되지 않아요? 그때그때 구분해서 지혜롭게 처신할 일입니다.

그리고 무엇이든 한쪽으로만 생각하고 말하면 머리가 나쁘다는 말을 듣게 됩니다. 죄~송~, 믿음은 그분의 선물이지만 노력하면 또한 자라게 됩니다. 믿음은 선물임과 동시에 들음에서 난다고 했지요(롬 10: 17). 말씀을 읽고 기도에 힘쓰면 믿음이 자라고 모든 의심은 저절로 물러갑니다. 생각을 많이 하면 원래 복잡해지는 것입니다.

 온통 의문투성이이고, 해결의 실마리가 보이지 않네요. 하나님께서는 '너 고생 좀 해봐라.' 하시는 모양입니다.

제가 드리고 싶은 마지막 말은

1. 우리가 주님을 좋은 마음으로 신뢰하되 의문을 가질 수 있습니다. 그러나 반항적이거나 회의적인 의심은 좋은 신앙 자세가 되지 못함을 기억해 주시구요(약 1: 5~8).

2. 신앙적인 문제는 생각과 탐구, 논리로 해결되는 것이 아니니 말씀을 묵상하는 시간을 많이 가지시기 바랍니다.

3. 세상의 만사가 그러하듯이 신앙에도 성장이 있습니다. 시간이 지나면 지금은 알 수 없는 것들이 저절로 이해되는 때가 옵니다.

 인간에게 진정 자유의지가 있는가?

목사님의 말씀에 먼저 감사를 드립니다. 그러나 제가 알고 싶은 것은 인간에게 진정 자유의지라는 것이 있는가 하는 것입니다. 많은 분들이 인간에게는 자유의지가 있어서 인간이 죄를 받아들였다고 말합니다.

그러나 저는 그 말이 이해가 안 됩니다.

하나님께서는 모든 것을 다 아신다고 하는데 그렇다면 구체적으로 제가 누구와 결혼을 할지, 무엇을 하면서 살아갈지 어디서 죽을지, 어떻게 죽을지 다 알고 계신다는 말 아닙니까?

그렇다면 그런 것들은 이미 정해져 있다는 것이겠지요.

정해져 있지 않다면 어떻게 미리 알 수 있겠습니까?

즉 하나님은 인간이 죄를 범하실 줄을 미리 알고 계셨다는 말은 극단적으로 말하면 하나님이 인간이 죄를 범하게 정해 놓으셨다고 말할 수 있지 않겠습니까?

저도 이런 말은 정말 하기 싫지만 따지고 따지다 보면 이런 결론이 나오는데 이것이 저를 혼란스럽게 합니다.

정말 인간에게는 자유의지가 있습니까? 그 자유의지라는 것은 미리 정해져 있는 것은 아닌가요?

다시 한번 목사님의 말씀에 감사드리며, 좋은 말씀 부탁드립니다.

메일을 잘 받았습니다. 형제의 의문은 여러분들의 공통일 수 있으므로 제가 그대로 상담게시판에 올렸습니다. 반갑구요. 속히 의문이 해결되고 기쁨의 신앙행진이 있어지길 바라면서 다음과 같이 짤막하게 대답해 볼게요.

 인간에게 진정 자유의지라는 것이 있느냐 하는 것입니다.

네! 있습니다. 형제는 하고 싶은 일을 하고 먹고 싶은 것을 먹을 자유가 없나요? 하나님께서 언제 제한을 하심으로 제재를 받으신 적이 있나요? 인간은 누구나 완전한 자유를 가지고 행합니다. 그러면서도 우리의 모든 삶이 하나님의 작정 안에 있고 이것은 하나님의 전능하심입니다.

 많은 분들이 인간에게는 자유의지가 있어서 인간이 죄를 받아들였다고 말합니다. 그러나 저는 그 말이 이해가 안 됩니다. 하나님께서는 모든 것을 다 아신다고 하는데 그렇다면 구체적으로 제가 누구와 결혼을 할지, 무얼 하면서 살아갈지 어디서 죽을지 어떻게 죽을지 다 알고 계신다는 말 아닙니까? 그렇다면 그런 것들은 이미 정해져 있다는 것이겠지요. 정해져 있지 않다면 어떻게 미리 알 수 있겠습니까?

그렇지요, 잘 말씀하셨습니다. 모든 것은 다 하나님의 계획, 즉 작정 안에 있는 일입니다. 하나님은 다 아십니다. 정확하게 교리적으로 말씀드리면 정해 놓으셨습니다.

그러나 중요한 것은 내가 하나님이 아니지요, 나는 알 수 없다는 것입니다. 그러니까 하나님을 신앙해야 하고 기도해야 하고 내 인생을 내가 잘 열어 가야만 합니다.

 하나님은 인간이 죄를 범하실 줄을 미리 알고 계셨다는 말은 극
단적으로 말하면 하나님이 인간이 죄를 범하게 정해 놓으셨다고
말할 수 있지 않겠습니까?

작정 안에 포함되지 않는 것은 아무것도 없습니다. 어떠한 작은 일
이라도 작은 일은 큰 일로 연결되기 때문에 지극히 사소한 부분까지
다 작정 안에 들어갑니다. 그렇지 않으면 하나님의 통치·전능하심에
문제가 생깁니다. 그러나 그렇다고 하여 하나님은 아담으로 하여금 죄
를 짓도록 하시지 않았습니다.

중요한 것은 인간의 머리로서의 이해가 아니라 사실입니다. 이해가
불가능하지만 각각 보면 하나님의 작정이면서도 아담은 스스로 죄를
지었습니다. 죄를 짓고 싶지 않은데 작정에 의하여 불가항력적으로 선
악과를 따먹은 것이 아닙니다.

 저도 이런 말은 정말 하기 싫지만 따지고 따지다 보면 이런 결론
이 나오는데 이것이 저를 혼란스럽게 합니다. 정말 인간에게는 자
유의지가 있습니까? 그 자유의지라는 것은 미리 정해져 있는 것
이 아닌가요? 다시 한번 목사님의 말씀에 감사드리며 좋은 말씀
부탁드립니다.

성경교리는 인간의 머리에서 나온 것이 아니라 성경에서 나왔습니
다. 이해가 되든 안 되든 사실이 중요합니다. 죄송한 말씀이지만 형제
는 신학교에서 하나님의 작정을 배운 것이 아닐 것이구요, 또 성경을
몇 번이나 정독을 하셨나요?

우리는 모든 것을 다 이해할 수 없습니다. 이해할 수 없는 과학적
사실도 많습니다. 하나님에 대한 부분은 이해가 아니라 믿음으로 나아

갑니다. 이해할 수 없는 부분을 이해하려고 하니 어찌 혼란하지 않겠습니까?

성경대로 믿고 받아들이는 것이 중요하지요. 정 마음에 시원함을 얻으려면 방법이 있습니다. (1) 하나님의 작정교리에 대한 도서를 한 권 독파해 본다든지 (2) 아니면 신학이 다 성경에서 나왔으니 의심나는 것들을 한 켠에 접어 두고, 성경을 천천히 정독하여 1독을 한번 해보시기 바랍니다. 아마 형제에게는 이 방법이 참 좋을 것 같다는 생각입니다. 평안을 빕니다.

ps. 제가 지금 포토샵 강의 책을 사서 읽고 있습니다. 이유는요, 그림 파일의 바이트를 줄이고 조각을 내서 로딩 시간을 짧게 하여 제 홈에 오시는 분들에게 좀더 빨리 열리게 하기 위해서입니다.

근데 제가 무슨 컴퓨터 전문가도 아니고 나이 50을 바라보는데 잘 되겠습니까? 이해 안 되는 부분들이 많습니다. 진도가 잘 안 나갑니다. 책대로 해보지만 잘 안 되는군요.

강의 책이 잘못되었을까요? 그렇지 않겠죠. 저의 컴 실력이 모자라고, 이해력이 부족한 것이 원인일 것입니다.

누구나 책이 잘못되었다고 생각지 않습니다. 하지만 많은 분들이 성경에 대해서 이해를 다 해야만 진리인 것처럼 잘못 생각하는 경우가 허다합니다.

하나님의 모든 질서가 다 이해된다면 내가 신이 되어야 하는데요, 우린 어디까지나 한 피조물에 불과하다는 사실입니다.

자유의지의 실제는?

인간에게는 자유의지가 있다고 하는데 저는 원칙적으로 자유는 없다고 생각합니다.

모든 것이 하나님 안에 있다고 한다면 나의 의지나 행동들도 하나님 안에 있지 않을까요? 왜 어떤 사람은 고귀한 영혼을 타고 태어나고, 어떤 사람은 악한 영혼을 가지고 있나요?

내가 만들었나요? 나 스스로 나를 만들 수 있다면 과연 그런 의지들은 어디서 오는 것일까요?

태초에 아담이 선악과를 따먹었다면 하나님은 아무런 잘못이 정말로 없는 것일까요? 그는 정말로 그 스스로의 의지로 선악과를 따먹은 것일까요? 그렇다면 그의 그 나쁜 의지는 어디서 왔나요? 하나님이 주신 것이 아닌가요?

내게 있는 모든 것들 그것이 좋은 것이든, 나쁜 것이든 하나님께로부터 왔다고 생각합니다. 사람들이 자유의지를 얘기하지만 그것은 우리가 그렇게 느낄 뿐이지 실지로는 우리는 많은 용량을 지닌 로봇 아닌 로봇이 아닌지 혼란스럽습니다. 어떻게 이해해야 할까요?

질문자께서는 인간에게는 자유의지가 원칙적으로 없다고 하셨는데, 그건 어떤 논리이며 어디에다 근거를 둔 것인가요?

모든 것이 하나님 안에 있다고 하니 인간의 의지나 행동들도 하나님 안에 있는 것이 옳다는 그런 말씀이군요.

질문자께서는 무엇이든지, 무슨 일이든지 할 수 있지 않나요? 하고 싶은 일을 하고, 가고 싶은 곳에 가고, 먹고 싶은 것을 먹고……. 싫은 일은 하지 않는 자유를 갖고 있지 않습니까? 왜 복잡하게 생각하고 계시나요?

어떤 사람은 고귀한 영혼으로 태어나고, 어떤 사람은 악한 영혼을 가지고 태어나는 그런 특별한 일은 없습니다.

그리고 나 스스로 나를 만들 수 있다면 과연 그런 의지들은 어디서 오는 것일까 하셨는데, 어디서 오는 것이 아니라 하나님께서는 우리 사람을 그러한 존재로 만드셨답니다.

또한 아담이 선악과를 따먹은 일에 대하여 하나님은 아무런 잘못이 정말로 없는 것일까? 네. 하나님께서 따먹지 말라고, 먹으면 죽는다고 한 것을 아담이 따먹었는데 하나님이 무슨 잘못이 있습니까? 아담은 누가 억지로 선악과를 따먹게 한 것이 아니라 자기의 의지로 하나님을 불순종하였습니다.

의지가 나쁜 것이 아니라 불순종이 죄입니다.

사람은 질문자가 말한 것처럼 많은 용량을 지닌 로봇이 아니라 사랑하고 헌신하고 교제하고 행복하게 살아가도록 하나님의 형상대로 지음받은 하나님의 피조물입니다.

열심히 공부하고 즐거운 마음으로 살아가시기 바랍니다.

아마도 질문자는 시간이 좀 많은가 봅니다. 인생은 살아 보면, 세월이 지나면서 해결이 되는 게 많답니다.

행복할 수 있는 생각, 행복을 만들어 가는 하루하루가 되기를.

날마다

우리 짐을 지시는

주

곧 우리의 구원이신

하나님을 찬송할지로다

(시 68: 19)

사랑 · 결혼 · 성(性)에 관하여

혼전순결에 대하여

안녕하십니까? 우연히 홈페이지를 들어와 목사님에게 편지를 드립니다.

다름이 아니라 이성과 신앙 중에서 방황하고 있는 한 청년입니다. 저는 1년 넘게 사귀고 있는 애인이 있습니다. 그런데 그 애인과의 관계에 있어서 혼전순결 문제를 의논드리고 싶어서 왔습니다. 인터넷상을 한참을 찾아도 딱히 나와 있는 데가 없네요.

사랑하는 사람입니다. 그리고 이제까지도 관계가 있어 왔습니다. 그런데 언젠가부터 마음이 좀 무거웠습니다. 죄를 짓는 것 같은 느낌 때문입니다. 답을 알고 나면 속이 시원할 것 같군요. 제 나이는 24세입니다.

애인과는 일주일에 한 번 정도 만나는데 만날 때마다 거의 관계가 있다고 볼 수 있습니다. 물론 서로 사랑하는 사이기 때문에 행해지는 것이고, 만남이 지속된다면 결혼 또한 예외하고 있지는 않습니다. 죄책감 때문에 오늘 하루는 일부러 자리를 만들지 않으려고 애를 썼습니다. 그리고 오늘은 그냥 넘어갔죠. 눈치를 보니 좀 서운해하는 것도 같습니다.

스킨십은 사랑에 있어서 중요한 것 같습니다. 서로를 만지고 느낄 때 사랑을 더욱더 느낄 수 있는 것 같습니다. 오늘 하루 좀 힘들었습니다. 일부러 자리를 만들지 않으려 하니 더욱더 힘들었습니다. 보면 그 사람을 만지고 싶고 얼굴도 쓰다듬고 싶고…… 도대체 어디까지가 합당하고 어디까지가 아닌지 혼돈스럽습니다. 어젠 차라리 이 사람과 헤어지고 다른 사람을 만나면 절대 잠자리를 하지 않아야겠다는 생각이 들었습니다. 한번 잠자리를 가지면 다음부터는 더욱 그렇기 때문입니다.

도대체 어떻게 해야 하는지 혼란스럽습니다. 사랑하면 그 사람과 관계가 문제없는지. 아니면 어떠한 경우를 막론하고 혼전순결은 유지되어야 하는지…….

이미 깨진 사람은 어떻게 행동해야 하는지……. 현재 진정 순결한 사람이 어디 있겠느냐고 혼자서 타일러도 봅니다. 답변 좀 부탁드립니다.

 하나씩 생각해 보겠습니다.

 사랑하는 사람입니다. 그리고 이제까지도 관계가 있어 왔습니다. 그런데 언젠가부터 마음이 좀 무거웠습니다. ……물론 서로 사랑하는 사이기 때문에 행해지는 것이고, 만남이 지속된다면 결혼 또한 예외하고 있지는 않습니다.

사랑과 결혼에 대하여

악하고 미련한 부모가 자녀를 때리고 학대하며 전혀 옳지 않는 방법으로 양육하면서도 그들은 말하기를 자식 잘되라고, 자식을 사랑하기 때문에 그런다고 하겠죠.

사랑이라 말한다 하여 다 사랑이라고 할 수 없는 일들이 세상엔 있습니다. 타락한 인간이기 때문에요. 물론 형제의 사랑이 사랑이 아니란 것은 아니지만, 불완전하고 성숙되지 않는 사랑이라고 말하고 싶습니다.

결혼이 두 사람 마음대로 됩니까?

가족들의 동의도 있어야 하고, 하나님의 섭리도 있어야 하고, 그런 것이 아니라도 두 사람이 인생에 대한 진지한 동의가 있어야 하는데, 자신들을 스스로 이기지 못하여 육욕에 따라 실패하는 삶을 살고 있다면, 그런 중에 어떻게 생의 진지한 대화가 가능할까 걱정이 됩니다.

 죄책감 때문에 오늘 하루는 일부러 자리를 만들지 않으려고 애를 썼습니다. 그리고 오늘은 그냥 넘어갔죠. 눈치를 보니 좀 서운해하는 것도 같습니다.

서운해하는 눈치는 읽으면서, 어째서 사랑하는 사람도 역시 그 내면에, 죄책감으로 괴로워할 것이라는 영적인 고통은 생각해 주지 않는 건지. 사랑은 자기의 유익을 구하지 않는다 하였는데 말입니다.

지금 형제가 당신의 사랑하는 이를 위해, 그녀의 인생에 무엇입니까? 무슨 유익을 주고 있습니까? 세월이 지났을 때, 그녀의 인생에 해악이 되는 것은 아닌가를 한번 생각해 보시기 바랍니다.

 스킨십은 사랑에 있어서 중요한 것 같습니다. 서로를 만지고 느낄 때 사랑을 더욱더 느낄 수 있는 것 같습니다. 오늘 하루 좀 힘들었습니다. 일부러 자리를 만들지 않으려 하니 더욱더 힘들었습니다. 보면 그 사람을 만지고 싶고 얼굴도 쓰다듬고 싶고…… 도대체 어디까지가 합당하고 어디까지가 아닌지 혼돈스럽습니다.

어느 선까지일까요?

서로의 육체를 가까이하고 싶은 것은 너무도 당연한 거지요. 하지만 사람은 그런 욕망을 따라서만 살면 그 삶의 질이 아주 낮아지는 것이 아닌가요? 세상에 많은, 모든 사람들이 다 서로 만지고, 느끼고 하는 에로스적 사랑으로 만족했던가요?

 어떠한 경우를 막론하고 혼전순결은 유지되어야 하는지……. 이미 깨진 사람은 어떻게 행동해야 하는지…….

혼전순결…… 그리고 이미 깨어진 사람은?

그러면 혼전순결이 유지되지 않아도 되는 어떤 경우가 있는지 한번 찾아보기를 바랍니다. 어떤 경우에는 이것이 깨어져도 좋다고 생각이 됩니까? 그런 경우가 있다고 생각이 되시나요?

이미 깨어진 사람은 어떻게 하냐구요?

그럼 이미 깨어진 사람은 계속 방탕하며 살아야 합니까? 그럼 한번 선을 넘었다고 계속 부부처럼 형제는 생활해야 한다고 생각하는 건 아니겠죠?

예수님께서 간음 중에 잡힌 여인에게, "가서 다시는 죄를 범치 말라"고 하셨습니다. 그 여인은 과거와는 다른 새로운 삶을 살 수 있었을 겁니다.

양심의 가책으로 힘들어하고 괴로워하는 것을 보아, 무엇이 바른지는 형제가 이미 알고 있습니다. 그리고 가능성이 있습니다. 함께 옳다고 생각하는 길로 가야 할 겁니다.

그리고 이거는 저의 개인적인 생각이지만요, 정말 여자를 사랑하고, 그리고 사랑을 영원히 얻으려면 남자는 여자로부터 존경심을 잃지 않아야 합니다. 지킬 것을 지킬 줄 알아야 합니다. 여자가 남자를 믿고 인생을 맡길 수 있는 든든함이 있어야 합니다. 그런 식으로 만날 때마다 옳지 않음을 알면서도 반복하는 실패자의 모습을 보인다면, 여자는 그것 때문에 남자와 결혼하는 것이 아니라 돌아설 겁니다. 지혜로운 여자라면 말입니다.

형제의 영적인 고통이 모쪼록 현명한 처신으로 이어지길 바랍니다.

 **자위행위에 대한 죄책감이 큽니다**

전 교회 일을 열심히 한다고 하는 학생 중에 한 사람인데, 제가 안고 있는 고민이 한 가지가 있습니다. 그것은 다름이 아니라 말씀드리기가 좀 그렇지만 실은 자위행위로 인해서 매번 죄의식에 빠져 괴롭다는 것입니다. 자위행위가 나쁜 건가요?

그것이 정말 나쁜 것인지 나쁘면 왜 나쁜 건지? 어떻게 해야 좋은 해결 방법인지 궁금합니다.

정말 용기 있게 솔직하게 올립니다. 목사님 답해 주시길 원합니다. 제가 고등학교 학생도 아니고 군대를 갔다 온 대학생입니다. 나이와도 관계가 있는 것인지…….

부탁합니다. 대답해 주세요. 정말 진지합니다. 부탁드립니다.(???)

우선 형제님은 신앙이 좋은 분이 분명합니다. 아니면 죄의식이 있을 수 없겠죠. 그러니 너무 자책하지 말구요. 사실 자위행위의 문제는 크리스천 젊은이들이 가진 고민이고 크리스천이 수긍할 만한 시원한 답이 제시되지 않고 있습니다. 그래서 더 고민이 되는 거지요.

자위행위에 대하여 요즘 구성애 씨나 혹은 일반 전문가들은 나쁘지 않다는 견해를 피력하고 있는 반면에 기독교 내에서 목사님들은 뚜렷이 논리를 제시하지 않거나 아니면 옳지 않다, 나쁘다고 가르치는 것 같고 그 이유는 음란한 생각을 동반하기 때문이다 하는 정도인 것 같습니다.

성적인 욕망은 인간의 다른 모든 욕망 중의 하나입니다. 특별한 것은 아닙니다. 배가 고프면 먹어야만 해결되는 것이지 아무리 기도하고, 은혜받는다고 하여 해소될 일은 아닙니다.

옛날처럼 10대에 결혼을 한다면 이런 문젠 없을지도 모르겠네요. 있더라도 그렇게 심각하지 않을 겁니다. 그러나 지금은 거의 서른 살이 되어야 결혼을 하니 인간의 그 본능적 욕구를 어떻게 하겠습니까?

그러니 결혼 전에는 고등학생이든, 대학생이든, 군대를 갔다 왔든 그게 교양이나 윤리적 문제가 아니겠지요.

자위행위에 대하여 죄의식을 갖지 마세요. 그래도 죄의식이 든다면 모든 것을 아시는 주님께 고백하고 마음에 평화를 얻도록 하세요. 음란한 생각은 하지 않도록 좀 조절하시는 게 좋겠고요. 음란한 생각을 하지 않더라도 자위행위를 하고 육체의 시원함을 얻을 수 있으리라 생각합니다.

무엇이든 과하면 그 자체가 해가 됩니다. 음식을 먹는 것이 죄는 아니나 과식하면 여러 가지로 육체의 건강에 해롭겠죠. 자위행위도 지나치면 훗날 결혼생활에 어떤 영향을 미칠 수도 있고요, 결혼 후에도 자위행위를 하는 경우가 있는데 죄라기보다 아내나, 혹은 남편에게 미안한 일이겠지요. 사람의 힘이 무한정 있는 게 아니니까요.

그리고 다른 건전한 일에 몰두하면 자위행위의 마음이 많이 적어집니다. 스포츠 등 취미생활이나 혹은 교회의 일이나 인생에 있어 이루어 내야 할 일, 몰두할 일이 많지 않을까요?

젊음의 때에 어떤 목표에 열중하고 매진하면 자연히 그런 생각의 여지가 적어지겠지요. 잘 조절하시고 신앙전진에 장애가 되지 않기를 바랍니다.

죄책감이 너무 큽니다

안녕하세요. 저는 올해로 서른 살인 자매입니다.

부산에 살고 있구요. 교회에선 주일학교 교사로, 회사원으로 그리고 선교사를 준비하며 훈련도 받고 있습니다. 그리고 조금 늦었지만 올해는 수능을 쳐서 대학공부도 할 계획입니다.

제가 이렇게 글 올리게 된 것은, 답답한 마음에, 그리고 이제는 더 이상 혼자만 앓고 있을 문제가 아니라는 생각에 좀, 아니 많이 부끄럽지만 글 올립니다. 인터넷상의 익명성이 범죄의 수단이 되기도 하지만 지금 제겐 큰 용기가 되네요. 저를 자세히 밝힐 수 없음을 용서해 주세요.

제가 상담하고 싶은 내용은 '자위'에 관한 내용입니다. 부끄럽네요.

제 기억으로 아주 어렸을 때부터인 것 같습니다.

초등학교에 들어가기 전부터니까 7살부터, 아니 그전에도 그랬는데 제가 기억을 못하는 건지……. 4살 차이가 나는 남동생이 있는데 그 나이에도 뭔가 좋지 않은 것이라고 느꼈는지 아무도 없을 때나 아무도 보지 않는 곳에서, 엄마놀이를 하는 것이라며 어린 남동생을 뉘어 놓고 제가 그 위에서 어린 동생의 성기 부분에 제 것을 비비면서 장난 아닌 장난을 했습니다.

물론 옷은 입은 채로(표현이 혹 지나친 부분이 있더라도 용서해 주십시오). 그리곤 혼자 있을 땐 베개를 껴안고 비비기도 하고, 혼자 집에 있게 되면 어김없이……. 중·고등학교 사춘기 땐 심할 땐 하루에도 몇 번씩, 그것도 이틀이 멀다 하고 일주일에 3~4번은 했던 것 같습니다.

나이가 들면서는 전에 비해 자주 하는 것은 아니지만, 요즘도 일주일에 한 번, 보름에 한 번 정도로 그 횟수가 상당히 줄긴 했습니다.

그런데 몇 달 전부터는 인터넷을 하면서, 횟수는 줄었지만 좀 심각해지고 있음을 느낍니다. 채팅을 통해서 컴섹을 하기도 하고, 심지어는 폰섹도 3~4번 정도. 어쩔 땐 제가 먼저 폰섹을 요구한 적도 있구요. 어제도 폰으로……. 중간에 전화를 끊었습니다.

내가 지금 뭘 하는 건가. 내일 모레면 주일에 아이들 앞에서 찬양인도도 하고 말씀도 나누어야 하는데……. 순간의 그런 감정 땜에 그렇게 하고 말지만 그것도 잠시 몇 초뿐이고, 이내 허탈함만 남아서 죄책감에 시달립니다. 제 기도제목이기도 합니다.

제가 이런 음란한 영들 가운데 끌려 다니지 않기를, 정결한 자로 아이들 앞에 설 수 있도록, 신앙생활을 하면서부터는 더욱 죄책감이 많이 듭니다.

신앙 생활한 지 7년째인데 하나님 앞에 부끄럽고 죄스럽고 아이들 앞에 민망하고, 이런 사실을 누가 알게 되기라도 하면 어쩌나 불안하기도 하구요. 사람들 앞에선 전혀 그렇지 않은 양 예쁜 선생님, 성실한 회사원, 착한 딸이지만 속내에선 이렇게 멍이 들어 있습니다.

그런 모습 가운데 제 스스로 위선자라는 생각도 들구요. 이러지 말아야지 하면서도 또 매번 그랬던 것처럼 이런 결심이 반드시 또 무너질 거라는 걸 제가 먼저 압니다.

제가 어떻게 해야 할까요? 전 요즘 사귀고 있는 사람이 있습니다. 결혼계획까지 있는데 그 사람 보기에도 너무 부끄럽습니다. 이런 내용을 전혀 모르시거든요.

제가 어떻게 해야 할까요? 답답합니다. 정말 이러고 싶지 않은데……. 부끄럽지만 이젠 이 지독한 환부를 드러내서 깨끗이 도려내고 싶습니다.

 **쪼금** 정도가 심한 편이네요……

글고 컴섹·폰섹은 음행의 범주에 넣어서 생각해야 할 것이 아닌가 생각이 듭니다.

시간이 많으신가 보네요. 좀 바쁘면 좋을 것 같다는 생각이 듭니다. 다행스런 것은 양심의 가책과 함께 깨끗이 도려내고 싶다는 마음이 어느 정도 강렬하다는 것입니다. 거듭난 영성이 고통을 수반하고 있으니 희망이 있는 거죠.

사람의 자력으로는 불가능한 일입니다. 성령의 은혜로, 능력으로 가능합니다. 비단 그 문제뿐이 아니라 뭐든지 마찬가지일 겁니다. 술이나 담배·마약, 혹은 바둑·당구·놀음 등 모든 게 그렇습니다.

하지 말아야겠다 해서는 안 된다, 끊어 내겠다는 식의 이성적 판단과 노력은 좌절감만 안겨 줄 뿐, 실제로는 전혀 도움이 되지 않음을 이미 체험한 바이겠구요, 문제의 해결은 그 일이 더 이상 의미가 없고, 더 이상 재미가 없어지면 절로 끊어집니다.

그럼 어떻게 그렇게 될 수 있을까요?

우선 하나님이 결혼 제도를 내셨고요, 아마도 결혼하여 실제적인 성생활을 하게 되면 혼자 하는 자위행위는 자연적으로 사라지게 되지 않을까 생각이 됩니다.

그다음, 문제는 지금이니까 그리고 결혼 후에라도, 성령의 큰 은혜를 지속적으로, 그 육체적 욕망보다 더 강렬하게, 더 뜨겁게, 은혜를 받고, 그리고 유지하면 육신적 욕망이나 쾌락은 자연히 힘을 잃게 될 것이고, 육체의 소욕을 따라 사는 삶이나 행동은 별 의미가 없어집니다. 하고 싶지 않아집니다. 그러면 자연히 하지 않게 됩니다.

하지만 이것도 사실은 이론적으로 그렇다는 말입니다.

수영을 실제로 하는 것과 수영법을 이론으로 아는 것과의 차이입니다. 오랫동안 땀 흘려 훈련해야 하는 것과 같은 겁니다.

신앙생활이 그런 거 아닌가요? 시간도 걸리고 많은 영적 투쟁이 있어야 가능한 일입니다. 성령의 은혜는 한두 번 큰 은혜받는다고 되는 것이 아니고요, 그 습관이 워낙 오래된 것인 만큼 완전히 도려내고 자유함을 얻으려면 그만한 시간과 싸움을 필요로 함을 아시기 바랍니다.

하지만 절망하지 마시고 그 문제와 계속해서 싸우면 그 문제는 물론이거니와 그것 때문에 다른 많은, 큰 은혜도 체험하게 될 것입니다.

이 정도로 말씀드립니다.

더 필요하시면 멜이나 혹은 채팅도 하신다 하니 시간을 정해 주시면, 저의 홈에 상담을 위한 채팅방도 있습니다.

(로마서 7: 1~8: 11에 나오는 '바울의 고통과 승리'를 잘 읽고 묵상해 보세요)

 음란한 생각에 사로잡혀 괴롭습니다

한마디로 미칠 것 같습니다. 누구한테도 말 못하고 끙끙거리고 답답해하다가 메일을 띄웁니다. 제가 어떻게 해야 하는지……. 요즘 제 마음에 다가오는 생각들, 죄의 생각들을 이겨낼 수가 없습니다. 요즘엔 기도도 안 하고 예배시간에도 딴 생각만 하고, 기도시간에도 눈 뜨고 딴 생각을 합니다.

말씀도 들리지 않습니다. 목사님의 말씀이 도무지 받아들여지지가 않습니다. 요즘은 자꾸 음란한 생각이 저의 생활과 생각을 사로잡습니다. 어떻게 해야 할지를 모르겠습니다. 사탄의 생각이라는 것을 알면서도 물리칠 수가 없습니다. 벌써 한 달째 이런 음란한 생각에 잡혀서 답답하고 한숨만 나옵니다.

전 주님을 더 이상 따를 수가 없을 것 같네요. 너무너무 제 자신을…… 사랑할 수도 없습니다. 제 마음속의 더러운 생각들, 떠오르는 생각들을 어떻게 해야 하는지 모르겠습니다.

죄의 생각, 그리고 음란한 생각들이라 하셨는데요, 그 생각의 내용을 세밀히 알 수는 없지만, 제가 생각할 때는 일종의 본능적인 생각에서 약간 발전된 그런 정도가 아닐까 여겨집니다. 그럴지라도 신앙인은 양심의 가책을 느끼게 되지요.

뿐만 아니라, 좀더 신앙이 성숙해지면, 음란한 생각이 아니라 할지라도 이성 때문에 주님께 집중하는 마음이 흐트러지면 역시 죄책감도 들고, 그리고 그런 마음과도 싸워야 하는 것이 신앙입니다.

달리 방법이 있는 것이 아닙니다. 싸워야 합니다. 영적 싸움요. 영적 싸움의 그 대상이 누구인지 아시죠?

기도가 잘되지 않겠지만, 그래도 영적 전쟁은 기도해야 하는 것이고, 주님께서는 기도가 아니면 물리칠 수 없다 하셨구요(막 9: 29).

다윗의 기도도 생각이 나구요.

> "하나님이여 내 속에 정한 마음을 창조하시고 내 안에 정직한 영을 새롭게 하소서"(시 51: 10).

그리고 기도란 내 입으로 하는 것만이 기도가 아님을 마지막으로 말씀드립니다.

> "이와 같이 성령도 우리 연약함을 도우시나니 우리가 마땅히 빌 바를 알지 못하나 오직 성령이 말할 수 없는 탄식으로 우리를 위하여 친히 간구하시느니라"(롬 8: 26).

지금 님께서 답답해하고 힘들어하는 자체가 거듭난 심령 안에 거하시는 성령의 활동이십니다.

좋으신 주님께서 은혜 주실 것입니다.

승리하시기 바랍니다.

❓ 성적인 욕구를 어떻게 이기셨는지요?

남자 청년입니다.

예수님을 믿는 저인데요, 자위행위를 가끔 하게 되면 적지 않은 갈등을 하게 됩니다. 이래서 되는 것인지…….

그렇다면 목사님들이나 다른 신앙이 좋으신 분들은 청년기의 성적인 욕구를 어떻게 이기셨는지 궁금하기도 하구요.

물어보기도 어렵고 해서, 이곳에 물어보게 되는군요.

상담해 주십시오, 목사님.

목사님이나 신앙이 좋은 분들이 청년기의 성적 욕구들을 어떻게 이기셨나 궁금해하셨는데요.

목사님이나 집사님이나 사람은 다 똑같습니다. 질문자처럼 그렇게 고민하며 지내 온 것입니다. 하지만 신앙이란 처음부터 성숙한 신앙이 따로 있는 것이 아니겠습니다. 누구라도 그런 과정에서 잘 싸워 자신을 발전시킬 때 미래의 모습은 각자 다르게 나타나게 되리라 생각합니다.

어쨌거나 중요한 것은, 죄는 짓지 않아야 되는 것이고, 또 죄라도 크기가 다 같지 않다는 것을 기억해야 할 겁니다.

❓ 남녀관계의 신앙적인 선은 어디까지……

남녀관계의 신앙적인 선은 어디까진가요?

여자친구와 오럴 섹스를 했습니다. 그것은 넘지 말아야 할 선을 넘은 것인가요? 전 하나님 앞에 죄를 지은 것인가요?

참고로 저와 여자친구는 대학생입니다.

예수님을 열심히 믿고 있습니다.

저희가 죄를 지은 건가요?

죄가 아니라는 생각으로 했지만 그냥 왠지 기분이 찝찝해서요. 가르쳐 주십시오. 죄라면 회개하겠습니다.

답을 않으려 하다가, 그래도 그럴 수 있나 싶어 다시 천천히 읽어 보았는데, 글에도 느낌이 있고요, 쓴 이의 맘이나 자세가 담겼다고 볼 때, 잘한 것도 없는데도 불구하고 너무 당당하니, 예수님을 열심히 믿고 있다는 말을 어떻게 받아야 할지 모르겠군요.

이미 모든 것을 판단할 수 있는 나이가 되었고, 믿음생활에 초보도 아닌 듯하니, 죄가 되는가 안 되는가는 말씀을 기준으로 하여 스스로 판단해 보기를 바랍니다. 그런 능력이 충분히 있다고 보아집니다.

성경에 복을 받는 요셉이 어떻게 살았는가 하는 것이 모범으로 주어지고 있으며, 하나님이 내신 결혼의 제도가 어떤 의미를 가지고 있는지? 때문에 결혼으로 맺어진 관계가 아니라면, 어떻게 순결해야 하는지…….

일반 상식선에서 생각해도 답은 충분히 나오는 것을, 혹시라도 어떤 위안을 삼아 볼까 기대하지 말기를 바랍니다.

죄만 안 지으면 된다는 그런 생각보다 하나님 앞에 옳게 살며, 더 나아가서 주님께 드려지는 삶은 귀한 가치를 지니게 됩니다.

죄라면 회개하겠다 하셨는데, 회개도 맘대로 되는 것이 아니고 은혜가 임해야 가능한 일이니 겸손하길 바랍니다.

대학을 힘들여 공부하는 것은 다 잘되려고 하는 것인데, 우리가 잘되려면 죄를 멀리하고 주님의 사랑받는 자가 되어야죠.

옳게, 순결하게 못 살 바에야 대학을 공부한들 무슨 소용이 있겠습니까? 경성하기를 바라는 마음입니다.

 머릿속의 욕들과 음란한 생각을 지우고 싶어요

수고 많으십니다. 저에겐 남에게 말 못 할 고민이 있습니다.

모태신앙으로 지금까지 예수님을 믿고 있지만, 성경책을 읽을 때나 혹은 '예수님 · 하나님 · 여호와'라는 단어가 나올 때마다, 제 머리에서 그분을 향해 욕이 생각되곤 합니다.

전 전혀 그럴 생각이 없지만 그런 욕이 생각나는 겁니다.

생각될 때마다 바로 예수님께 용서를 구합니다. 제 진심이 아니라고요. 왜 이러는 건지, 정말정말 힘듭니다.

목사님, 그리고 전 음란한 생각들을 많이 하며 청소년 시기를 보낸 것 같습니다. 지금까지도 그런 생각들이 잘 떠나지 않고 저를 괴롭힙니다.

대인관계가 어려울 만큼 힘듭니다.

목사님들을 대할 때마다, 마치 죄인처럼 −그분들이 저의 영적 상태를 다 보고 있는 것처럼− 두려워서 목사님 뵙기가 두렵습니다. 제 머릿속에서 자꾸 생각되어지는 욕들과 음란한 단어들을 지울 수 있는 방법이 없을까요?

철야기도회 때 기도를 하다 보면 구역질이 많이 나오곤 합니다. 제 생각엔 마음속에 더러운 것들이 많아서인 것 같습니다.

완전히 자유롭고 싶습니다. 주님 안에서 전 새롭게 되지 못한 건가요? 어떻게 하면 좋을지 가르쳐 주십시오.

그리고 부족한 저를 위해 목사님 기도 부탁합니다.

 정말 고민이 되겠군요.

제가 생각해 볼 때, 그와 같은 경우는

(1) 정신적 질환이거나

(2) 혹은 다른 영(귀신)의 활동인 듯한데요.

질문자의 경우는 아마도 후자의 경우가 아닐까 생각이 됩니다.

그렇게 생각되는 것은 마음은 그렇지 않은데 머리에서 욕이 생각난다는 것, 그리고 철야기도회 때에 구역질이 난다는 것 등으로 생각해 볼 때 그렇습니다.

귀신들린 것으로 생각이 되지 않으나, 아마도 오랫동안 질문자에게서 떠나지 않고 붙어 역사하는 귀신의 활동이 있는 것으로 생각해도 될 듯합니다.

제 생각에 한 며칠간, 3일 정도 금식하면서 집중적으로 찬송을 많이 하시고, 그리고 성경을 소리 내어 읽으면서 진정 마음에 바라는 바를 주님께 믿음으로 기도해 보시기 바랍니다.

그 역사하는 기간이 오래되었으므로 쉽게 물러가리라고 생각하지 마시고 꾸준히 계속 싸워 자유함을 얻기 바랍니다.

? 상담받고 싶습니다

답변해 주셔서 감사드립니다.

막막해집니다. 전 대인 앞에 잘 서지를 못합니다. 다 나를 쳐다보는 것 같고 두렵고 해서요.

그리고 그런 강박관념 때문인지 머리가 심하게 떨립니다. 저는 정말 정신병자인지, 남들 눈엔 멀쩡하거든요. 귀신의 역사라면 빨리 쫓아내야 할 텐데…….

그런 경험이 있습니다. 대학교에 다닐 때 나름대로 열심히 믿어 보겠다고 집에서 기도하고 잠을 자곤 했는데, 방언이나 그런 능력을 참 많이 받고 싶었지요.

그날도 기도하는 중에 저에게 능력을 달라고 하면서 기도했을 겁니다. 그런데 생각에 제 손이 아주 날카로운, 손톱이 날선 그런 손이 된 것 같은 느낌……, 그런 느낌과 함께 소름이 오싹 끼치더군요. 그래서 조금만 기도하고 그만두었는데 그거와 상관이 있을까요? 오랫동안 교회를 다녔지만 예수가 그리스도라고 잘 믿어지지 않았습니다.

그러나 지금은 믿습니다. 저를 구원해 주실 분이라고요……

이런 상태로선 결혼이 참 자신 없습니다. 치유되고 싶습니다, 목사님.

 **저의** 답변이 약간 충격이 된 듯하여 미안하군요.

너무 심각하게 생각하지 말기를 바랍니다.

귀신을 쫓아낼 필요도 없습니다. 귀신이 들린 것이 아니니까요. 예수님을 영접한 거듭난 심령에는 귀신이 자리 잡을 수 없습니다. 단지 사탄은 여러 가지 모양으로 하나님의 백성들을 시험하고 괴롭힙니다. 그런 관점에서 생각하면 좋을 듯합니다.

생각을 건전하게 하시고, 밝게 하시고 그리고 건강하게 믿음생활을 하시기 바랍니다.

역시 기도생활도 건전하게, 건강하게 하시기를 바라고요.

하나님의 말씀을 많이 읽고 묵상하며 적용하는 일에 발전을 시키는 것이 좋을 듯합니다. 점점 나아지게 됩니다.

성적 욕구 때문에 괴롭습니다

목사님, 안녕하세요. 고민 끝에 이렇게 상담 글을 올립니다.

저는 24세의 미혼여성입니다. 23살까지만 해도 그렇지 않았는데, 올 여름부터 자꾸만 혼자 쉬고 있을 때면 성적인 욕구가 생겨요. 그래서 자위를 한 적이 꽤 됩니다.

그러고 나면 항상 너무 허탈해지고 어떤 죄의식이 저를 눌러서, 이게 아닌데 …… 하는 생각으로 다시는 절대로 하지 말자고 다짐을 하지만, 그런 이성적인 판단과 생각은 그때뿐이고, 또다시 그런 욕구가 생기면 전 제 욕망의 노예가 되어 버리고 맙니다. 목사님 홈페이지에 있는 자위에 관한 상담 글을 보기는 했습니다. 그런데 저는 아직 잘 모르겠습니다.

'하나님께서 싫어하시는 일은 아니, 싫어하실 것 같은 일도 하지 말자.'고 그렇게 마음먹어도, 제가 또 그렇게 할 때는 제 나름대로 저 자신을 합리화시킵니다.

이건 죄다, 아니다를 따질 문제가 아니라, 배가 고파서 밥을 먹는 것과도 같은 인간의 본능적인 욕구라구요. 그러면서 항상 이런 일들이 똑같이 반복됩니다. 혹시 하나님께서 제 이런 행동 때문에 저에게 벌을 주시지 않을까 하는 생각도 들고, 정말 저 자신이 자위하고픈 생각이 들지 않았으면 좋겠어요.

목사님, 자위를 하면서도 하나님 앞에서 떳떳할 수 있는 건가요? 이건 믿음생활과는 별개로 제 자유의지에 의해서 할 수 있는 걸까요? 편해지고 싶습니다. 이런 고민 때문에 힘들어하고 싶지가 않아요. 목사님의 명철하신 답변 부탁드립니다. 안녕히 계세요.(^^;;)

흐음, 명철하신 답변을 부탁하셨는데…… 어려운 일입니다.

답이야 이론적으로 하면 되지만, 문제는 실천이 되느냐 하는 겁니다.

크게 두 가지 견해가 있는 듯하더군요. 하나는, 죄가 된다는 견해입니다. 왜냐하면 음란한 생각들과 함께 행해지기 때문입니다. 그리스도인은 안 된다는 것과 다른 하나는 최근에 구성애 씬가 하는 분이 말하는 대로, 자연스런 것으로 보는 겁니다.

두 가지 다 참고가 됩니다. 우리가 무슨 생각을 하느냐 하는 것은 영적 생활과 관계가 있습니다. 자위를 하지 않는다 하더라도 음란한 생각은 나쁜 것이고 해가 되겠죠. 그렇지만 또 자위를 한다고 해서 꼭 음란한 생각을 하는 것도 아닙니다.

스스로 잘 판단하셔서 선을 그어 두시면 좋을 듯하구요.

질문자를 위해 구체적으로 답을 해본다면 24세라 하셨으니,

(1) 빨랑 결혼하시도록 기도하시면 좋겠네요.

> "만일 절제할 수 없거든 혼인하라 정욕이 불같이 타는 것보다 혼인하는 것이 나으니라"(고전 7: 9)

결혼하면 자연히 다 해결되리라 봅니다.

(2) 자위란 것이 은밀히 행하여지니, 하나님 앞에서 떳떳하긴 힘들겠지만 너무 맘 쓰지 마시고, 밥 먹는 게 하나님 축복이지만 과식하면 해롭고 몸을 망치듯이, 그냥 그렇게 생각하시고 잘 조절하시기 바라구요.

(3) 그런 거 생각나지 않을 만큼 다른 좋은 일에 열중하게 되면 아마 큰 도움이 되리라 생각합니다.

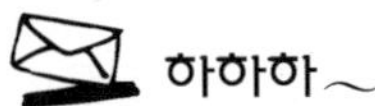 음란죄의 경계를 알고 싶어요

남녀 사이에 음란죄를 짓지 말라고 하는데, 어디까지가 죄고 어디까지가 죄가 아니죠?(……)

하하하~

우스운 질문이지만,

한 번씩 가질 수 있는 의문이라 생각됩니다.

행위에 대한 선이 있는 것이 아니라

사람이나 상황, 혹은 마음가짐에 따라 다르다 생각됩니다.

예컨대…… 부부간에와 그렇지 않은 경우의 차이겠죠.

아마 질문자가 아직 미혼이리라 생각되는데요, 질문에 답을 하자면, 어디까지의 그 선은 스스로의 마음에서 결정될 일입니다. 손을 잡는다, 그리고 kiss를 하고 싶다, 그리고 포옹도 하고 싶구요? 그리고 더 넘어가고 싶은 게 인간의 본능적 욕구이겠져?

시원하게 답을 드리자면, 아무리 사랑한대도 마지막 선을 넘어선 안 되리라 생각합니다.

이건 음란의 문제로 생각하지 않더라도 사랑의 문제이며, 무엇이든 지킬 것은 지키는 것이 아름답다는 상식의 문제입니다.

신앙 안에서 고민하는 것은 아름다운 일입니다. 잘 지켜 나가는 젊음이 되기를 바랍니다.

 **5년 사귀었는데 영이 맞지 않으니 헤어지라고……**

안녕하세요. 요즘 너무 답답한 심정에 이런 상담을 찾는데 너무 부족한 게 아쉽네요.

전 5년간 만나 온 남자가 있습니다. 물론 저흰 결혼을 생각하고 만나 왔었어요. 저희 집에서는 모르고 있었어요. 둘 다 말할 상황이 아니어서 곧 말하려고 했는데…….

엄마가 어느 날 금식 기도하고 오시더니 저보고 만나는 남자 있냐구 말씀하시더라구요. 그러시더니 만나지 말라구 하시더라구요. 저희 엄마는 기도 가운데, 꿈 가운데 주님의 말씀과 뜻을 잘 아시곤 하시거든요. 그렇게 보고 자란 저로서는 너무 놀라지 않을 수가 없었어요. 그 사람과 저는 안 된대요. 결혼하면 힘이 든다고, 꿈속에서 너무너무 안 좋았다구.

그러구 아시는 권사님께 기도받으러 갔었어요. 헌데 그 권사님께서도 저보고 만나는 사람 있냐구 물어보시더니, 주님께서 저의 배필이 아니라고 기도 중에 말씀하신대요. 저는 박사나, 외국에 다니는 사람과 만나게 해주신다고 꿈을 크게 가지고 기도하라고 하시더라구요.

이런 문제로 제가 지금 사랑하고 있는 사람과 헤어져야 합니까? 그것이 주님의 뜻 가운데 순종하는 것입니까? 전 순종하는 자가 되기를 원합니다.

전도사님께선 그 남자가 나빠서 저와 헤어져야 하는 것이 아니라, 저와 그 사람의 영이 다르대요. 그 사람에게는 저 말고 또 맞는 사람이 있다면서…….

요즘 이런 일을 겪고 나니, 믿음이 부족한 저로서는 성경적인 의심과 의문이 많이 듭니다. 부모님이 반대하는 결혼은 원치 않습니다. 또한 제가 사랑하는 오빠와 헤어지는 것 또한 원치 않습니다. 기도하면서 주님께 기도드리는 것이 중요하다는 거 알지만 인간이라 너무 의문이 많이 생깁니다.

제가 만약 오빠와 결혼한다면 저희 둘은 불행해지는 것일까요? 오빠를 만나면 가슴 한구석엔 거짓말한다는 죄책감도 들고, 이런 생각하는 것 역시 오빠에게 도리가 아닌 것 같구……. 진짜 헤어져야 한다면 빨리 오빠를 놔줘야 하는 건 아닌지. 오빠는 저와 7살 차이가 나거든요.

 **결론부터** 말씀드리면, 결혼하세요. 용기를 가지고, 담대하게 추진하여 이루시기 바랍니다. 자매님이 행복하다면 주님이 기뻐하실 것이며, 그럼 5년간 사귀어 온 남자와 결혼하는 그 길 외에 다른 어떤 길이 있겠으며, 가장 좋은 길이겠습니까?

근데 결혼 적령기인데 왜 5년간이나 결혼도 않고 이렇게 지내 왔을까 궁금하군여.

제가 남자 쪽의 사정은 알 수 없는 상황에서 말씀을 드리는 것입니다만, 뚱딴지같은 소리에 맘 어지러울 것 없습니다.

엄마가 어느 날 금식 기도하고 오시더니 저 보고 만나는 남자 있냐구 말씀하시더라구요. 그러시더니 만나지 말라구 하시더라구요. ……저로서는 너무 놀라지 않을 수가 없었어요.

금식기도 안 해도, 자식이 5년간 남자를 사귀어 오는 거 모르겠습니까? 뭘 그거 갖구 놀라구 그래요? 정 그럼 누구랑 사귀는지, 얼마나 되었는지도 다 알아야 신령한 거져?

 헌데 그 권사님께서도 저보고 만나는 사람 있냐구 물어보시더니, 주님께서 저의 배필이 아니라고 기도 중에 말씀하신대요.

정말 뚱딴지같은 소리, 저주받을 인간이군요. 그 권사란 사람이……. 좀 기도한다고 하는 사람들이 미혹의 영을 받아 그런 일들을 합니다. 미혹되지 말기를 바랍니다.

 전도사님께선 저와 그 사람의 영이 다르대요. 그 사람에게는 저 말고 또 맞는 사람이 있다면서…….

영이 다르다니? 정말 무지한 말이군요. 그런 말들이 어디서 어떤 근거로 나왔는지 저도 도무지 알 수가 없습니다.

 제가 만약 오빠와 결혼한다면 저희 둘은 불행해지는 것일까요?

두 분이 주님 안에서 말씀대로 살면, 어디에 가든지 형통할 것이며, 행복할 것입니다. 우리의 신앙과 생활의 표준은 하나님의 말씀입니다. 성경에 기록된 축복의 약속대로 살면 항상 복의 사람이 되는 겁니다. 제가 드린 말씀의 요지는, 5년간 사귀었으니 결혼해야 된다는 것은 아닙니다. 5년 아니라 10년을 사귀어도 결혼 못 할 사이도 있겠지요.

단지, 믿음생활이나 하나님의 뜻을 분별하는 데 있어서 하나님의 말씀이 표준이 되어야 한다는 것이고, 사이비 내지는 미혹의 영에 의한 사사로운 말들은 참고의 가치도 없다는 것입니다.

신앙이란 것이 이성을 배제하지 않으며, 일반 상식선을 벗어나서도 안 될 것이며, 무지한 행동이 되어서도 안 되는 것입니다.

신앙은 일반사람들이 볼 때도, 건전하고 도덕적이고 윤리적이어야 할 것입니다. 🏠

⁇ 배우자가 될 사람에 대하여

목사님, 안녕하세요. 목사님께 말씀드리고 싶은 게 있어요.

제게 결혼할 사람이 있는데요, 그 사람은 아직 하나님을 체험하진 못했지만 제 인도로 교회에도 나가고 있고 정말 좋은 사람입니다.

그런데 그 사람의 배경에 대해서 고민될 때가 있어요.

그의 어머님은 남편과 사별 후 가정이 있는 다른 남자를 만나 따로 살면서 그를 낳았고, 아버님은 젊은 나이에 병으로 돌아가셨어요. 그래서 가족관계가 좀 복잡하고 그 사람 어머님 때문에 평생에 한을 지셨을 원래 부인 되시는 분은 얼마나 마음이 아프셨을까 생각하면 저도 함께 죄를 지은 기분입니다.

또 아버님은 대머리가 아니셨는데 그 사람은 지금 진행 중인 걸 보면, 혹시 그 죄가 그 사람에게까지 이르는 게 아닐까 하고 걱정이 됩니다.

목사님 보시기엔 어떠세요. 물론 저도 죄인이고 부족함이 많은 사람입니다. 그 사람 자체는 나무랄 데 없이 성실하고 좋은 사람이며 결혼하고 싶은데 그 부분에 대해서 어떻게 생각해야 할까요? 목사님께 조언을 구하며 참고로 그 사람 집안은 하나님을 믿지 않습니다.

✉ **마음에** 결혼까지 작정을 하셨는데, 말씀하신 대로 배경 때문에 걱정을 하고 계시군여.

결혼을 생각하기에 이른 데는 나무랄 데 없이 성실하고 사람이 좋기 때문이라 하셨고, 또한 두 분의 사랑이 바탕이 되었을 것으로 사료

되고…….

또한 상대방이 그러한 어두운 배경까지 말하게 됨은 서로에 대한 깊은 신뢰가 없이는 어려운 일이겠지요.

저의 생각은, 말씀하신 그러한 배경이 별 문제는 아니라고 봅니다. 그보다는 지금 현재 얼마나 신실한 믿음으로 무장되어 있는가 하는 것입니다. 선조의 어떠한 죄나 나쁜 유전적 요인이 있다 할지라도 내가 하나님을 확실하게 믿고 주님께 붙잡힌다면, 그런 건 아무 상관이 없는 일입니다.

두 분의 믿음이 견고하다면 어떠한 역경이라도 이겨 낼 것이고, 내려오는 저주가 있다 할지라도 그 모든 저주는 차단되고 전혀 새로운 축복의 생이 시작될 것입니다.

그런데 상대방에게 그런 믿음이 있는지, 그것이 중요한 일입니다. 그러니까 사람이 좋다 안 좋다 하는 것보다도 신앙의 유무가 더 중요한 것입니다. 사랑하고 있는 데야 다 좋은 게 아닐까요? 하지만 믿음은 그리 마음대로 되는 게 아닙니다.

그러니까 두 사람이 좋은 믿음으로 하나 되지 못한다면(현실적으로, 믿음 좋은 청년을 무작정 기다릴 수도 없는 일이니) 혼자라도, 그 모든 상황을 품고 하나님 안에서 새 인생을 창조할 그런 믿음 내지는 각오가 있어야 하리라 생각됩니다.

최악의 상황을 예측하고 그 상황을 돌파할 수 있겠는가 생각해 보시면 어떨까요?

목사님, 답변 감사합니다

마음 한편으론 좀 무거운 생각이 드네요.
만약 그 사람에게 그런 이야기를 해준다면, 기분 나빠할까요?
그 사람도 함께 신앙생활 잘했으면 좋겠습니다.

결혼이란 것이 약속으로 이루어집니다. 서로가 부부로 해로하기로 약속할 때 부부가 되는 것이겠지요.

마찬가지로 신앙도 약속이 중요합니다.

그분에게 충분히 얘기하고 대화도 나누고, 그리고 "잘 믿어야 한다, 그렇게 하겠느냐?" 하고 물어 약속을 받고.

그리고 교제하는 동안에 약속을 성실하게 잘 지키는지, 믿을 수 있는지 살펴볼 수 있겠고.

그리고 그 약속을 기초로 결혼하여 신앙의 길을 함께 걸어간다면, 아마 틀림없이 주님께서 도우실 것입니다.

저의 생각일 뿐입니다.

저는 상황 판단에 한계가 있으므로, 본인이 기도하고 주님의 기뻐하시는 바를 살피면, 주님께서 좋은 깨달음과 응답을 주실 것입니다.

결혼할 사람과 냉전 중입니다

목사님, 새해 복 많이 받으세요.

그동안 그 사람과 잘 지냈구요, 결혼날짜를 잡아 놓은 상태인데 얼마 전부터 냉전 중이고 마음이 너무 아파서 이렇게 글을 올리게 되었습니다.

그 사람을 처음에 사귀기 시작할 무렵 하나님을 믿겠다는 확답을 받았기 때문에 제 나름대로 확신을 가지고 교제를 했었는데, 며칠 전 제가 그 사람보다 하나님을 더 사랑한다는 말이 자신을 화나게 한다며 신앙생활에 강한 거부감을 나타냈습니다.

이제 와서 이런 말을 하다니 정말 실망스럽습니다.

그 사람의 좋지 않은 집안 배경 · 외모, 먼 곳으로 시집을 가야 하는 두려움까지 모두 믿음과 사랑만 있으면 된다고 생각했는데 이제 자신이 없습니다.

제가 그 사람을 너무 부담스럽게 하고 거부감을 느끼게 한 것 같아요.

저도 사실 이해 못 한 적이 있어서 그 사람 마음은 알겠지만……

이건 아니다라는 생각이 자꾸 들어요.

목사님의 조언을 부탁드립니다.

 네, 반갑습니다.

결혼날짜를 잡으셨다니, 미리 결혼을 축하드립니다.

얼마 전부터 냉전 중이라……시간이 지나면 잘 해결될 겁니다.

그러면서 사랑도 성숙해지는 것이겠지요.

하신 질문에 대하여 답해 드리고 싶은 말씀은,

사랑에 지혜를 가지라는 말씀입니다.

"당신을 사랑하지만 당신보다는 하나님을 더 사랑한다"는 말은 아직 신앙이 없는 분이 들을 때는 화가 나지 않을까요?

더군다나 결혼을 앞두고 있는 시점에서 말입니다.

믿는 사람은 누구나 그게 기본입니다.

하지만 그런 걸 구태여 이해할 수 없는 분에게 말할 필요는 없다고 생각합니다.

신앙생활에 강한 거부감을 나타냈다고 하셨는데,

전 늘 그런 걸 안타까워하고 있습니다.

믿지 않는 이들이 우리를 볼 때,

참 행복하구나, 예수 믿으면 좋구나, 나도 누가 이끌어 준다면 교회 가야지 하는 생각이 들도록, 우리가 불신자들 앞에서, 혹은 그들과 더불어 살면서 보여 줄 수 없을까? 이런 게 저의 고민이기도 합니다.

신앙이 알게 모르게 강요되는 상황이 아니라, 이끌려 오는 방향으로요, 자원하는 마음이 일어나도록 지혜를 나타내었으면 합니다.

동성애는 나쁜가요?

안녕하세요?

궁금한 것이 있어 이렇게 글 올립니다.

요즘 홍석천의 커밍아웃 등이 미디어를 떠들썩하게 하고 있는데요. 동성연애에 대해 어떻게 생각하는지요?

전 사실 여태까지 반대의 입장이었지만 요즘은 어느 정도 그들을 이해하기 시작했습니다.

더욱이 동성연애가 아닌 트랜스(transgender: 자신을 육적인 성과 반대가 되는 성 정체성을 가진 사람)들은 더 이해가 되거든요.

만일 어떤 남자가 자신을 여자라고 생각하는 성 정체성을 가졌고 어떤 남자를 사랑한다면 그건 동성애가 아닌 이성애니까요. 더 이상 그런 것들을 일종의 정신병이나 변태라고만 해석할 수는 없을 것 같단 생각이 듭니다. 왜냐하면 그들도 자신의 그런 성 정체성 때문에 무척 아파하고 고통스러워하니까요.

동성연애는 이해가 되지 않는다 해도 이런 트랜스들은 도대체 성경적으로 어떻게 이해해야 하죠?

정말 궁금하군요. 꼭 대답해 주세요.

글쎄, 사람 사는 사회에서 일어나는 일이라면, 그것이 무엇이든 이해 못 할 것은 없다고 생각하지만, 이해하는 것과 옳은 것이라고 인정하는 것과 차이가 있겠죠?

성경의 진리를 떠나서라도 우선 모든 일은 일반 상식선에서 생각하면 별반 다르지 않습니다. 동성애란 것도 우선 그렇게 생각하면 좋을 듯하구요.

질문자가 말씀하신 트랜스의 경우, 그 본인들도 자신의 성 정체성 때문에 아파하고 고통스러워한다면 그 자체가 본래의 성을 부정할 수 없는 하나의 증거가 아닐까 생각합니다.

 동성연애는 이해가 되지 않는다 해도 이런 트랜스들은 도대체 성경적으로 어떻게 이해해야 하죠?

사람의 성격이 워낙 다양하고, 또 자라 온 환경이나 걸어온 길이 다른 만큼, 남자라도 여자 같은 성격의 요소가 있을 수 있고, 반대로 여자라도 성격이 남자 같은 여자가 있을 수 있지만, 그렇다고 해서 그것을 성격이나 성향 등의 다양성과 차이로 생각해야지, 다른 성으로 생각해서는 안 되는 거 아닐까? 저의 생각은 그렇습니다.

남성적 성격의 요소가 많은 여성은 여성답도록 자신을 다듬어 나가면 좋을 것이고, 또한 그 반대의 사람은 그렇게 자신을 개발시켜 나감이 바람직하리라 여겨지고요.

성경이 어떻게 말하는가? 생각나는 대로 말해 보면, 하나님의 창조에는 항상 질서와 구분이 있습니다. 뒤죽박죽은 없습니다.

하나님은 사람을 남자와 여자로 창조하셨습니다(창 1: 27). 남자는 남자고 여자는 여자입니다.

하지만 명백하게 자타가 공인할 정도로 다른 성향으로 나타날 때, 비전문가인 개인적 소견은 그저 선천적인 정신적 장애가 아닐까 생각하는데요. 그들에게는 어려운 일일지 모르겠으나, 하나님의 창조원리

안에 있어야 된다는 말씀만 드릴 수 있겠습니다.

그러나 하나님의 창조이심에 불구하고 여러 가지 장애가 있을 수 있듯이 남성과 여성을 결정하는 호르몬이 선천적으로 비정상적일 수 있다고도 봅니다. 하여 겉으로 나타난 성과는 자신의 인격적 성이 부조화를 이루어 본인에게 부자연스럽고 고통이 될 수도 있겠습니다. 그런 경우에 자신의 선택에 의하여 남녀의 성을 스스로 선택할 수 있지 않을까 생각도 하는 것이 최근의 저의 입장입니다.

믿지 않는 그를 포기할 수가 없어요

목사님, 안녕하세요. 저는 28세 여성입니다. 미국에서 열심히 꿈을 위해 뛰어왔습니다.

하지만 제가 하는 일들이 다 막히고, 제 가정과 앞길에는 계속해서 어려움만 닥쳐왔습니다.

영주권자인 제 동생과는 달리 유학생 신분인 저는 늦게 이민 오신 부모님의 어려운 형편 때문에 제대로 공부할 수 있는 환경이 아니었기 때문에, 하나님께 결혼과 배우자에 대해 기도하기 시작했습니다.

새벽기도를 작정으로 드리고, 하나님께 배우자에 대한 조건들을 나열해서 기도했고, 어떤 사인을 보여 주십사 기도를 드린 지 한 달만에 정말 제 마음에 너무나 만족스러운 사람이 나타났고, 주님께 기도드린 제가 원하는 그런 사람이었습니다.

하지만 그가 무신론자인 걸 알게 되었고 전 고민에 휩싸이면서도 다른 여러 가지로 그 사람이 너무 제 맘에 들었기 때문에, 전 주님께 그 사람을 교회로 인도하겠다고 약속드리고, 계속 그 사람과 교제를 했습니다.

무신론자라는 이유로 전 무척이나 고민하면서 기도했고, 그 오빠와 제가 서로 마음이 맞기 때문에 쉽게 교회로 데려올 수 있을 거라 생각했는데, 그 오빠와의 관계에서 문제가 생기기 시작했고, 전 아마도 하나님 뜻이 아닌가 보다고 생각하며 마음을 포기하려 했는데, 몇 달 동안 사귀면서 오빠를 너무 좋아하게 되었고, 이성으론 포기한다고 하면서 마음으로는 고통만 더해 가게 되었습니다.

지금은 너무나 큰 수렁에 빠져서 심지어 자살까지 생각하게 됩니다.

하나님께 그 오빠가 기독교인이 되면 사귈 수 있으니까 제발 그 사람의 마음을 변화시켜 달라고 떼를 쓰는 기도도 합니다. 전 거의 한 달 내내 식음도 전폐하고 말씀도 읽어 보고 기도도 하지만 고통은 가시질 않고, 이젠 하나님의 은혜도 그분께서 저의 인생에 뜻하시는 것도 아무것도 알 수 없는 암흑 같은 생활을 합니다.

목사님, 불신자를 인도해서 사귈 수는 없는 건가요? 만약에 그럴 수 없다면 제가 어떻게 해야 이런 고통스런 감정과 그 오빠에 대한 생각에서 헤어 나올 수가 있나요?

하나님께 대한 믿음과 사랑을 회복하고 싶으면서도 저의 고통에 침묵만 하시는 하나님이 원망스럽습니다. 왜 하나님은 저를 이 고통스런 수렁에서 건져 주시지 않는 것일까요? 왜 저와 제 가족에게는 항상 어렵고 힘든 일만 생기는 건가요?

그동안 드리던 새벽기도도 가정예배도 다 소용없는 것 같아 보입니다. 어리석은 항변인 걸 알면서도 목사님께 상담 요청드립니다.

드리고 싶은 말씀은, 목적을 가지고 열심히 기도했다면, 기다려야 합니다. 하나님의 응답이 늦게 올 수도 있는 것인데, 너무 속단하신 것 같은 생각이 듭니다. 그리고 간구의 내용도 내 욕심이 아닌 하나님의 뜻대로 구하는 기도였으면 좋을 것이란 생각이 듭니다.

또 기도하는 것도 중요하지만, 하나님의 뜻을 따라 순종하며 살아가는 삶은 더 귀한 것입니다. 그러니 이에 대한 많은 훈련도 필요하다고 봅니다.

현재의 심적 고통에서 해결되는 길도, 주님의 뜻에 맡겨 두고 자매님 스스로 어떻게 해결해 보려는 노력을 그만두시고 좀 기다려 보시기 바랍니다.

사람의 마음도 유동적입니다. 환경도 늘 같지 않습니다.

내 자아가 죽을 때, 진정으로 편해집니다. 자유로워지고 하나님의 뜻에 순종할 수 있습니다.

자매님은 자아가 너무 강한 듯한 느낌을 글에서 받게 됩니다.

적극적으로 산다는 것과, 내 자아가 주님 앞에서 강한 것과는 다르다는 말씀을 드리고 싶습니다.

'내 주여 뜻대로 행하시옵소서'라는 찬송이 생각이 나는군요.

좋으신 주님의 은혜 안에서 평안해지시기를 바랍니다.

이것은 좀 아닌 것 같습니다

목사님, 저는 요즘 여러 가지 일들로 갈등과 시련을 겪고 있습니다. 며칠 사이에 여러 가지 좋지 않은 일들이 일어나고 있는 가운데에서도 항상 힘을 잃지 않으려고 노력 중입니다.

제게는 3년 정도 교제를 한 여자친구가 있습니다. 그 친구와의 관계도 저의 일들로 인해 작은 갈등을 겪고 있는 가운데, 정말 어처구니없는 말을 듣게 되었습니다.

그 친구의 집안 역시 저의 집처럼 기독교가 큰 기둥이 되고 있는 크리스천 집안입니다. 그런데 얼마 전 친구의 어머님이 기도원에 가서서 그곳에 계시는 목사님께 이것저것 상의를 드리다가 저와 친구의 앞으로의 일을 여쭙자, 그 목사님께서는 그곳에서 잠시 기도 후에 우리의 관계는 앞으로 좋지 않다며 단도직입적으로 결혼을 하게 되면 서로에게 좋지 않다고 대답하여 주셨답니다.

그 이야기를 바로 어제 전해 듣고서는 전 정말 어처구니가 없었습니다. 전 차라리 우리의 사주를 가지고 가서 용한 점쟁이에게 가보는 것이 낫겠다고 말해 버리곤 하였습니다.

목사님 정말 이런 게 가능합니까? 하나님께선 살아 계시고 병치유의 역사와 여러 가지 기적을 행하시는 분으로 알고 있습니다. 물론 어려운 일들을 기도로서 응답받기도 하구요. 하지만 이건 좀 아닌 것 같습니다.

하나님께서 그 목사님께 정말 그렇게 응답을 해주신 걸까요? 그 목사님은 절 전혀 아시지도 못합니다. 저 역시 그 목사님을 알지 못하구요. 정말이지 그 목사님께 직접 찾아가 한번 따져라도 보고 싶습니다.

전혀 알지도 못하는 사람을 그런 식으로 말해 버리는 건 목사님이 아니라 그 누구에게도 허락되지 않는 것 아닐까요? 무속인들은 토템이나 샤머니즘 같은 자신의 고유한 신을 섬기고 있습니다. 영적인 힘을 크게 얻기 위해 주로 과거의 유명한 장군이나 심지어는 외국의 장군들까지도 그 수가 다양하다고 합니다. 그들은 점을 치기 위해, 혹은 궁합을 보기 위해 하다못해 사주라도 들고 갑니다.

우리의 하나님은 그런 잡귀들보다 훨씬 강하신 분이시라 그런 것도 필요 없는 분입니까?

하나님은 사랑이라고 성경은 말하고 있습니다. 이것은 힘없는 사람을 위해 주시는 하나님의 가장 큰 것이고 인간들 간에도 힘이 되고 서로 베풀어 줄 수 있는 무언가를 주신 하나님의 선물 아닙니까?

목사님, 꼭 답해 주십시오. 그리고 기도해 주십시오. 정말 그러한지 전 너무 답답합니다.

목사님께서 그렇게 하셨다니, 나도 목사인 입장에서 뭐라 할 수 없지만 어쨌거나, 저는 그런 형태를 불건전하고 잘못된 신비주의 내지는 사이비로 생각하고 있는 사람입니다.

혹 기도원 같은 데서 제대로 자격을 갖추지 못한 사람이, 근거도 없이 목사라 자칭하고 활동하는 사람이 있습니다.

너무 신경 쓰지 마시고 밝고 건전하게 생각하는 가운데 열심으로 믿음생활 잘하시기를 바랍니다.

신앙이 다른 상대와의 결혼 문제

목사님께서 제 문제를 풀어 주십사 하고 몇 자 씁니다.

저는 안식일교회를 다니는 어머니가 있는 남자친구와 결혼하려 하는데, 문제가 좀 생겼습니다.

어차피 저희는 이번 여름에 결혼해서 유학을 가기 때문에 그런 문제로 부딪힐 일이 없다고 생각했는데, 어머니가 안식일교회를 다녀야 하고 침례를 받고 성경공부를 해야 한다는 얘기를 하셨대요.

그래서 며칠 계속 그 문제로 싸우고 저도 고집을 피우면서 그렇게 못 하겠다고 했구요. 물론 결혼을 안 한다면 이런 문제로 골머리 썩일 필욘 없지만 포기하기엔 너무 늦은 거 같아서요.

목사님의 지혜를 빌려 주세요. 그리고 몇 초라도 절 위해 기도해 주세요. 읽어 주셔서 감사합니다.

으음…… 글의 내용만으로 볼 때, 사귀는 분의 신앙을 잘 알 수가 없군요. 어머니의 생각인지, 아니면 거기에 남자친구의 의사도 담겨 있는지…….

결혼할 당사자가 아니고 단지 어머니와의 신앙관 차이라면, 두 분이 함께 극복할 수 있으리라 생각합니다.

하지만 당사자 두 분의 신앙관에 뚜렷한 차이가 있다면, 좀 곤란하지 않을까, 저는 생각이 되는군요.

그러니 남자친구의 신앙관이 어떠한지, 한번 솔직한 대화를 해보심 어떨까요? 그리고 혼자, 주님 앞에서 기도하며 숙고하신 뒤 후회 없는 결정이 있기를 바랍니다.

 믿었던 사람에게서 이별을 통보받고……

너무 힘들어서 상담을 받고 싶어서 질의를 하려 합니다.

저는 3년간 교제한 남자친구가 있습니다. 서로 같은 교회를 섬기고 있고 서로 집안에서 교제하는 걸 아시고 계시죠.

집에서는 융통성이 없고 늘 답답한 남자친구에게 좋지 않은 시선을 가지고 계십니다. 물론 부모님께선 몇 번 남자친구의 행동에 대해 실망을 하셨거든요. 제가 생각해도 번번이 남자친구의 잘못이 있었죠. 하지만 잦은 다툼과 힘겨움이 있어도 서로 많이 사랑했거든요.

그런데 작년부터 제 나이도 나이인지라 선이 들어오기 시작했어요. 번번이 거절도 했지만 부모님께선 결혼은 현실이라는 말씀으로 사랑만 한다고 결혼을 생각하지 말라고 하시더군요. 전 늘 이 친구와 육체적인 관계도 가졌고 당연히 결혼을 해야겠구나 생각했죠.

올 들어 상황이 더 힘들어졌어요. 어머니는 암 3기시고 아버진 원래 심부전증이 있으셨구요. 또한 그 친군 아직 취업을 하지 못한 상태구요. 그렇게 힘든 상황에서 제가 너무 답답한 나머지 선 본다구, 너무 힘들다고, 어찌할 바 모르겠다고……; 이런 식으로 올 들어 그 친구를 여러 번 너무 힘들게 했어요.

근데 그 친구가 며칠 전 이별을 통보해 왔어요. 우리 서로 그만 만나자구요. 좋은 사람 만나서 결혼하라구요. 그리구 자긴 하나님께 회개하겠다구요. 서로 미워하지 말자구……. 그러면서 울면서 갔어요. 그 뒤로 교회에서 만나선 예전처럼 인사를 하지요(다른 사람들의 시선 때문에).

전 속상했어요. 제가 전화하면 시큰둥하게 받는 그 친구 땜에 많이 힘듭니다. 그리고 '좋은 사람 만나라구.' 하면서 끊습니다.

정말 하나님께 죄송할 따름이에요.

왜 상황이 이렇게 힘들게 됐는지 죄송스럽구요. 그래서 감히 목사님께 상담을 구합니다.

 일단은 힘이 들겠습니다.

두 사람의 사랑은 물론 진실하리라 생각합니다.

그러나 흔한 일입니다. 특별한 것은 아닙니다. 누구나 다 겪을 수 있는 일입니다. 너무 크게 생각지 말고 객관적 시야를 갖기 바랍니다. 시간이 지나면 새로운 시야를 갖게 됩니다.

결혼할 때가 되었는데 여러 가지 여건들이 허락되지 않는 상황이군요. 그래요, 결혼하여 그 테두리 안에서 사랑할 수 있다면 얼마나 좋겠습니까? 근데 결혼이란 게 단지 사랑했다, 혹은 육체적 관계를 맺었다 하여 성사가 되지는 않는 게 현실입니다. 세상사는 복잡하니까요. 물론 다 죄 된 사람의 책임이겠죠.

더욱이 질문자의 경우에, 남자친구가 모든 여건을 차고 나가야 되는 건데……. 좀 힘들다고 이별을 통보하면 아무것도 되는 게 없겠죠? 남자친구가 그렇게 하는 데야 뭐가 됩니까? 내 생각에는 인생을 맡기기에, 그 남자친구가 질문자의 인생을 책임지기엔 벅찰 것 같군요.

혼전 육체관계란 것은 둘이서 각각 책임져야 할 문제입니다.

우리는 심은 대로, 뿌린 대로 거두는 섭리 안에서 살고 있습니다.

우리는 되는대로 살 자유가 있긴 해도 오늘의 방종이 내일 어떠한 불행을 초래할지 알 수 없는 일입니다.

그러니 일단은 진실한 회개가 필요합니다. 회개가 어떤 것인지 아마 잘 알고 있으리라 생각이 되고요, 그런 점에서라도 일단은 그 교제가 중단되는 것이 바람직할 것 같은데요.

다른 방법이 뭐 있겠습니까.

아마도 우리 주님께서 권고하고 계시는 듯합니다.

시간이 흐르면 절로 해결이 됩니다. 아픔도 무디어지게 되겠구요. 주님이 또 새 은혜 주시면 새 힘 얻어 새로운 삶을 시작하게 될 겁니다.

❓ 결혼을 없었던 것으로 하자는데

안녕하세요. 저는 모태신앙으로 어려서부터 하나님을 접하고 있는 30세 청년입니다. 신앙은 나름대로 있다고 생각하고 있었는데, 교회에서 한 사람의 배신으로 신앙 자체가 회의적입니다.

2년 전에 다른 교회의 반주를 맡은 아가씨를 소개받았습니다. 그녀의 부모님 또한 신앙이 좋은 권사님들이었습니다.

3대째 신앙심이 깊은 가족의 아가씨였습니다. 둘은 신앙도 통하고 성격도 통해서 사귀게 되었습니다. 물론 결혼도 생각하게 되었고, 양가의 인사도 나누고, 결혼준비를 차근차근 준비하였습니다. 여기까지는 진행이 좋았습니다.

그러다 저의 아버님이 어느 날 갑작스런 교통사고를 당하셔서 그만 돌아가시고 말았습니다. 저희 가족의 슬픔은 이루 말을 할 수 없었습니다. 그런데 차츰 여자 쪽의 태도가 달라져서, 급기야 결혼을 없었던 것으로 하자고 통보가 왔습니다.

그녀의 아버지 · 어머니 · 당사자인 그녀도 마찬가지였습니다. 제게는 청천벽력과도 같았습니다. 아버지를 잃은 것도 서러운데, 위로는 못 해 줄망정 저의 집의 우환을 보고 결혼을 원치 않는다는 것이었습니다. 믿음이 저희 집보다 좋고, 신앙의 축복을 받은 이들의 저에 대한 이러한 태도에 당황하지 않을 수 없습니다. 역시 인간은 어쩔 수가 없나 봅니다.

시련 앞에서는 아무리 신앙이 좋다 해도, 싫은 것은 싫은 가봅니다. 1년을 깊이 사귀었어도 아무 소용이 없더군요.

이제 시간이 흘러 상처는 거의 아물어 가지만 저의 믿음에 회의가 가서 교회를 나가지 않고 있습니다. 교회라는 울타리 속에 있는 세상의 속물들로 꽉 차 있는 것 같아, 갈 수가 없더군요.

피아노 반주를 치던 그녀가 떠올라 찬송가소리조차 듣기가 싫어졌습니다. 매일 기도는 하지만 마음속에서 우러나오는 기도가 나오지 않습니다.

누가 그러더군요. 성경의 말씀을 믿지 사람을 믿지 말라고……. 하지만 당해 보지 않은 사람은 모릅니다. 상대방의 이야기를 듣지 않고 판단이 안 서시겠지만, 저희 집의 무거운 짐을 진다는 느낌이 들었나 봅니다.

상대방을 감싸 주지 못하는 저들의 행태를 보고, 인간의 믿음이 아무리 크다 한들 한낱 바람 같다는 것을 느꼈습니다.

저는 하나님의 존재는 인정합니다. 하지만 인간들의 배신으로 믿음이 전과 같기는 힘들 것 같습니다. 두서없이 글을 적어 죄송합니다. 저에게 조금이나마 조언을 주시면 감사하겠습니다.

이제는 상담할 힘도 기도도 나오지 않습니다. 시간이 아무리 흘렀어도…….

 마음에 많은 충격과 아픔일 것이라 생각합니다.

하지만 위로의 말보다도 냉정하게 한번 얘기해 보겠습니다. 그래서 오히려 도움이 되었으면 합니다.

배신이라고 하셨는데요, 이유가 어떠하든 간에 상대방에게 그럴 자유가 있는 것이 아닌가요? 결혼하여 아이 낳고 살다가도 헤어지는 경우가 있지 않습니까? 그러니 사귀어 가는 중 여러 가지 나름대로의 판단으로, 가던 길을 돌이킬 자유가 있다고 생각하시기 바랍니다. 비록 마음이 아픈 일이지만 오히려 내 배우자감이 아니었다고 생각하면 어떨까요?

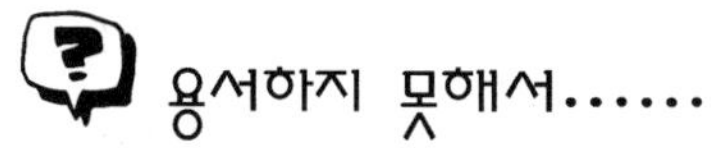

용서하지 못해서……

안녕하세요. 전 3년째 한 사람만을 좋아하고 있습니다. ^^

이런저런 답답한 마음에 어떤 분과 호산나 대화방에서 얘길 하는데, 그분이 이런 말씀을 하시더라구요.

혹시 다른 사람에게 상처를 받은 게 있느냐구요.

그래서 전 그렇다고 얘길 했죠.

그랬더니 그분의 말씀이 그렇게 생각을 하면, 아직 그 사람을 용서하지 않은 거라고 그러시더라구요.

그러면서 이 성경말씀을 얘기하시더군요.

> "너희가 사람의 과실을 용서하면 너희 천부께서도 너희 과실을 용서하시려니와 너희가 사람의 과실을 용서하지 아니하면 너희 아버지께서도 너희 과실을 용서하지 아니하시리라"(마 6: 14~15).

그분의 말씀은 이런 거였습니다.

제가 그 사람을 용서 못 하고 그랬기 때문에 하나님께서도 저를 용서를 안 하고 계신 거라구요. 또 그로 인해서 상대가 받아들이지 못하는 사랑을 하면서 힘들어하고 있는 거라구요. 그 친구가 예전에 얘기했을 때 친구로 지내는 게 좋겠다고 말을 했었거든요.

솔직히 전 그렇습니다. 제가 그 사람을 확실히 용서를 못 하고 있는 것도 사실이고, 하나님과의 관계가 매여 있을지 몰라도, 그로 인해서 제가 좋아하는 사람과의 그런 관계가 생겨난 거라고는 잘 납득이 되질 않습니다.

그분이 마지막으로 그러시더군요.

용서하지 못한 부분들……, 그러니깐 어릴 때의 일부터 생각은 나지 않더라도 기도하면서 다 용서를 하게 해달라고 하고, 그것들이 해결이 되면, 나머지 남은 제가 좋아하는 사람과의 관계도 해결이 될 것이라고 얘길 하더라구요.

제가 궁금한 점은 이겁니다. 물론 용서해야죠. 분명히 땅에서 매이면 하늘에서도 매인다고 말씀하셨습니다. 어릴 때 기억은 나질 않지만 내 속에 용서하지 못하고 있는 것들, 기도하면서 풀어야죠. 하지만 좋아하는 사람이 제 마음을 받아들이지 않는 것이 하나님께 제가 용서를 받지 못했기 때문에 저에게 주시는 대가일까요? 그럼 안녕히 계세요.

알지도 못하는 사람과 나눈, 얼토당토않은 말에 너무 신경을 많이 쓰는군요.

도무지 앞뒤도 맞지 않고, 정미님이 얘기를 나눈 그 사람은요, 성경을 제대로 교육을 받아 남의 문제를 말씀으로 적용해 줄 만한, 그런 사람이 되지 못합니다.

신앙은 비상식적이거나 비합리적이지를 않습니다.

편안하게 생각하시기 바라구요. 단지 이런 맘은 듭니다. 맘에, 사랑이든 미움이든 넘 깊이 담아 두어 내가 불편하지 않도록 하셨으면 합니다. 우리는 마음으로 예배하고, 마음으로 주님과 교제하고 하는 것인데……, 마음을 다른 데다 너무 다 주게 되면 주님께 드릴 부분이 없을 것 같군요.

마음이 복잡하지 않고 단순하며, 그리고 평안해야 좋은 겁니다. 우리가 주님과 바른 관계에 있게 되면 글케 됩니다.

질문자가 그렇게 되었으면 합니다.

 **어머니의 사랑을 받지 못한 결과인지……**

안녕하세요. 전 올해 22살 된 남자입니다.

어렸을 때부터 하나님을 믿었지만, 저희 집의 부모님, 아마 마귀가 그랬을 겁니다. 부모님께서는 저를 구박을 많이 하셨습니다.

두 분 사이가 안 좋아지면 이윽고 저에게 손이 오가고 했습니다. 어머니와 아버지께서는 헤어지시고 제가 초등학교 3학년 때 재결합했는데 제가 상상했던 어머니와는 많이 달라져 있었습니다.

그래서 한동안 어머니, 아니 세상 여자들을 싫어했습니다. 물론 하나님께 기도도 드렸지만 어머니를 보면서 은혜를 쏟기가 일쑤였습니다.

어머니를 비롯해서 외가 식구들은 절 마구 구박했습니다. 정말 그때 죽고 싶었지만 하나님께서 절 보호하신 거라고 믿습니다.

그러던 어느 날, 여자한테는 통 관심이 없던 저에게 한 만화의 여자 주인공을 봤습니다. 그녀는 착하고 아름답고 상냥하고 완전 우리 어머니와는 반대의 사람이었습니다.

첨에는 그저 그렇다고 여겼지만, 보면 볼수록 왠지 가슴에서 발끝까지 시리고, 가슴이 이상합니다. 여자한테 관심 없던 저에게 있어서 그녀는 누구를 좋아하는 게 행복한 것이 무엇인지 깨닫게 해주었습니다. 가상현실, 만화라서 지우고 싶어서 여자도 사귀어 봤지만, 저는 좋아지지도 않고 사랑을 느낄 수 없었습니다. 만나는 친구들을 한심하다고 생각했습니다. 전 누구를 진정으로 교제하고 싶지는 않습니다. 2년의 세월 동안 저는 지우려, 지우려 애썼지만 지워지지 않습니다.

목사님, 그 만화의 여주인공이 여신으로 나오는데, 전 여신 같은 건 믿지 않거든요. 근데 그녀가 여자로 보이고, 계속 마음이 시립니다. 이것도 죄악인가요?

어린 시절, 자라면서 마음에 상처가 크군요. 더군다나, 부모님, 특히 어머니로부터 가장 따뜻한 사랑을 느껴야 할 터인데, 아픈 상처의 기억을 갖고 있으니 저도 맘이 아픕니다.

부모님을 이해하시고, 용서하시기 바랍니다. 하나님을 믿고 의지하십시오. 하나님은 형제님을 사랑하시며, 하나님의 계획 없이, 섭리 없이 일어나는 일은 없습니다.

잘 받아들이고, 오히려 적극적으로 하나님의 좋으신 계획이 있는 줄 알고 감사하시고, 그리고 주님께 많이 매달려 은혜 주십사고, 축복해 주십사고, 그리고 좋은 배필을 만나게 해주십사고, 좋은 가정을 이루고, 좋은 부모가 되게 해주십사고…….

눈물로 많이 기도하시기 바랍니다. 어두웠던 지난 모든 일들이 광명의 날로 밝게 비치게 될 것입니다.

질문하신 만화 여주인공에 대한 것은, 너무 깊이 맘 쓰지 말고, 자연스럽게 받아들였으면 합니다.

세월이 지나면서, 좋은 사랑의 대상을 만난다든지 하면 아무 문제도 아니라고 봅니다. 내 마음과 정신이 주님 안에서 건강하다면, 별 문제가 아닙니다. 신앙생활, 말씀과 기도에 많이 전념하여 은혜로 충만했으면 합니다.

사랑하는 자들아

하나님이 이같이

우리를 사랑하셨은즉

우리도

서로 사랑하는 것이

마땅하도다

(요일 4: 11)

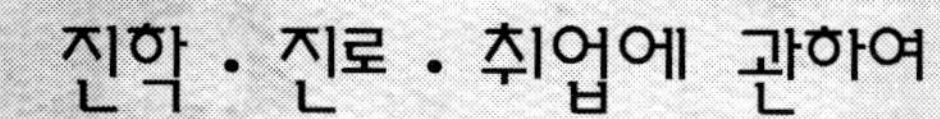

진학 · 진로 · 취업에 관하여

장래 진로 때문에 고민입니다

저는 연예인이란 꿈을 잠시도 잊어 본 적이 없고 그 꿈이 바뀐 적도 단 한 번 없습니다. 그런데 저희 가족은 할머니께서 권사님이시고 저희 아버지와 어머니께서는 집사님이시고 저희는 뱃속에서부터 주님이라는 것을 접하고 살아왔습니다.

저를 낳으실 적에 많은 환난의 체험을 통해 주님께서는 저를 택하셨다고 합니다. 그래서 저희 어머니께서는 목사님이 될 거라 하시는데 어떻게 해야 할지 좋으신 말씀 부탁합니다. 감사합니다.

꿈을 가지는 것은 좋은 일이나, 인생은 변수가 많아 꿈대로 다 되는 것은 아니고, 꿈대로 안 되었다고 해서 인생이 실패하거나 행복하지 않은 것도 아니며, 부모가 자식에 대하여 역시 꿈을 가지겠지만, 될 수도 있고 안 될 수도 있는 것입니다.

부모의 꿈대로 안 되었다고 해서, 하나님 앞에 죄가 된다고 할 수도 없습니다. 연예인이든 목사든 간에 그 길이 하나님의 뜻이고, 그 길로 가서 성공하려고 하면 그 방면으로 취미도 있고 소질도 있고, 주위로부터 인정도 받게 될 겁니다.

본인은 하기도 싫고, 취미도 안 맞고, 재능도 없는 데야 억지로 갈 수도 없을 것이고, 가서도 안 될 것입니다. 하나님도 그런 걸 원치 않으십니다. 하나님의 뜻이 있는 곳에는 그 방면으로 불굴의 의지도 생기게 마련입니다. 하나님은 내가 원치 않는 것을 억지로 하게 하시는 분이 아니십니다. 걱정하지 마시고, 하고자 하는 공부를 열심히 하길 바랍니다.

 ## 재능도 없는데 너무 연예인이 되고 싶어요

전 7살 때부터 지금까지 10년 동안 단 한 번도 연예인이라는 직업을 포기한 적이 없습니다. 항상 마음속에 난 연예인이 될 거야…… 이런 생각을 했습니다. 근데 저는 얼굴도 그렇게까지 이쁘지도 않구 끼와 재치·재능도 없어여. 근데 이상하게두 어렸을 때부터 난 연예인이 될 거라는 생각을 해왔어여. 특별하게 이쁘지도 않구 개성도 없는데, 자꾸 연예인이라는 직업에 마음이 끌려여.

하나님께서 저에게 주신 달란트는 연예인일까요? 그리구 하나님께서는 제가 연예인 쪽으로 가기를 원하시는 걸까요?

정말 알고 싶어여. 자꾸 연예인이라는 직업에 마음이 끌려여.

크면 클수록 더 많이 끌려여. 이쁘지도 않구 끼도 없는데…….

 **질문하신** 내용에 간략하게 답해 볼게요.

 이상하게도 어렸을 때부터 연예인이 될 거라는 생각을 해왔다구요? 장래가 어떤 느낌에 의해 결정되는 것이 아닐 것이고, 또 그래서도 안 된다고 생각합니다. 7살 때부터 지금까지 10년 동안 단 한 번도 연예인이라는 직업을 포기한 적이 없다고 했지만 그래도, 7살 때부터 10년이라고 해봐도 17세밖에 안 되네요. 사람의 한 평생이 그보다 훨씬 길지 않나요?

얼굴이 특별히 이쁘지 않아도, 끼와 재치, 재능이 없어도 얼마든지 연예인이 될 수는 있을 것입니다. 개성이고, 그리고 노력에 의해서 누구나 무한히 발전할 수 있으니까요.

 그러면 하나님께서 저에게 주신 달란트는 연예인입니까? 그리구 하나님께서는 제가 연예인 쪽으로 가기를 원하시는 겁니까? 정말 알고 싶어여. 자꾸 연예인이라는 직업에 마음이 끌려여. 크면 클수록 더 많이 끌려여. 이쁘지도 않구 끼도 없는데…….

달란트, 즉 다른 말로 '재능'이란 것은 타고나는 것도 있지만, 피나는 노력과 훈련으로 되는 것도 있습니다. 그리고 아무리 타고난 재능이라도 노력하지 않고 크게 빛을 보는 그런 재능은 없다고 생각합니다.

아직 공부를 더 해야 되니까 우선 공부 열심히 하면서, 자꾸 맘이 끌리고 하고 싶으면 그 길로 가보면 안 되겠습니까?

되든 안 되든 일단은 한번 가봐야 훗날에도 후회가 없을 거란 생각입니다. 그럼~ bye~

 직장을 구하지 못해 괴롭습니다

저는 고등학교까지 열심히 신앙생활을 했음에도, 대학 다닐 동안에는 쉬었습니다. 휴학 중 너무 답답한 마음과 너무 교회가 그리워서 찾아갔다가, 지금 3년 정도 교회에 다니고 있습니다. 횟수로 치면 16년 정도를 섬겼는데여.

지금 저는 직업을 구하는 중에 있습니다. 중간 중간 일을 하긴 했지만 정상적인 근무는 아니였구여. 컴을 배우러 다니기도 했습니다. 직장이 꼬옥……될 것 같다가도 안 되니, 이제는 자포자기한 마음이 많이 듭니다.

처음에는 주님께 의지하던 많은 의지들이 이제 허물어져만 갑니다. 너무 오랫동안 직장에 다니지 않아서 그런지, 사람을 대하는 것이나 모든 면에서 대인공포를 느낍니다.

청년회에서도 나이가 제일 많은데, 놀고 있다고 생각하면 예배에도 참석하고 싶지가 않습니다.

감사해야 할 많은 이유를 찾지 못하고 주님께 직장만 구해 주시면, 내가 아버지께 드릴 것이 너무나 많다는 생각으로 있는 것 같습니다. 어리석은 생각인 줄 알면서도 그것이 쉽사리 지워지지가 않습니다. 교사일도 기도도 말씀도 쉽사리 감사로 채워지지가 않습니다.

마지막으로, 인간이 기도로 하나님 아버지의 마음을 돌릴 수가 있을까여? 또 돌릴 수 있다면, 좋은 방법 좀 이야기해 주세여.

 **1. 인생을** 길게, 넓게 보세요.

일평생 직장도 없이 고통하며 살도록 좋으신 주님께서 버려두시겠습니까? 믿음의 좋은 자세를 가지면 모든 게 좋은 경험이 되고 축복이 됩니다.

2. 믿음의 좋은 자세란 하나님의 사랑을 믿는 겁니다.

하나님의 좋으신 계획과 인도하심과 예비하심을 말입니다.

믿음대로 된다 하셨으니 좋은 믿음으로 소망을 가지고 인내하십시오.

3. 답답한 중에도 감사하세요.

감사가 안 된다고 하셨는데, 그럼 어떻게 하든지 감사할 수 있도록 생각해 보세요. 그래도 안 되면 억지로라도 감사하고, 무조건 감사하고, 알 수 없지만 하나님의 사랑하심을 고백하고 무조건 감사한다고 입술로 반복하세요.

4. 적극적으로 기도해야 합니다.

마음이 시원해지고, 답답함이 사라질 때까지 말입니다.

계속 좀 성전에 오래 앉아 있어 보세요.

오늘 요건 완전히 목사다운 말만 했는데요. 젊음은 싸움과 도전에 있는 거 아닌가요? 앞으로 그보다 더 어려운 일도 많을 텐데…… 좀 오래 직장이 안 된다고 뭘 그리 낙심하나요?

직장만 생기면 만사 OK일까요?

적절한 좋은 일터를 주실 줄 믿고 기도로 잘 준비하세요. 말씀을 읽고 묵상하면서……

 ## 신학인의 자세를 알고 싶습니다

저는 신학생입니다.

근데 신학자의 자세와 신앙으로 바라본 신학에 대해 잘 모르겠더군요. 좀 알려 주시겠습니까?

신학자는 어떤 자세를 가져야 하며, 신앙으로 신학을 어떻게 이해할지 좀…….

 말을 무척 많이 아끼는군요…….

답을 잘할 수 있을지 모르겠네여…….

신학자의 자세와 신앙으로 바라본 신학을 어떻게 이해해야 하느냐고 하셨군여.

신학생이라 하셨는데요, 신학생이라 함은 목회자가 되기 위한 과정을 밟아 가는 사람이 되겠습니다. 우리는 그런 사람을 신학생이라고 합니다. 신학자란 말은 너무 학문에 치우치는 느낌을 주는군요.

질문자가 목회자의 과정을 밟아 가는 사람이라 보고 말씀을 드리자면, 학문으로 목회자가 만들어지는 것은 아닙니다.

그러므로 신학이라는 학문에 대해 너무 깊이 생각하는 것보다 하나님 앞에서 목회자의 과정을 밟아 가는 사람으로서의 소명감, 그리고 열심히 배우고 훈련하는 자세, 그리고 소정의 과정에 최선을 다하는 성실한 자세가 중요하지 않을까 생각합니다.

신학과 사회봉사에 대해……

저는 이번에 신학과를 지망하려 하는 고3 학생입니다. 최근에 주님 안에서 고통받는 사람들을 위해 봉사하시는 분들에 대한 책을 접하면서 사회봉사에 많은 관심을 가지게 되었습니다.

그러나 저희 교회 목사님께서는 신학과 사회봉사는 분명 엄격히 다르다고 하십니다. 신앙이 부족한 저로서는 쉽게 이해가 되지 않아 도움을 청합니다.

아마도 진로에 대한 문제인 것 같군요. 신학과를 지망해 왔는데 최근에 읽은 책을 통해 사회봉사 분야로 꿈이 펼쳐지는 모양인데요, 교회 목사님께서 말씀하신 대로 신학과 사회봉사는 그 분야가 다릅니다. 예컨대 신학과는 장차 목회자나 선교사, 혹은 신학교수 등의 길로 가고자 할 때 선택할 수 있습니다.

그러나 이런 쪽이 아니고 구체적으로 사회봉사에 헌신하고 싶다면 신학을 해서는 곤란한 일입니다. 목회자의 사역이 사회봉사를 포함하고 있긴 해도 주된 사역은 목회활동에 있고, 신학 또한 공부하는 분야가 사회봉사를 직접적으로 터치하지 않을 것입니다.

그러므로 목사가 되는 공부를 할 건지 아니면 구체적으로 사회봉사를 위한 학과를 선택하든지 구별이 되어야 할 일로 생각되구요. 사회봉사도 어떤 방향으로 하고 싶은지 생각해서 정해야 하겠지요. 목사님과 상의하셨으니 잘하셨구요, 주님의 도움을 구하며 열심히 하시되 계속해 지도받으면 후회가 없으리라 생각됩니다.

 목회자가 되는 것이 두렵습니다

안녕하세요? 목사님, 저는 신학대학교 대학원(th.m)에서 공부를 하며 목회자의 준비를 하는 신학생입니다.

처음 신학생이 될 때는 부름받아 나선 이 몸 어디든지 가오리다 하는 마음으로 비전에 불타올랐지만, 점점 목회현장을 접하면서 목회자가 되는 데 대한 회의와 두려움만 갖게 됩니다. 경제적인 문제 같은 것은 떠나서 말입니다.

물론 문제는 저의 안에 있을 줄 압니다. 하지만 교육전도사로 사역하면서 목사님들께 실망을 하게 되고, 간혹 상담의뢰를 읽어 보면 목회자에게 받은 상처로 인한 갈등이 많은 것을 보게 되고, 그럼에도 불구하고 목회자의 길을 걸어야 한다고 생각하니 두렵기만 합니다.

많은 목사님께서는 신학교에서 배우는 것은 목회현장에서 쓸데없다고 하시면서 새벽기도 전도활동, 그리고 제가 맡고 있는 파트인 청년부 사람들이 철야예배에 많이 나오게 하라고 강조를 하십니다.

이런 갈등을 몇 년째 하고 있습니다. 더욱 갈등이 되는 것은 청년부 형제자매들이 받기를 원하는 목양 방법이 저의 패턴(신구약 개관을 공부하면서 평소 약 6~7쪽의 분량으로 작성하여 나누어 줌)과 맞는 데도 목사님과 사모님께서 그렇게 하지 말고, 더 간단하게 한 페이지로 하라시며, 요새 사람들 그런 거 싫어한다고 하시며 당신들의 방침을 따르라고 강요하실 때 많은 갈등을 느낍니다. 물론 전체를 보시는 목사님의 시각은 다르시겠지요.

목사님! 제게 선배 목사님으로서 몇 말씀 충고해 주시기를 바랍니다. 따끔한 충고도 겸허하게 듣도록 하겠습니다. 가능하시면 제 이메일로 보내 주시길 바랍니다. 평안하십시오.

 갈등과 회의에 대해,

세상에 갈등 없이 갈 수 있는 길이 어디 있겠습니까? 하물며 주의 종의 길을 가는 데야……

사람마다 내용은 같진 않겠지만 모두가 수많은 갈등과 고비를 넘어서 목회자가 된다고 봅니다. 또 그게 목회자가 되는 데 중요한 과정(공부)이기도 합니다.

나도 생각해 보면 신학을 무사히 마칠 때까지, 적어도 네 번 정도의 큰 갈등이 있었고 깊이 생각하며 기도하는 중에 은혜로 넘어왔습니다. 저도 한때는 목회의 길을 온전히 그만두려고 했던 힘든 적이 있었으나 모 기도원에 들어가서 다시 은혜받고 내려오기도 했습니다.

그리고 목사님들이 신학교에서 배우는 것은 쓸데없다는 식의 극단적인 말씀을 하는 경우들이 종종 있는데, 저는 옳지 않다고 봅니다. 그 말이 어떤 면에서 틀린 것은 아니나 그래도 신학을 할 때는 열심히 하고 최선을 다해야 합니다. 그래야 나중에 목회도 잘하게 되는 겁니다.

공부할 때는 공부해야 합니다. 그럼 우리가 학교서 공부하는 모든 것들이 다 먹고 살아가는 데 다 소용이 됩니까? 유치원만 나와도 다 잘살 수는 있습니다. 그러나 그런 게 아니죠, 어떤 면에서 그렇다는 것이니 그냥 참고로 하시면 좋을 듯하고요.

그다음 담임목사님과의 관계에서는요, 좀 힘들지만 나름대로 준비하신 후(6~7페이지 분량) 목사님이 하라시는 대로 한 번 더 요약하여 줄여서 해보시기를 권하고 싶군요.

그러면 공부도 더 될 거고, 새로운 면이 있다는 것도 알게 될 것 같고, 목사님의 사랑과 인정도 받을 것 같군요.

맘에 안 드는 게 많을 겁니다.

하지만 훗날을 위해 참고로 새기시고 따르는 쪽으로 해보시는 것이 더 유익하리라 생각이 됩니다. 이렇게 하나, 저렇게 하나 큰 문제가 아니니까 말입니다.

이메일로 보내드림과 동시에 제 홈에도 싣는 것은 혹 다른 분들에게도 작은 도움이 될 수 있을 것이라 생각하기 때문입니다. 그럼 좋으신 주님의 은총이 충만하기를 바랍니다.

어느 신학대로 가면 좋을까요?

교파에 대해 궁금합니다. 장로교·침례·감리·순복음·구세군······. 이런 구분의 기준이 무엇인지, 또 본래는 하나인데 이렇게 골라 믿어야 하는지. 또한 신학대를 지원할 때 이러한 것을 고려하지 않을 수가 없는데요. 어떤 차이가 있는 건지······.

으음······ 교파가 많지 않음 얼마나 좋겠습니까만······, 인간인지라 인간의 타락한 본성이 그렇게 만드네요.

교파가 생기는 이유는, 성경의 해석이나 교회정치형태, 그리고 분열 등 이유가 다양하죠. 그러나 꼭 나쁘게만 볼 수는 없고, 또 그럴 필요도 없고, 그래서도 안 되죠.

각 교파들이 열심히 확장을 위해 뛰다 보니 자연히 복음이 더 널리 확산이 됩니다. 그래서 하나님은 인간의 쓸데없는 분열을 통해서 거룩하신 뜻을 이루어 가십니다.

다음 문제, 어느 교파를 가야 하느냐? 어디가 좋으냐 하는 문제로군요.

그건 선택을 위해 고심할 필요가 없다고 생각합니다. 이단이 아닌 이상 구원받는 진리는 다 같습니다. 그러므로 고를 필요 없구요, 내가 어느 교단, 교파를 통해 예수님을 믿고 신앙이 자라 왔느냐? 그대로 그 길로 가면 되는 것입니다. 이것이 하나님의 섭리에 순응하며 사는 것이고, 이것이 의리 있는 삶의 자세가 아닐까 저는 생각하고 있습니다.

제가 장로교(합동)이고 나는 우리 교단을 사랑하고 건전한 정통교단이라 생각하지만 그렇다고 하여 우리 총신으로 가라고, 여기가 최고라고 하면 요것이 바로 이기적인 마음이구 우리 한국교회 이런 걸 좀 고쳐야 된다고 저는 생각하고 있습니다.

그러나 신학대학을 선택하는 데 있어서는……

자기 교단 신학교를 간답시고 학교가 형편없는데도 가야 되느냐, 이것은 아닙니다. 교파(단)의 신앙이나 신학적 배경도 참고해야 하지만 학교는 학교로 선택을 해야 합니다. 그래야 넓게 봐서 하나님의 좋은 일꾼, 한국교회의 큰 그릇이 될 수 있습니다……끄읕.

 이런 상태로 신학과에 갈 수 있을까요?

목사님, 상담드리고 싶습니다.

저는 26세의 남자입니다. 무직이구요.

대학교는 세 군데를 다녔습니다. 모두 중퇴입니다.

초등학교 시절에 물질·명예·인기가 충족되는 지극한 행복을 맛보면서, 그 어린 나이에 '사람이 이렇게 행복할 수 있을까?'라는 생각을 여러 번 했었습니다.

그 시절 부모님을 따라 해외에서 살기도 했구요.

어린 시절에 순수하고 맑아야 할 시기에 제 정신은 교만으로 가득해지고, 많이 영악했다고 표현할 수 있겠네요. 중학교·고등학교를 지나면서 그 모든 것들을 하나씩 잃어 가더니, 자신감을 상당히 상실했습니다.

그런 상실감 속에서 대학을 진학해 그 흔한 토익 토플 시험을 한 번 보지 못하고 인간관계에서도 어떤 즐거움도 느껴 보지 못한 채로 학교를 나오게 되었습니다.

목사님, 열등감의 골이 너무 깊이 패어 있습니다. 그 열등감으로 인해서 제 자신을 수차례 자해하게 되더군요.

군 생활 시절에는 저의 총기부품을 몰래 폐기해서 버리는 등, 제 자신을 버리고만 싶었습니다. 영창이라도 끌려가고 싶었고, 정상적으로 밝게만 지내고 하는 사람들이 너무 부럽기도 하고 밉기도 했습니다.

저의 경우에는 그런 욕구불만의 오랜 시절을 보내면서 그것이 '음란'한 마음으로 채워졌습니다.

음란함……, 그것을 도저히 버리기가 힘이 들고 하루에도 극단적인 생각을 열두 번도 더 하고 있습니다. 음란함이란 중독과도 같아서 지금 너무 힘이 들어요. 울고 싶습니다.

그렇게 지내면 안 되겠다 싶어서 수능시험을 7월부터 준비해서 어떻게 여차여차 375점을 맞았습니다. 그런데 중요한 건, 저는 지금 아무것도 하고 싶은 것이 없다는 것입니다.

시험을 준비하면서 '신학'이라는 것을 처음 생각해 보기는 했는데, 수능시험을 마치고 많은 시험이 오더라구요.

너무 오랜 시간을 홀로 고립되어 있었고, 사실 중학교 시절부터 비정상적인 신앙(잃은 것을 찾게 해달라는)을 갖고 있었고, 고등학교 때에는 신앙으로 인한 가정과의 마찰이 깊어 있어서 저는 교회라는 곳을 아주 많이 거부했지요.

이 방황의 시작이 결국에는 신앙과의 마찰 때문이라는 생각을 지울 수 없는데…….

지금 이런 상태에서 '신학과'를 가서 마태복음·마가복음을 읽어 나갈 생각을 하면, 심장이 박동하고 속이 답답해서 잠이 오지를 않고요. 이 수능점수를 놓고 포기하고만 싶은 마음이 드네요. 포기하게 되면 저는 장사하는 곳에 가서 밑바닥부터 배우게 될 것 같은데…….

중요한 건 마음속에서 사기꾼이 되면 정말 잘할 것 같다는 생각 같은 비정상적인 생각이 자꾸 들어요.

하하하~ 목사님, 목사님 두 분이랑 전도사님이랑 상담을 해보았는데, 지금 신학을 선택하고 안 하는 게 급한 것이 아니라, 먼저 자신의 정체성을 찾아야 한다는 말씀들을 하시구요. 그리고 먼저 안의 것이 치유되지 않고서는 신학과를 가도 똑같다는 말씀을 해주셨습니다. 내 안의 것들을 어떻게 치유해야 할까요?

목사님, 열등감으로 사람 만나는 것이 어렵네요. 모두 제가 올해에 수능시험을 본 것을 이해하지 못하더라구요. 눈이 동그래지더군요. 모두 대학을 졸업해서 취직을 할 나이라든가, 휴학하면서 공부를 하고 있는 그들이거든요. 제 자신을 낮추는 것이 되지가 않습니다.

교회에 가보면 그들처럼 온유하고 부드럽게 이야기하는 것들이 저로서는 너무 받아들여지지 않구요. 사실 방황을 하면서 제 안의 도덕 같은 것들을 거부하게 되었고, 많이 삐딱해졌거든요.

근데, 교회에 가서 예전의 그 동기들이 저를 따뜻하게 안아 주려 할 때에는 마음에서 심한 거부반응이 생기고 뛰쳐나가고만 싶습니다. 그리고 그들이 밝게 웃고 하는 것들이 저는 아무 재미도 없구요. 웃음도 나오지 않고 혼자 뻘쭘해 가지고…….

목사님, 해결은 내가 하는 것이라는 생각이 들지만서도 꼭 누군가에게 좀 털어놓고 싶어서요.

어제는 기도원을 다녀왔는데요. 기도제목은 '신학과'에 대한 것이었죠. 근데, 중간에 내려왔습니다. 마음이 답답한 정도가 아니라, 아예 뒤집어지더라구요. 신학과를 가서 또 학교를 나오게 되고 그런 상태가 된다면…….

목사님, 저는 이제 정상적인 삶을 포기하게 될 것이 자명합니다. 아, 목사님. 그래도 이렇게라도 두서없이 떠들고 나니 마음이 조금은 편해집니다.

감사합니다, 목사님. 글이 너무 길었지요. 다시 글 올리겠습니다.

 길이 없는 것은 아닙니다.

그리 큰 문제도 아니라고 생각이 됩니다.

"내가 길이요 진리요 생명"이라고 예수님이 말씀하셨죠.

　문제는 길 되시고 생명 되시고 진리 되신 주님을 어떻게 만나느냐? 어떻게 형제가 마음을 열며, 어떻게 주님을 간절히 붙들 수 있느냐 그게 문제로군요. 그토록 마음의 상처가 깊으니 말입니다.

　성경에, 주님께 찾아 나간 그 어느 누구도 거절당하지 않았으며, 그 어느 누구도 간구해서 치료받지 않은 이는 없습니다.

　스스로 어떻게 치료하며 누가 도와줄 수 있겠습니까?

　주님만이 문제의 해답입니다.

　주님을 만날 방법을 찾아보시라고 말씀드리고 싶네요.

　그 방법이 뭐냐고요?

　주님은 우리를 초청하고 계시고요.

　주님은 당신을 간절히 찾으시는 자를 만나 주신다고 약속하셨습니다.

　치유됨의 은총이 있기를 기원합니다.

> 　수고하고 무거운 짐 진 자들아 다 내게로 오라 내가 너희를 쉬게 하리라(마 11: 28)

> 　나를 사랑하는 자들이 나의 사랑을 입으며 나를 간절히 찾는 자가 나를 만날 것이니라(잠 8: 17)

 ## 점수가 좀 모자란데, 합격할 수 있을까요?

안녕하세여. 저번 주 주일날 정보처리 시험을 봤는데, 36개까지가 합격인데 저는 32개를 맞았습니다.

채점을 할 때는 4개가 모자라지만, 하나님께 믿음을 가지고 기도를 한다면 합격할 가능성은 있을까여? 10월 23일 날 결과가 나오는데 걱정입니다.

저번에두 한 번 떨어졌는데……, 또 떨어지구, 2번 떨어지다 보니 학원 선생님한테도 너무 창피하구…….

정말루 가능성은 있을까여? 가능성이 있다면 기도해 주세여.

저는 성령을 받지 못해서 기도를 잘하지는 못하지만, 믿음을 가지고 기도를 하면 정말 가능성은 있을까여?

재밌네요, 에~, 걱정은 좀 되겠습니다.

그러나 가능성이 있겠느냐는 질문에 답하자믄, 가능성은 별로 없을 것 같네요. 아마 질문자도 잘 알고 있겠죠?

만약에 하나님께서 우리의 기도를 그렇게 응답하신다면 이 세상은 뒤죽박죽이 될걸요.

하지만 시험엔 떨어져도 믿음을 가지고 기도한다면, 하나님이 평안을 주시고, 또 잘 받아들일 수 있는 마음도 주실 거고.

글고요, 2번 3번 떨어져도 하나님께는 다른 좋은 축복의 길이 많으니까요. 인생이란 게 실패를 통해서 배우는 게 많습니다. 실패와 쓰린 경험을 통해 이해의 폭이 넓어지고 원만한 사람이 된다고 생각합니다.

❓ 시험 합격을 위해 부적을 쓰라고 하시는데……

안녕하십니까? 저에게는 지금 이 시간 무척 고민되는 일이 있습니다. 저는 오늘 저에게 있어서 매우 중요한 면접을 봤습니다. 제 인생이 걸린 이 시험에 저는 그동안 두 번이나 떨어졌었고 더군다나 이번 기회가 마지막이기 때문에 이번엔 제 부모님께서도 저를 위해 무척 헌신적이셨습니다. 저는 신앙심이 비록 깊지는 않지만 여호와 하나님을 따르며 그 안의 섭리에서 살고자 노력하고 있습니다. 그리고 이번 면접에서의 좋은 결과도 하나님의 은혜라 믿고 있습니다. 그러나 제 부모님께서는 민간 신앙, 다시 말해 무속을 따르고 계십니다. 그래서 저를 위해 부적과 배냇저고리를 준비하시고 제 옷에 핀으로 꽂아 주셨습니다. 저는 이미 하나님께 그것들을 쓰지 않겠다고 약속했던 터라 가기 전에 그걸 빼내서 가는 길에 어느 지점에 두고 갔습니다. 그렇지만 부모님께서 무척 실망하실까 염려되어 올 때는 가지고 가야지 하고 생각했는데 오늘 그것을 찾아보니 없었습니다. 아마도 누가 버린 모양입니다. 어머니께서는 그게 어떤 건 줄 아냐며 눈물을 흘리시며 속상해하셨습니다. 아버지께서도 무척 속상해하셨습니다. 그걸 보니 제 마음이 아팠습니다. 부모님께서는 다시 구해 주겠다고 하셨고(아직 모든 시험이 끝난 것이 아니기 때문에) 저도 이번엔 그러지 않겠다고 했습니다.

하지만 어떻게 합니까? 하나님께서 저를 사랑하시지만 저의 부모님께서도 저를 무척 사랑하십니다. 저를 위해 며칠 동안 밤마다 산에 기도하러 다니셨으니까요. 저는 그 부적 같은 것을 사용하지 않겠다고 하나님께 약속했습니다. 그러나 부모님께도 약속했고 저도 이번엔 부모님의 의견을 따르고자 합니다. 그러면 하나님께서 저를 미워하실 거라고 생각됩니다. 저는 어떻게 해야 하나요? 진지한 상담 부탁드립니다.

질문자의 경우에 두 가지 방향으로 생각을 정리해 보면 좋으리라 생각이 됩니다.

(1) 자신의 신앙을 그대로 부모님께 말씀을 드려, 부모님이 제공하신 부적 등을 받을 수 없으며 그것을 지니지 않아도 저는 하나님의 도우심으로 만족할 만한 결과를 드리겠다고 말씀드리는 것이죠. 그러면서 만약에 실패해도 저는 하나님에 대한 신앙을 가지겠다 분명하게 신앙으로 하나님 편에 서는 도전입니다.

(2) 이미 질문자의 경우에 하나님 신앙이 분명한 건 사실이고, 단지 여러 여건상 그 신앙을 나타내고 도전할 만한 능력에는 한계가 있습니다. 그러니 부모님을 위하여 부적을 부모님으로부터 받고 그러면서 나름대로의 분명한 선을 그어 하나님 신앙을 지켜 가는 겁니다. 부모님으로부터 이번에 부적 등을 받는다 해서 그것이 곧 미신에 대한 신앙이거나 하나님께 대한 배신으로 볼 수는 없습니다.

그러나 이러한 쪽의 선택은 언젠가 (1)의 방법으로 분명히 해야 된다는 숙제를 안게 됨을 명심해야 할 겁니다. 이러한 선택을 했다 하여, 하나님께서 질문자를 미워하시는 일은 없을 겁니다. 하나님은 질문자를 언제까지나 사랑하십니다. 그 사랑에는 변함이 없을 겁니다.

신앙이 하루아침에 성숙되지는 않습니다. 자기의 능력 안에서 힘을 다하시면 주님께서 도와주실 것입니다.

믿지 않는 친구들과의 처신 문제

안녕하십니까, 목사님. 예전에 술 문제로 편지 보낸 ○○○입니다.

목사님의 사랑어린 메일이 제게 너무나 큰 힘이 되고 위안이 되었습니다. 더불어 항상 감사한 마음 가지고 있습니다. 상담게시판에 부족한 저의 글을 올려 주셔서 개인적으로 영광입니다.

다름이 아니고 제가 이제 초신자이다 보니까 생활하면서 신앙생활의 걸리는 부분들이 하나하나 발생하게 됩니다.

이럴 때 어떻게 해야 할지 몰라 그래도 가장 정확하고 빠른 게 직접 상담하는 것이라는 생각이 들어서 염치 불구하고 이렇게 메일을 보냅니다.

제가 보낸 메일이 목사님의 목회에 시간적으로 피해를 주지 않을까 하는 걱정이 먼저 앞서는데요. 목사님 편하실 때 답장을 해주시면 참 감사하겠습니다.

목사님 제가 생활을 하다 보면 여러 친구들을 만납니다. 친구 중에는 참으로 신실한 주의 청년, 윤리적으로 올바른 친구들이 있는가 하면 조폭과 거의 흡사한 친구, 플레이보이 친구도 있습니다. 물론 평범한 친구도 있구요. 그런데 저는 이런 친구들이 좋습니다. 그냥 그들 모습 그대로가 좋습니다.

그리고 이 친구들은 제게 너무나 소중한 보석들입니다. 예전에 예수님을 나의 구주로 영접하기 전에는 친구들을 대할 때 그들의 모습으로 대했습니다. 물론 말은 그렇게 하고 그들의 말을 받아 주고 비슷하게 동조를 해가며 놀았지요. 그러나 저의 윤리적 라인이 있어서 행동은 저의 라인대로 했습니다.

그런데 이제 예수를 영접하고, 아니 주의 은혜로 구원을 받고 이제 친구들과 대화하는 게 참으로 어려워짐을 보게 됩니다. 한가지 예로요, 보통 친구들과 이야기할 때 청년들이다 보니까 여자 이야기가 화제로 나옵니다. 또 어떤 친구들은 여자를 후린 이야기를 하는 친구도 좀 됩니다. 주의 자녀라고 해서 거룩하게 행동하려고 하니까 너무 어색해지고 친구들과 관계에 문제가 생기는 것 같습니다.

물론 예전에는 그냥 친교와 친구들과의 하나 됨, 그들과의 공감대 형성을 위하여 그들의 말에 동조해 주고 저도 한 수 더하므로 대화의 정감은 더해 갔고, 그래서 결과는 참으로 좋았습니다. 그런데 교회를 생각하고 예수님을 생각하니 제가 말하는 게 잘못이 아닌가 하는 생각이 들어서 행동이 경직됨을 보게 됩니다. 더불어 말이 경직됨을 보게 됩니다. 이와 흡사한 다른 예들도 있지만 이 문제와 같은 성질의 것이라 생각됩니다.

예전에 제가 친구와의 하나 됨, 그리고 사랑으로 그들을 대할 때 물론 말은 잘못된 것이지만 그 자리가 더욱 정겨워지며 결과적으로 그 사랑이 친구들의 잘못된 말들을 덮어버리는 것 같았습니다. 그런데 이제 제가 성경을 의식하고 예수님을 의식하니까 대화에 문제가 생깁니다.

목사님 제가 어떻게 하는 게 성경적인가요? 제가 생각이 많은 학생입니다. 목사님 체계적으로 깊게 진지하게 메일을 보내 주시면 고맙겠습니다. 그리고 목사님의 목회에 해가 되지 않은 시간에 혹시 제가 생각이 나시면 메일을 보내 주시면 감사하겠습니다.

독감이 유행입니다. 건강하시고 목사님의 목회와 대복제일교회에 하나님의 축복이 더하시길 기도합니다.

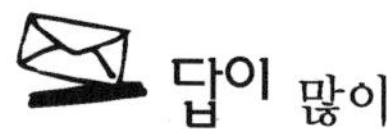 답이 많이 늦었습니다.

좀 바쁘기도 했지만 특별히 문제가 될 것도 없고, 마땅히 해드려야 할, 특별한 조언이 있는 것도 아니고. 그냥 좀 생각을 했습니다.

형제의 말대로 형제는 어떤 일에 대하여 생각을 좀 세밀하고 복잡하게 하는 것이 아닌가 여겨집니다. 그냥 편하게 생각하세요.

특별히 죄가 되지 않는 이상, 너무 어렵고 까다롭게 생각하면 모두가 힘이 듭니다. 자연스럽게 생각하고 주님 안에서 행복하게 사는 게 중요합니다.

나는 신앙인들이 너무 경직되거나, 종교적이고 보수적인 성향을 띠는 것을 싫어합니다. 그래서야 누가 예수 믿으려고 하겠습니까? 우리가 세상 안에서 살 때, 뭐든지, 믿지 않는 이들을 그들의 선에서 이해하고, 또 그들과 함께할 수 있어야 한다고 생각합니다.

멋있고, 그리고 행복하게 사십시오. 그러나 지킬 것은 지켜 가는, 선이 있는 삶을 사십시오.

하지만 그 선이 너무 유별나지 않았으면 하고요, 그리고 그 선은 우리 믿는 이들의 가슴속에 힘 있게 세워져 있을지언정, 바리새인처럼 되지 않았으면 합니다.

 교회 일에만 열심인 자녀 때문에……

목사님, 안녕하세요. 다름이 아니오라 저의 아이들이 중·고등학교에 다니고 있는데, 평소에 학교공부는 소홀히 하면서 교회에 무슨 행사나 일이 있으면 그렇게 열심일 수가 없습니다. 그렇다 보니, 학교성적은 중간도 못 따라가는 것 같아 걱정이 아닐 수 없습니다. 그래서 이번 중고등부 동계수련회를 안 보내려고 하는데 목사님의 생각은 어떠신지요?

물론 저도 교회에서 집사 직분을 맡고 있는 사람입니다.

그래서 아이들한테 너희들이 정말 하나님을 사랑한다면, 하나님이 기뻐하실 일이 무엇인지 생각하라고 다그치기도 합니다. 지금 공부하지 않고 교회생활 열심히 하다가 대학에 못 들어가는 것이 하나님 영광을 위한 길인지, 아니면 주일 하루만큼은 예배생활 열심히 하고, 그 외 6일 동안은 열심히 공부하여 좋은 대학 들어가는 것이 하나님 영광을 위한 길인지……라고 뻔한 질문을 하기도 합니다.

안타까운 일은 기독학생들이 일반학생들보다 학교성적이 낮다는 통계가 있다는 것입니다. 그런데도 교회에서 학생들을 지도하는 전도사들은 교회행사 등을 이유로 평일에도 학생들의 시간을 많이 빼앗고 있는 것 같아 개선이 필요할 것 같습니다.

예를 들어, 6일 동안 열심히 공부한 사람만이 바른 예배를 드릴 수 있는 자격이 있다는 그러한 내용의 교육은 어떠할는지요? 물론 학생 때부터 바른 믿음을 심어 줘야 하는데, 교회에서 그러지 못하고 있는 것 같아 안타깝습니다.

우리 아이들에게 어떻게 지도해야 할까요? 또한 교회에서 학생들에게는 어떻게 바른 믿음을 심어 줄 수 있을까요? 목사님의 귀한 말씀을 기대합니다.

✉ **우선** 긍정적으로 생각해 보면요, 교회 일에 열심이니 그보다 좋은 일은 없다고 생각됩니다. 교회 일도 믿음이든 취미든 있어야 되는 것입니다. 공부 좀 못하는 학생 모두가 교회 일에 열심인 것은 아니거든요. 교회 일에 열심하다 보면 무엇보다 믿음에 성장이 빠를 것이고, 믿음은 세상의 어떤 것보다 귀한 것이겠죠?

그다음요, 성적에 관하여는 공부와 교회활동을 별개로 생각해야 할 것 같습니다.

으음, 그러니까 교회활동을 좀 등한히 한다 해서, 그것이 곧 학업의 열심으로 이어지는 것도 아니겠구요. 그러니까 성적은 노력으로 올려야 되겠지요. 공부든 교회 일이든 뭐든지 열심히 해야 할 것이라 생각이 됩니다.

마찬가지로, 동계수련회의 경우, 이러한 행사들은 방학을 이용해서 갖는 것이니까 말입니다. 방학 때 계속해서 공부만 하며 지낼 수도 없는 일이고 하니, 스트레스 해소도 하고, 신앙심 배양도 하는 등…… 많은 유익이 있지 않을까요? 그러니 보내시는 것이 여러 모로 좋다고 저는 생각합니다.

통계 말씀을 하셨는데, 제가 생각할 때 이러나저러나 공부 잘하는 학생은 소수입니다. 그리고 학교성적이란 것이 하루아침에 형성된 것도, 하루아침에 올라가는 것도 아닙니다.

자녀를 염려하는 부모의 마음이 이해는 되지만 학교 공부만이 공부가 아니며 또 공부가 결코 인생의 전부가 아니란 흔한 말씀을 저도 드리고 싶습니다.

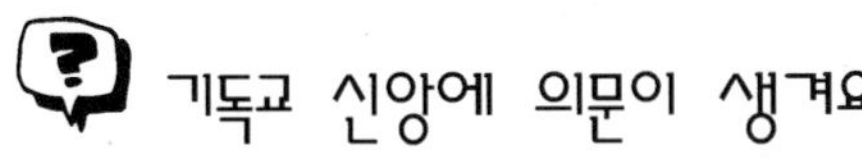

기독교 신앙에 의문이 생겨요

안녕하세요. 저는 현재 대학 4학년에 재학 중인 학생입니다.

대학생활을 하면서 인류의 기원에 대해서 생각하다가 기독교를 접하게 되었습니다.

물론 다른 종교나 사상도 책을 통해 읽어 보았지만 기독교를 능가하는 사상과 종교는 없었습니다.

무엇보다도 하나님의 사랑을 능가할 그 어떤 것도 발견할 수가 없었습니다. 그래서 교회를 다니기로 결심을 했고 이제 나간 지 약 1년이 되어 갑니다.

사실 제가 살아온 이야기를 하자면 저희 아버지는 새 아버지입니다. 제가 초등학교 2학년 때 저희 아버지는 돌아가셨고 어머니는 외할아버지의 권유로 초등학교 4학년 때 새 아버지와 재혼을 하셨죠.

그런데 저는 완벽주의를 강요하는 새 아버지 때문에 청소년시절을 너무도 힘들게 보냈습니다. 새 아버지는 교회에 다니셨지만 제게 너무도 많은 것을 요구하셔서 어린 저로서는 반대의견을 펴지도 못하고 그냥 복종할 수밖에 없었습니다. 그러다 보니까 삶이 너무 힘든 면이 있었지만 저희 어머니를 생각하며 이겨 내야만 했습니다.

새 아버지가 제게 요구하는 첫째는 반에서 1등을 해야 커서 잘된다는 것이었고, 둘째는 교회에 나가라는 것이었습니다. 저는 그래서 1등을 위해서 학창시절을 보낼 수밖에 없었고 새 아버지로 인해서 교회에 나갈 수밖에 없었습니다. 노력하니까 성적이 오르더군요.

그래서 초등학교 6학년부터 고1 중반까지 거의 반에서 1등은 저의 자리였고, 교회는 의무적인 주중행사로 나갈 수밖에 없었습니다.

새 아버지는 교회에서 집사의 직분을 맡고 총무까지 한다고 하는데 제게 대하는 모습에서는 전혀 교회에서 목사님이 설교하시는 내용과는 달랐고 사랑을 발견하기가 좀 힘이 들었습니다. 한마디로 요약하자면 이기주의적 성향이 너무도 강했으니까요.

제 동생들과 다른 시각으로 내게 대하는 것 같았고 권위적이고 강압적인 분위기는 새 아버지와의 거리감을 더욱 증폭시켰습니다. 친구들이 놀이동산에 가자고 해도 저는 제 용돈이 부족해서 갈 수가 없었고, 뭐 용돈을 아직까지도 받아 보지 못하고 있는 실정이니까요. 그러다 보니까 아버지와 관계가 멀어졌고 교회에 대한 회의감이 들어서 고1 때부터 교회를 나가지 않았고 학교성적은 그동안 축적된 지식으로 인해 상위권으로 졸업은 했지만 많이 떨어졌습니다.

성적에 맞추어 대학에 가게 되었고, 저는 집보다는 친구가 좋아서 대학시절에는 주로 밖에서 생활을 했습니다. 과외로 또 아르바이트로 제 용돈과 학비를 벌었고, 납부금은 장학금으로 대신해서 지금은 아버지의 도움은 받지 않아도 되는 실정입니다.

그런데 제가 목사님께 메일을 보내는 이유는요, 한 가지 기독교 신앙에 대한 의문이 생겨서입니다.

제 지식으로 성경을 이해하기는 너무도 어렵습니다. 제가 교회에 나간 지 너무도 짧은 시간이었고, 그리고 부족한 사람이라서 이렇게 목사님께 메일을 띄웁니다.

저의 교회 지체들과 주위에서 교회에 오래 다녔다고 하는 사람들에게 물어봐도, 이 문제가 해결되지 않아서 이렇게 목사님께 조언을 구합니다. 저희 교회 전도사님께 묻고는 싶지만 괜히 이상하게 생각하실 것 같아서 이렇게 인터넷을 통해서 조언을 구합니다. 제가 보내는 메일이 귀찮으시더라도 제게는 너무도 중요한 문제입니다. 조금만 시간을 내주시면 고맙겠습니다.

사실 고교시절부터 술을 한 저는 친구들과 술로 많이 친해졌고 또 술을 통해서 친구들과 속 이야기도 많이 했습니다. 그런데 목사님의 설교에서 술을 마시지 마라, 이는 방탕한 것이다. 그리고 술은 하나님이 싫어하시는 것이다……라는 설교를 하셨습니다. 이 문제로 여러 가지 생각에 잠겨 보았습니다.

저는 술을 마셔도 지킬 것은 지켰고, 또 술로 친구들과 친해지는 계기로 사용했지, 술로 음탕한 생활의 도구로 사용한 것이 아니었고, 또 술로 이웃에게 피해를 준 적이 조금은 있었지만 되도록 이성을 잃지 않으려고 노력을 했습니다. 술의 폐해를 알기 때문이었죠. 그래서 책을 찾아보려 했지만 책으로 찾기에 이제는 시간이 좀 부족합니다. 취업걱정도 해야 되고 사실 독서할 시간이 이제는 좀 부족합니다.

책을 찾아보았지만 시원하게 해결해 줄 책도 없었습니다. 이제는 목사님의 설교가 제게 예전에 저의 새 아버지의 강요와 같은 완벽주의와 율법과 너무나 극심한 무게감으로 다가오려고 합니다. 친구 말에 기장과 미국에서는 술을 허용한다고 하는데, 그 친구가 신학을 전공한 친구도 아니고 책에서 그러한 내용을 찾아보려고 해도, 미국과 기장에서 술을 허용한다는 내용을 찾을 수가 없었습니다.

목사님 좀 장황하게 적었지만, 제가 묻고 싶은 내용은요, 다음 세 가지입니다.

1) 과연 교회 다니면 술을 마시면 안 되는가?

2) 미국과 기장에서는 술을 허용하는가?

3) 술을 마시는 게 저의 목사님 설교처럼 이웃을 악의 구렁텅이로 빠뜨리는 것인가?

목사님, 제가 그러한 강압적 분위기가 들면 이제는 교회에 나가기가 너무나 싫어질 수도 있고, 기독교를 책에서 결단할 때 읽었던 하나님의 사랑이 의심이 되려고 합니다.

이러다 보니까

4) 하나님께서 모든 사람에게 하나님을 알게 하는 마음을 주셨다고 했는데, 그렇다면 그들도 하나님의 이름은 듣고 한 번쯤은 생각을 해 보았을 것인데 그들이 열린 마음으로 생각한다면 하나님의 말씀을 믿을 수밖에 없을 텐데……

제가 술을 마시고 친구들을 사귀어도 어느 라인은 넘지 않을 것이고 넘기도 싫습니다. 이성적으로 사회통념으로 생활을 한다면 제 개인적으로는 전혀 문제가 되지 않을 것 같은데, 왜 제가 술을 마심으로써 이웃을 악의 구렁텅이로 빠지게 만드는 것인지 의문이 듭니다.

목사님, 저에게는 너무도 중요한 사항입니다. 이 문제가 해결되지 않고는 신앙적으로 침체가 될 것 같고요. 이제는 하나님의 사랑에 회의감이 들지도 모른다는 생각이 점점 다가옵니다. 목사님, 제게 형식적인 답변 말고 좀 진지하게 메일을 보내 주셨으면 고맙겠습니다. 시간을 빼앗아서 죄송합니다. 특히 4)의 내용이 제일 이해가 안 가거든요.

하나님께서 분명히 모든 사람에게 하나님을 알게 하는 마음을 주셨다고 했는데, 그리고 그들이 열린 마음으로 생각한다면 믿을 수밖에 없을 텐데요. 그리고 구원은 하나님께서 하시는 것이라고 했는데, 왜 제가 술을 마시는 게 제 친구들을 악의 구렁텅이로 빠뜨리는 게 되는지, 저는 술을 마시면서도 친구들이 술로 인해서 교회에 안 나간다고 하는 친구들의 이야기도 들었는데, 이 문제가 해결이 되어야 할 것 같습니다.

목사님, 진지한 조언 부탁드립니다.

 **건실한** 청년이란 느낌을 받았습니다.

당연히 작은 도움이라도 드리고 싶구요. 새 아버지에 대해서는 좋은 점을 기리도록 하시면 좋겠네요. 섭섭한 부분들도 세월이 지나 보면 충분히 이해가 될 날이 올 겁니다.

질문자의 문제는 우선 술의 문제이군요. 원리적으로 터득하면 다른 문제도 다 적용이 될 텐데요.

기독교는 술을 먹고 안 먹고가 핵심이 아닙니다. 주님은 진리가 너희를 자유케 하리라 하셨구요. 진리는 예수 그리스도이십니다.

우리가 예수 믿는 것은 또 하나의 무거운 짐을 지는 것이 아니라, 예수 그리스도 안에서 자유함을 누리는 축복입니다.

술을 먹든 안 먹든 제한이 없습니다. 자유입니다. 먹는다고 해서 죄 짓는 것이 아니지요. 미국이든 기장이든 또 합동이든 다 원리는 똑같습니다.

그러나 그런 원리를 일일이 가르칠 순 없고, 우선 교회에선 교우들의 신앙유익을 위해 율법적으로 가르치기도 합니다.

먹고 싶고, 먹어서 좋다면 드시기 바랍니다. 하지만 신앙이 어느 분량에 이르게 되면, 먹을 필요도, 먹고 싶지도 않게 됩니다.

그러면 그땐 더 이상 그 문제가 무거운 짐이 아니겠죠?

단지 이런 점은 있겠네요. 한국 기독교 현실로 볼 때 기독교인은 술을 먹지 않는 게 통념이니까, 그런 점을 감안하셔야 하겠지요.

술의 해악에 대해서는, 비단 술이 아니라 아무리 좋은 음식이라도 과하면 다 나쁜 것이고, 그리고 기독교인이 신앙적 이유로 술을 거부할 때, 많은 유익들이 있습니다.

그래서 많은 신앙인들이 자원해서 술을 아예 입에 대지 않는 것입니다. 스스로 자원하여 선택한 결단인 것이죠.

 ……특히 4)의 내용이 제일 이해가 안 가거든요. 하나님께서 분명히 모든 사람에게 하나님을 알게 하는 마음을 주셨다고 했는데, 그리고 그들이 열린 마음으로 생각한다면 믿을 수밖에 없을 텐데요.

신학적인 문제인데요. 그렇지 않습니다. 인간은 죄로 인해 타락했기 때문에, 스스로 독학으로 하나님 신앙에 도달하기가 어렵습니다.

 그리고 구원은 하나님께서 하시는 것이라고 했는데, 왜 제가 술을 마시는 게 제 친구들을 악의 구렁텅이로 빠뜨리는 게 되는지, 저는 술을 마시면서도 친구들이 술로 인해서 교회에 안 나간다고 하는 친구들의 이야기도 들었는데, 이 문제가 해결이 되어야 할 것 같습니다.

구원은 하나님께서 하시지만, 사람이 믿어야 하고, 믿으려면 말씀을 들어야 하고, 말씀을 들으려면 누군가가 말씀을 전해 주어야 한다고 했습니다.

> "누구든지 주님의 이름을 부르는 사람은 구원을 얻을 것입니다. 그러나 주님을 믿지 않는다면 어떻게 주께 구원을 청할 수 있겠습니까? 또한 주님의 이름을 한번도 들어 본 적이 없다면 어떻게 주님을 믿을 수 있겠습니까? 누가 알려 주지 않는다면 어떻게 들을 수 있겠습니까?"(롬 10: 13~14)

그래서 전하는 사람이 중요한 거구요.
'현대인의 성경'에서 살펴보겠습니다.

> "이와 같이 여러분이 형제들에게 죄를 짓고 그들의 약한 양심을 상하게 하는 것은 그리스도에게 죄를 짓는 것입니다. 그러므로 음식이 내 형제를 죄짓게 한다면 나는 내 형제를 죄에 빠뜨리지 않기 위해서도 다시는 제물을 먹지 않겠습니다"(고전 8: 12~13).

고린도전서 8장 전체를 잘 읽어 보시기 바랍니다. 원리는 그겁니다. 우상의 제물…… 아무것도 아니다, 먹어도 죄짓는 것이 아니다, 먹을 만한 지식과 자유가 나에게 있다, 그러나 사회적 통념이 있어서…… 그걸 먹음으로써 다른 형제의 마음에 시험이 되게 할 수 있으니까…… 만약 그렇다면 나는 일생 동안 그런 거 먹지 않겠다…… 이런 내용입니다. 우상의 제물이나 술이나 원리가 다 같은 거죠.

많이 생각해 보신 뒤에 미진하면 다시 물어 주시기 바라구요.

질문자의 상담은 진지하고 좋은 내용이므로, 제가 저의 상담게시판에 익명으로 올리고자 합니다. 다른 분들이 읽어 유익이 될 수 있거든요. 괜찮으시겠죠?

그 밖의 문제에 관하여

왜 이런 시련이 있을까요?

저는요, 29살 미혼여성입니다. 직장을 그만둔 지 1년이 넘었습니다. 이제 경제적 여유도 없고 부모님 뵙기도 죄송합니다. 사실 제게 심한 콤플렉스가 있어서 대인기피증도 조금 있고, 과식증에도 걸려 있습니다. 직장에 다닐 때는 십일조도 꼬박꼬박 냈었는데, 왜 이런 아픈 시련이 있는지 모르겠어요. 정말 하나님과 만날 수 있다면 물어보고 싶은 심정입니다.

혜정님, 반갑습니다. 많이 힘들어하시네요.

제가 무어라 말씀을 드려야 할지 모르겠습니다. 어떤 말을 한다 할지라도 그게 무슨 위로나 힘이 되겠습니까? 스스로 문제를 해결하고 힘을 얻고 삶의 생기를 찾아야 하거든요.

님의 글을 읽고 제 자신을 가만히 돌이켜 생각해 보았습니다. 솔직히 저에게는 혜정님보다 더 훨씬, 한심하고, 답답하고, 절망적인 때가 있었습니다.

하지만 상황이 그랬다는 것일 뿐, 제 마음은 한 번도 절망적이지는 않았습니다. 왜냐하면 그래도 당시 나에겐 하나님이 나를 사랑하신다는 확신이 있었기 때문이었던 것 같습니다.

혜정님도 하나님의 사랑에 대한 확신을 한 번 새롭게 가져 보시기 바랍니다. 글고, 인생이란 것이 낮이 있고 밤이 있는 것이 아닌가요? 계속해서 태양만 비친다면……이 땅은 다 사막이 되고 말겠죠?

"형통한 날에는 기뻐하고 곤고한 날에는 생각하라 하나님이 이 두 가지를 병행하게 하사 사람으로 그 장래 일을 능히 헤아려 알지 못하게 하셨느니라"(전 7: 14)

믿지 않는 집안 식구들과의 갈등

안녕하세요? 인터넷에서 신앙상담을 하는 곳을 찾다가 목사님의 사이트에 들르게 되었습니다.

저는 94년 기독교 신앙을 가진 집안의 여자와 결혼을 하게 되었고, 아내의 인도로 교회에 나가고 신앙생활을 시작하였습니다.

저희 집안은 어머니가 1년에 한두 번 절에 가서 공양하거나 생활 중 어려운 일들이 있으면 점을 보고 부적을 썼습니다.

그래서 결혼에 문제가 많았으나 반대로 이기고 결혼하게 되었습니다. 96년에 아버지가 간암으로 돌아가시면서 순복음교회 장로님의 많은 도움으로 아버지께서 회개하고 하나님을 믿고 소천하셨다고 믿고 있습니다.

그런데 문제는 최근 2년 사이에 일어났습니다. 아내가 넘어져 무릎 수술을 한 게 잘못되어 1년 이상 끌었고, 우울증까지 겹치기도 했습니다. 두 번 수술을 받고 왼쪽 무릎연골을 완전히 적출해 냈습니다. 보행에는 큰 지장은 없어 가능합니다.

그러나 작년 8월 다시 교통사고가 있어, 뒤에서 오던 차가 받아 목과 무릎에 약간의 부상을 당했고, 4개월 정도 병원생활을 했습니다. 그리고 다시 퇴원 후 현재는 직장생활 중입니다. 그런데 작년 12월 제가 회사를 그만두게 되면서 아내는 그것을 이유로 이혼을 요구하게 되었고, 현재는 시간을 가지고 생각해 보자고 해서 아내는 친구 집에서 현재까지 7개월 정도 별거 중입니다.

그런데 최근 어머니가 신촌에 있는 무당집에 가서 점을 보시고는 아버지가 돌아가셨을 때 좋은 곳으로 천도를 해드리지 못해, 저와 제

여동생에게 그 혼이 붙어 제 여동생은 자꾸 아프고 저는 현재 이런 지경이 되었답니다.

그래서 다시 천도를 안 해주면 제 여동생은 자꾸 아파 신 내림을 해야 되고, 제 아내는 4~5년 내에 바람이 나서 완전히 헤어진다고 하고, 저는 객사할 운명이랍니다. 그래서 그 무당은 7~8백만 원 정도 드는데 450만 원 정도의 비용에 아버지 묘에 가서 천도를 해줘야 한다는군요.

또 그 무당은 제가 교회에 다니고 어머니도 가끔 순복음교회 주일 예배를 드리니까, 만약 매일 새벽기도 하여 그것을 이길 수 있으면 그렇게 하라고 했답니다. 저는 물론 하나님이 저에게 기도에 힘쓰라는 뜻으로 알고 마귀들을 이길 수 있도록 기도할 것입니다.

그러나 제 여동생과 어머니에게도 이번 기회에 주님을 알고 뜨거운 기도를 하게 해야 될 것 같은데 쉽지가 않은 것 같습니다. 어떻게 인도해야 할지 난감하며 또 교회에서 천도 같은 것을 하는 방식이 있는지도 궁금합니다.

그리고 아버지가 정말 주님을 영접하여 주님나라에 갔다는 믿음을 어떻게 이야기해야 할지도 궁금합니다.

목사님의 좋은 조언을 부탁드립니다.

참 복잡하군요.

자신의 문제는 자신이 가장 잘 알죠. 그저 생각나는 대로 말씀드려 볼게요.

사람의 일이란 것이 여러 가지가 얽히고설키어 일어나는 것입니다. 어떤 일의 원인을 한 가지로 딱 말할 수 없다고 봅니다.

마찬가지로, 문제를 푸는 것도 같을 거란 생각입니다.

가장 크고 핵심적인 거는 아마도 부인과의 관계인 듯하군요.

근데, 부인께서 질문자의 실직을 이유로 이혼을 요구했다고 했는데, 아마도 그건 겉으로 드러난 문제일 뿐, 꼭 그것이 이유는 아니지 않을까 하는 생각이 됩니다. 두 분이, 아니 질문자께서 깊이 숙고하셔야 될 듯합니다.

그리고 여동생이나 어머니를 인도하는 일에 너무 신경 쓰지 마시고, 우선 질문자께서 잘 믿으시도록 말씀드리고 싶습니다. 그래서 질문자께서 잘되시면 자연히 전도도 쉽게 됩니다.

천도라고 하는 것은 기독교에선 그런 말조차도 없습니다.

돌아가신 아버님이 구원을 받으시고 천국에 가셨다는 믿음은 하나님의 말씀을 통해서 가질 수 있겠습니다.

로마서 10: 9에 "네가 만일 네 입으로 예수를 주라 시인하며 또 하나님께서 그를 죽은 자 가운데서 살리신 것을 네 마음에 믿으면 구원을 얻으리니"라고 하였고 그 외에도 요한복음 3: 16, 혹은 사도행전 16: 31 등의 말씀이 되겠습니다.

이미 고인은 떠나갔으니, 남은 식구들이 예수님을 잘 믿어 구원받는 게 중요한 일이며 효도가 되겠습니다.

인생이란 것이 어려울 때가 있으면 또 좋을 때도 있습니다. 어두컴컴한 터널을 통과하는 중이라 생각하시고 기도하시면서 주님의 은혜로 하나씩, 하나씩, 그리고 천천히…… 잘 풀어 가시고 잘되시기를 바랍니다.

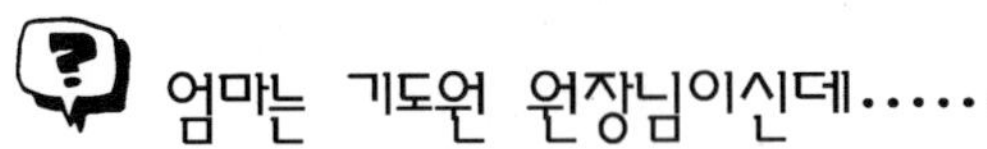

엄마는 기도원 원장님이신데……

안녕하세요?

저는 하나님을 믿은 지 15년이 되어 갑니다. 처음에는 가족 모두 교회를 열심히 다녔었죠.

그러는 동안 친정어머님이 은사를 받으셔서 사유재산을 모두 들여 기도원을 지으셨답니다.

연단을 받으시는 동안에는 참 많이 힘드셨지요. 물론 저희 가족두요. 교회에서도 가정제단을 쌓는다고 목사님께서 주일예배시간 설교 말씀 중에 야단을 치셨고, 처음에는 집의 지하층에서 시작했구요. 지금은 지방으로 가서서 온전히 기도실 위주랍니다. 그 후로는 엄마뿐 아니라 저희도 교회에선 몰래 예배를 드리고 점점 교회와는 멀어지게 됐습니다.

원망도 많이 했지만 어머니 말씀은 어느 교회 어느 목사님이 오셔서 그만두라 말리셔도 그럴 수 없다는 확고한 신념이 있으세요. 하나님이 원하지 않는 이상은요.

지금은 어느 정도 체계가 잡혀서 월·목 예배와 심방을 주로 하시고 계시답니다.

제가 여쭤 보고 싶은 것은요……. 기도원 등록에 대해서랍니다. 꼭 목사가 되어야 등록이 가능한지요. 아님 다른 허가 절차가 있는지요?

그렇다면 어머닌 연세도 있으시고 해서 제가 이제사(32세 주부) 신학을 공부하려고 합니다. 대(?)를 물려서 할 생각은 전혀 아니고 어머니가 살아 계시는 동안 도와드리고 싶어서요.

기도원 등록과 관계없이 전 너무나도 하고 싶은데, 물론 하나님의 응답이 있어야 하겠지만 목사가 되어야 한다면 신학대학교를 들어가야 하는지, 아님 학점 은행제로 하는 신학부로 가서 대학원을 가도 괜찮은지, 아님 방통대를 나와서 외국으로 가서 공부를 해야 할지……. 막막합니다. 나이도 있고 해서요.

또 허가를 받아야 한다면 어디서 어떻게 어떤 자격으로 받아야 하는지 알려 주세요. 두서없는 글 읽어 주셔서 감사하구요, 꼭 답변 부탁드립니다. 감사합니다.

 **저의** 사이트에 방문하셔서 물으셨으니 제 생각대로 답변을 드리겠습니다. 그러니 그저 참고가 되기를 바랍니다.

우선 제 자신이 기도원을 좋아하는 스타일은 아닙니다. 그렇다고 꼭 부정적으로 보는 것도 아니구요.

우선 기도원은 시작될 때 그 설립목적이 분명하고 방향이 확실해야 한다고 봅니다. 예컨대, 일반 성도들의 수양관이 목적이든지, 아니면 목회자들의 쉼터를 제공한다든지 등…… 그 시작 목적이 분명하고 그 방향으로 나가야 할 것이라고 보구요.

친정어머님이 은사를 받으셔서 사유재산을 모두 들여 기도원을 지으셨답니다.

그저 참고로 제 생각을 말씀드리자면 어떠한 은사를 받으셨다 할지라도 그것이 기도원을 시작하는 동기가 될 수 있을까 하는 생각이 듭니다. 하지만 이미 시작하셨으니 좋은 목적, 좋은 방향으로 잘 나아가시길 바라구요.

 제가 여쭤 보고 싶은 것은요……. 기도원 등록에 대해서랍니다.
꼭 목사가 되어야 등록이 가능한지요. 아님 다른 허가 절차가 있
는지요? 그렇다면 어머닌 연세도 있으시고 해서 제가 이제사(32
세 주부) 신학과를 공부하려고 합니다. 대(?)를 물려서 할 생각은
전혀 아니고 어머니가 살아 계시는 동안 도와드리고 싶어서요.

기도원은, 제가 알기론 등록에 상관없이 얼마든지 하실 수는 있습니
다. 마치 교회가 노회나 총회에 들지 않고 독립교회로 할 수 있듯이
말입니다. 하지만 많은 기도원들이 이미 있으니 아마도 기도원 단체가
있을 터인데 제가 잘 알 수는 없고, 기도원을 이미 하고 계시는 분께
물어보시는 것이 제일 좋고 확실할 듯합니다.

기도원 운영의 자격이나 허가에 대해서는요, 기도원은 독립기관이
될 수 없고 교회의 부속단체 정도로 이해하면 좋을 듯한데요. 그러니
까 교회를 돕는 기관이란 말이거든요. 어디에도 자격을 부여하거나 훈
련하는 곳이 따로 있지 않습니다. 그 자격이나 능력은 교회 안에서 은
사를 따른 신실한 봉사로부터 나오는 것이 아닐까 생각합니다.

교회가 없으면 기도원은 존재할 수도 없고 필요도 없음을 잘 생각
해 보시기 바랍니다.

 ## 어떤 것부터 먼저 해야 할지

저는 10년 정도의 신앙생활을 했습니다.

지금도 아주 교회에 가지 않는 것은 아니지만 아주 많이 지루함을 느낍니다.

하나님이 계시다는 것을 알면서도 왠지 교회 가기가 귀찮고, 이 많은 성도들 간의 교제도 별로 반갑지 않습니다. 성격상의 문제가 있을지 모르겠으나 조용히 하나님을 믿고 싶습니다. 교회 안에서 북적대는 것이 싫습니다.

이럴 경우, 어떻게 합니까? 기도를 해도 응답을 느끼지 못하고 열심을 내고 싶지만 그 하고자 하는 것에 확신이 없고 그래서 중도에 포기하게 되고 누가 강요하는 것같이 느껴지면 싫고, 조용히 하나님을 섬길 수 있는 방법은 없겠는지요?

학교생활이 재미없으면 공부 잘하기가 어려울 것입니다.

물론 독학하는 방법도 있겠지만, 원리가 그런 겁니다. 신앙생활은 교회를 떠나서는 다른 방법이 없습니다. 교회를 떠나서 어떻게 신앙생활을 하며 구원을 받을 수 있겠습니까?

은혜를 받으면 됩니다. 은혜를 받아 내 마음이 새로워지면 모든 것이 전혀 새롭게 달라질 수 있습니다.

기도야 일단 집에서도 가능하고, 하나님이 계시다는 것이 믿어진다 하니, 은혜를 달라고 기도하시고 성경도 보시기 바랍니다. 그러면서 싫더라도 참고 교회에 꾸준히 다녀 보시기 바랍니다. 그러면 얼마 되지 않아 새로운 일이 일어나게 될 겁니다.

❓ 왜 이렇게 힘들게 살아야 할까요?

목사님, 반갑습니다.

저는 올해 20대 중반이 된 여자입니다. 어릴 적부터 하나님을 믿어 왔고요. 하지만 나이가 들수록 더욱 이해가 되지 않고 어려운 부분이 있어 목사님께 도움을 청합니다.

비록 20년 정도의 짧은 인생이지만, 전 좀 평탄하지 못했던 거 같아요. 초등학교 졸업 당시 아빠의 사업이 망해서 돈을 빌려 준 교회 집사님들에게 욕을 먹기도 했구.(어떻게 그럴 수 있져?)

가난하단 이유로 따돌림을 당하기도 했고, 결국 엄마와 헤어져 지금까지 아빠와 살고 있습니다. 고등학교 당시는 집안이 좀 일어나서 IMF 전까진 생활에 어려움이 없이 살았지만, 그 이후 다시 무너지기 시작했습니다.

저는 하루하루 집주인 땜에 맘을 졸이고 삽니다. 성격이 너무 포악하거든여. 집세 밀린다고 마구 소릴 지르고 저번엔 맞을 뻔한 적도 있었습니다. 하지만 아빤 늘 늦게 오시기 때문에 그런 모습을 잘 못 보셨죠.

전 위층에서 소리만 나도 놀랍니다. 또한 봄에 실직을 하게 됨과 동시에 아빠도 실직을 하셨습니다. 전 지금까지도 취업을 못 한 상태입니다. 자격증도 많고 열심히 일할 준비가 되어 있는데 아직도입니다. 제 생각엔 외모 때문인 것 같아요. 제가 좀 통통하거든요. 아빠는 겨우 취업을 하셨지만 별 볼일 없어요. 하루하루가 아슬아슬합니다. 전 교회도 가기 싫습니다. 하나님이 진정 계시다면 어쩜 이렇게까지 고통 속으로 몰아넣으시는지 이해할 수가 없습니다.

저의 교회 친구들은 넌 시련을 많이 당했으니까 반드시 큰 복을 주실 거라고 절 위로했고 저도 그렇게 믿으며 살아왔지만, 제가 4개월 동안 기도하며 직장의 고민을 의뢰했는데도, 왜 하나님은 제 기도를 들어주시지 않는 걸까요? 저의 급박한 사정을 모두 알고 계시면서요. 제 친구 중 하나는 아빠가 고등학교 때 병에 걸리셔서, 가정형편이 안 좋아졌어요. 그 친군 성적도 너무 안 좋았는데(여상), 어찌 어찌해서 모 대기업에 들어갔습니다.

그 친구 말로는 인사 담당자가 얼굴 이쁜 순으로 뽑아서 들어가게 되었다구 하더군여. 그 친군 얼굴이 이쁩니다. 이건 어찌 해석해야 할까여? 얼굴 이쁜 것도 능력으로, 노력으로 쳐야 할까요? 우리들 사이에선 정말 하나님이 도와주신 거라고 생각하고 있는 일 중의 하나입니다.

그럼 목사님! 저는 뭔가요? 방세를 밀려가며 아슬아슬 살고 있는 저에겐 왜 기회가 오지 않나요? 하나님은 왜 계속 같은 시련을 주시는 건지, 죽고 싶다고 생각한 게 한두 번이 아닙니다.

목사님, 대답해 주세요. 제 짧은 소견으론 도저히 하나님의 큰 뜻을 이해할 수 없어요. 매일 구직 광고를 보며 면접을 보러 다니며, 기도하며 성경을 읽어도 왜 제게 돌아오는 건 좌절이죠?

하나님 믿지 않는 친구들은 나보다 더 잘되는데, 하나님 믿는 저는 왜 그런 친구들에게 아쉬운 소릴 해가며 살아야 하는지, 전 모르겠어요.

 **어서 오세요.** 인생을 너무 힘들어하시는군요. 주님의 은혜로 맘이 조금만 더 담대해지셨으면 합니다. 주님은 우리를 강하게 담대하게도 하십니다.

 고등학교 졸업 당시 아빠의 사업이 망해서 돈을 빌려 준 교회 집사님들에게 욕을 먹기도 했는데 어떻게 그럴 수 있겨? 그리고 가난하다는 이유로 따돌림을 당했다구요, 그리고 위층에서 소리만 나도 놀란다구요.

사람이니까 그럴 수 있습니다. 맘을 조금만 넓게 가지고 주님의 평강으로 무장되었으면 합니다. 그런 일이 없으면 좋겠지만, 우리가 사는 세상이 그렇기도 합니다. 저도 마음이 아픕니다.

 하나님이 진정 계시다면 어쩜 이렇게까지 고통 속으로 몰아넣으시는지 이해할 수가 없습니다.

자매님, 이런 말은 하지 않도록 하셨으면 합니다. 하나님은 여전히 좋으신 하나님이시고, 자매님을 사랑하고 계시고 좋은 계획을 갖고 계시거든요. 우리가 어떤 말을 하는가는 참 중요합니다. 자기의 말에 자신이 암시를 받기도 하고요, 그 안에 갇히기도 합니다. 하나님이 기뻐하시는 믿음의 말, 그리고 긍정적인 말을 하시는 게 좋지 않을까요?

제가 4개월 동안 기도하며 직장의 고민을 의뢰했는데도, 왜 하나님은 제 기도를 들어주시지 않는 걸까요? 저의 급박한 사정을 모두 알고 계시면서요.

목사님이 내 사정 되어 보세요, 할지 모르나 4개월 정도 가지고 그러시나요? 성경의 축복받은 위인들을 한번 묵상해 보세요. 그들의 고난은 거의가 다 10년 이상 계속된 고난이었답니다.

 그 친구 말로는 인사 담당자가 얼굴 이쁜 순으로 뽑아서 들어가게 되었다구……, 저의 짧은 소견으론 도저히 하나님의 큰 뜻을 이해할 수 없어요.

그렇습니다. 뉴스에 나오기도 했지만 인간세상에서 일어나고 있는 흔한 일들 중의 하나라고 생각하십시다. 좋으신 하나님을 믿어야 합니다. 믿는 대로, 믿음대로 하나님이 장차 이루어 주십니다. 그리고 은혜를 받아야 합니다. 탄식과 절망과 좌절은 은혜의 선물이 아닙니다. 기도가 부족하고 은혜가 메마른 결과입니다. 심령이 은혜로 채워지면 그보다 훨씬 더한 고난 중에서도 기뻐할 수 있고 하나님께 즐거움으로 나아갈 수 있습니다.

시간이 있을 때 성경을 펴서 읽으며 도와 달라고 기도하고, 축복해 달라고 기도하세요. 전심으로 하나님을 찾으십시오.

> "여호와의 눈은 온 땅을 두루 감찰하사 전심으로 자기에게 향하는 자를 위하여 능력을 베푸시나니……"(대하 16: 9)
> 주님을 바라는 자는 수치를 당치 않게 해주십니다(시 25: 3).

마지막 한 마디 더 드리면, 고난을 당한다고 항상 고난 뒤에 영광이 오는 것이 아닙니다. 시련을 겪는다고 다 복을 받는 것은 아닙니다. 하나님이 시련과 고난을 주실 때 잘 이겨 내고 잘 통과해야 합니다.

원망하지 않고, 고난 중에서도 끝까지 믿고 감사하며, 열심히 기도

하고 은혜를 받음으로 하나님의 좋은 그릇으로 다듬어져만 하나님이 고난을 주신 그 거룩한 뜻이 이루어질 겁니다.

자매님, 뭘 그 정도로 그렇게 힘들어하십니까? 아직 서른도 되지 않았는데요. 요셉도 30세가 될 때까지 되는 일이라곤 없었답니다.

은혜를 받으세요. 은혜를 받으면 우선 자매님의 마음이 새로워집니다.

제 공주병 증상이 병일까요?

목사님, 안녕하세요? 저는 40대 후반의 여성입니다.

궁금한 것이 있습니다.

저는요, 여태 모든 사람들이 저를 좋아하고 있다고 생각하고 살았습니다. 제가 제일인 줄 알았구요.

그런데 요 근래에야 그게 아니란 걸 알게 되었습니다.

싫어하는 사람도 있는 것 같구요. 아니라고 말해 주기도 하구요. 그래서 실망도 하구요, 그전에는 실망도 모르구, 그저 제가 하고 싶은 대로 하면 다 되었는데 거절도 당해 보구요. 이런 제가 병일까요? 궁금합니다.

안녕하세요······ 반갑습니다.

글 주셔서 감사합니다. 재미가 있네요. 뭐 병은 아니라 생각합니다. 물론 흔히 하는 말로, 그 왜, 공주병 내지는 왕비병 같은 거겠죠?

그런데 생활에 지장이 없고, 남에게 피해 주지 않고, 가족들과 건강하게 잘 사는 데야 그게 뭐 큰 문제이겠습니까?

오히려 좋게 보면 좋은 겁니다. 자신감이 있는 것이고, 건강한 정신의 표현으로 보고 싶습니다. 그리고 늦게, 그게 또 아니란 걸 아셨다니, 그 또한 좋은 일이며 감사한 일입니다.

밝게 생각하십시오.

늘 공주 같은 맘으로, 왕비 같은 삶으로 행복하게 살아가십시오. 우린 다 하나님의 자녀이니까요.

술과 담배를 끊기가 참 어렵습니다

저는 30대 후반의 직장인입니다.

전에 20여 년을 신앙 생활하다가 약 10여 년 동안 교회를 멀리하고 살아왔습니다. 그러다 최근에 회개하고 주님을 다시 영접하게 되었습니다.

그런데 오랜 방황생활로 습관이 된 술과 담배를 끊기가 참 어렵습니다.

정말로 신앙생활에서 술과 담배는 죄악이 되는 것인지, 고민이 되어 말씀 올립니다. 좋은 조언 부탁드립니다.

10여 년이나 교회를 멀리하시다 다시 회개하고 돌아오셨다니, 좋으신 주님의 은혜가 놀랍고, 축하의 말씀을 드립니다.

그런데 술과 담배가 문제군요.

으음, 제가 솔직히 말씀을 드려 보겠습니다. 죄가 되느냐 물으셨는데, 네, 죄가 안 됩니다.

그러니까 너무 신경 쓰지 마시고, 끊어질 때까지는 그냥 계속하십시오.

문제는 죄가 아니라 할지라도, 본인도 끊고 싶을 것이고 그것은 모범적인 그리스도인의 표지가 될 수 없으므로. 그리고 주님은 이해하신다 해도, 사람들은 그렇지 않으므로 주초를 끊지 않는 이상 스스로 부담되고 힘듭니다.

끊기는 끊어야 하는데, 10년 계속하던 것을 단번에 끊지 못할 것이고 그러면 그럴수록 더욱 기뻐야 할 신앙생활이 무겁기만 할 것입니다.

방법은 하나, 주님 안에서 믿음생활을 열심히 하십시오. 사람들에게는 비밀로 하시구요.

주님은 이해하시니까…….

은혜생활에 주력하십시오.

그러면 주님의 은혜로, 주님의 능력으로, 자기도 모르게 끊을 힘이 생기게 되고, 곧 얼마 지나지 않아 문제가 해결될 겁니다. 그럼~.

길거리에서 만난 도인들……

안녕하십니까? 저는 예수를 믿는 청년입니다.

다름이 아니라 길거리를 돌아다니다 보면 모르는 사람들이 저한테 다가와서 이런 말을 하곤 합니다.

"조상의 뿌리를 찾아야 합니다."

"상이 좋지 않습니다."

"조상이 원한 관계가 있어서 노력해도 되지 않는 경우입니다."

물론 저는 제 나름대로 믿음이 좋다고 생각하기에 이런 말을 그렇게까지는 신경 쓰지 않습니다만, 위에 열거한 것 말고도 그들이 하는 말을 들어 보면 가끔씩 맞는 말도 있었습니다.

아무리 기독교인이라 할지라도 자신을 낳아 준 부모, 또는 조부모, 올라가서는 조상들이 있는데 조상들에게 대해서 무시할 수는 없는 거잖아요!

설날이나 혹은 추석에 보면 기독교인들은 제사를 지낼 때 절은 하지 않고 기도로써만 하는데, 그런 것을 볼 때면 기독교인들도 조상에 대해서는 제사를 지내는 거라고 할 수 있는 것 같은데…….

길거리에서 만나는 도인들이 말하는 것처럼 조상이 원한 관계가 있다면 기독교인들은 끊임없는 기도가 필요한가요?

기도하면 조상님들도 원한 관계가 풀어질 수 있는 건가요? 기독교적인 입장에서 조상님들을 위해 기도하면, 조상님들이 받아 주시지 않을 경우도 있을지 약간은 불안한 마음도 있습니다.

우리나라에서는 아직까지도 제사 지낼 때면 절을 많이 하기 때문에 꼭 그런 방법이 정석인 것 같습니다.

목사님의 조언을 부탁드리겠습니다.

질문자께서도 길거리의 도인들……. 이미 질문자께서도 신경 쓰지 않는다 하셨지만, 다시 한번, 먼저 말하고 싶은 것은 그들의 말이 무슨 들을 만한 가치가 있다고 귀를 기울이겠습니까?

또 그들이 무슨 도인이라고? 내가 볼 땐 좀 심한지 모르지만, 그들은 사기꾼이 아닌가 싶습니다.

기독교가 조상을 무시하지 않고 있는 것은 네 부모를 공경하라는 계명을 위시하여, 부모에게 효도하고, 노인에게 공경하는 가르침을 성경이 충분히 하고 있기 때문입니다.

설날이나 명절에 제사 대신에 기도한다고 했는데, 제사의 의미로 기도하는 것이 아니고 그냥 묵도하는 겁니다. 그 기도나 혹은 묵도가 조상에 대한 어떤 의미를 갖는 것은 아닙니다.

조상과의 원한 관계란 말을 하셨는데, 이해가 되지 않는 말입니다. 죽은 조상이 어떻게 한다는 말인데 아무런 영향이 없습니다. 내가 잘 믿고 바로 살면 조상과 상관없이 내가 영생을 얻을 것이고 복도 받습니다.

단학 수련원에 가도 되나요

저는 나이가 37세인 직장인입니다. 평소에 집중력과 기억력이 부족하다고 느낍니다.

단학선원 등 국내에서 단전호흡 수련하는 곳에서는 단전호흡수련을 통해 신체적 건강뿐만 아니라 집중력이나 기억력도 향상된다고 하는 이런 곳에 가서 수련을 받는 것이 신앙생활에 문제가 없는지 알고 싶습니다. 또한 단학이라는 것이 기독교의 교리에 위배되지 않는지 알고 싶습니다.

답이 대단히 늦었습니다. 저의 컴에 에러가 발생하여 이걸 잡는 과정에서 시간이 많이 걸렸습니다. 오늘에야 정상 작동이 되네요.

근데, 더 죄송한 거는 문의하신 데 대하여 시원한 답을 드릴 수 없는 점입니다.

단학에 대해서는 별로 아는 바가 없고, 언급하려면 제가 책이라도 한 권 읽어야 하는데 그럴 형편도 못 되고요, 겨우 인터넷에서 몇 군데 찾아본 정도입니다.

제 생각으론, 이게 무슨 종교가 아니라 할지라도(제 생각엔 거의 종교 수준) 한 가지 뚫어 내려 하면 거기에 집중해야 하며 다른 것들은 필시 많은 희생을 감수해야 하는데, 대충하는 신앙생활이라면 몰라도, 믿음생활에 정진하면서 같이 수련을 해 나가기는 힘들지 않겠나 생각이 됩니다.

한번 잘 찾아보시고 살펴보시기 바랍니다. 그럼~.

❓ 호적상의 이름을 바꾸고 싶어요

안녕하세요.

궁금한 것이 있어 이렇게 글을 올립니다.

저는 원래의 제 이름이 너무 나쁘다고 해서 이름을 바꾸었습니다. 그런데 이렇게 하는 것이 주님의 자녀로서 해서는 안 될 일 같은 생각이 듭니다.

우연히 들었는데, 이런 행동은 하나님의 권위를 무시하는 것이라고 했던 것 같았어요. 하지만 저는 제 이름이 너무 좋지 않다는 말을 듣고 나니, 몰랐다면 또 다르겠지만 호적상에서도 이름을 바꾸려고 생각하고 있습니다.

답답한 마음에 주님께 기도를 드렸습니다. 그런데 아직 잘 모르겠습니다.

목사님, 제가 어떻게 하는 것이 좋을까요? 저는 이전의 제 이름을 그대로 쓰고 싶지는 않습니다.

목사님의 답변이 저에게 많은 도움이 될 것 같아요. 추운 날씨에 감기 조심하시구요. 그럼, 안녕히 계세요.

✉️ 음, 이름이 맘에 안 든다?…… 나도 그런 적이 있고, 지금도 내 이름이 별로 맘에 안 든답니다.

내가 지어도 나중 되면 맘이 바뀔 수 있는 것인데 내가 아닌 다른 분이 이미 지어 주었고, 세대도 다르다 보니 맘에 들지 않을 확률이 더 높으리라 생각됩니다.

하지만 맘에 안 든다고, 그때마다 이름을 바꾸면, 아마 일생 사는 동안에 이름이 1백 개라도 모자랄 겁니다.

그러나 정히 사정이 있거나 맘에 들지 않다면, 법적으로 절차를 밟아 바꾸면 될 겁니다.

그 외에 예명처럼 본명 외의 이름을 가지고 사용할 경우에 제 생각은 그렇습니다.

우리가 하나님 앞에 나갈 때, 내 임의로 바꾼 이름으로 나아갈 수는 없다고 생각합니다.

연예인들이 예명을 사용할 수는 있겠지만, 그들도 예배에 나갈 때는 본명으로 나가야 하고 아마 그러고 있을 겁니다.

이런 예를 들 수 있겠습니다. 지난번에 있었던 청문회 때 앙드레 김이 자신을 '앙드레 김'이라고 했을 때 본명을 말하라고 해서 머쓱해진 적 있지 않습니까?

하물며 하나님 앞에 나가는데, 이름을 제 맘대로 바꾸어서 나갈 수 없죠. 도망 다니는 현상범이 아닌 담에야……

답이 되었나요? 부모님이 지어 주신 이름, 정을 붙여 보도록 하시고요. 이름만 좋으면 뭐 합니까?

우리나라 역사에도, 위인들을 보세요. 이름이나 외모가 문제가 아닙니다. 내실 있는 삶을 추구하길 바랍니다.

· 저자 ·

서문수   **·약 력·**
부산신학교 및 총신대학원 (76회)
필) 바탕가스 주립대학교 (문학사)
한남대학교 학제신학대학원 (신학석사)
한남대학교 일반대학원 박사(Ph.D.) 과정

대복제일교회 개척, 성전건축, 담임 역임

·연락처·
- Tel: 0505-420-0042
- e-mail: fmseo@chol.com
- http://www.sang-dam.org

본 도서는 한국학술정보(주)와 저작자 간에 전송권 및 출판권 계약이 체결된 도서로서, 당사와의 계약에 의해 이 도서를 구매한 도서관은 대학(동일 캠퍼스) 내에서 정당한 이용권자(재적학생 및 교직원)에게 전송할 수 있는 권리를 보유하게 됩니다. 그러나 다른 지역으로의 전송과 정당한 이용권자 이외의 이용은 금지되어 있습니다.

○ 당신이 행복하면 모두가 행복합니다

· 초판 인쇄	2007년 8월 10일
· 초판 발행	2007년 8월 10일
· 지 은 이	서문수
· 펴 낸 이	채종준
· 펴 낸 곳	한국학술정보㈜
	경기도 파주시 교하읍 문발리 526-2
	파주출판문화정보산업단지
	전화 031)908-3181(대표) · 팩스 031)908-3189
	홈페이지 http://www.kstudy.com
	e-mail(출판사업부) publish@kstudy.com
· 등 록	제일산-115호(2000. 6. 19)
· 가 격	20,000원

ISBN   978-89-534-7115-3 93230 (Paper Book)
        978-89-534-7116-0 98230 (e-Book)